中华优秀传统文化精选与名作诵读

主　编◎邓素林　潘丽莎

副主编◎黄传钧　刘世团

西南交通大学出版社

·成都·

图书在版编目（CIP）数据

中华优秀传统文化精选与名作诵读 / 邓素林，潘丽莎主编. —成都：西南交通大学出版社，2020.8（2021.5 重印）

ISBN 978-7-5643-7549-2

Ⅰ. ①中… Ⅱ. ①邓… ②潘… Ⅲ. ①中华文化－高等职业教育－教材 Ⅳ. ①K203

中国版本图书馆 CIP 数据核字（2020）第 156666 号

Zhonghua Youxiu Chuantong Wenhua Jingxuan yu Mingzuo Songdu

中华优秀传统文化精选与名作诵读

主编　邓素林　潘丽莎

责任编辑　郭发仔
助理编辑　罗俊亮
封面设计　原谋书装

出版发行　西南交通大学出版社
（四川省成都市金牛区二环路北一段 111 号
西南交通大学创新大厦 21 楼）
邮政编码　610031
发行部电话　028-87600564　028-87600533
网址　http://www.xnjdcbs.com
印刷　成都中永印务有限责任公司

成品尺寸　185 mm × 260 mm
印张　11
字数　227 千
版次　2020 年 8 月第 1 版
印次　2021 年 5 月第 2 次
定价　35.00 元
书号　ISBN 978-7-5643-7549-2

课件咨询电话：028-81435775
图书如有印装质量问题　本社负责退换

前言

2017 年 1 月中共中央办公厅、国务院办公厅印发了《关于实施中华优秀传统文化传承发展工程的意见》，要求各地区各部门结合实际认真贯彻落实。高校是培养中国特色社会主义接班人的主阵地，教育部印发的《完善中华优秀传统文化教育指导纲要》指出："鼓励有条件的高等学校统一开设中华优秀传统文化必修课，拓宽中华优秀传统文化选修课覆盖面。"为此，很多高校在公共基础必修课或选修课中开设了《中华优秀传统文化》课程，旨在落实中共中央办公厅、国务院办公厅的通知精神，培养具有中华民族文化自信，且能把爱国情、强国志、报国行自觉融入坚持和发展中国特色社会主义事业、建设社会主义现代化强国、实现中华民族伟大复兴的奋斗之中的新一代青年，以促进高校"立德树人"根本任务的实施。

中华文化源远流长，博大精深，灿烂辉煌。在 5 000 多年文明发展中孕育的中华优秀传统文化，积淀着中华民族最深沉的精神追求，代表着中华民族独特的精神标识，是中华民族生生不息、发展壮大的丰厚滋养，是中国特色社会主义植根的文化沃土。要大学生的思想灵魂植根于这片沃土，并生根发芽茁壮成长，不是一朝一夕就能办到的事情，要注重课内引导与课外修身相结合。就高校开设"中华优秀传统文化"课程一般安排 30 ~ 36 个学时而言，教师既要引领大学生遨游传统文化的知识海洋，全面领略中华优秀传统文化的魅力，又要激发大学生血脉里流转的文化基因，这需要科学合理的教育教学安排。其中教学内容的选择及教学顺序的安排是关键，《中华优秀传统文化》的教材建设迫在眉睫。

近两年来，我校（广西工业职业技术学院）和广西恒烨教育投资有限公司合作开展横向技术课题研究，就大学生接受传统优秀文化教育现状及毕业后就业与生活需要具备哪些传统优秀文化素养进行了调研，对大学生以往在小学、初中、高中"语文"课程与课外学习等所接触到的中国优秀传统文化进行了梳理，将所掌握的情况与教学时间的安排做了综合考量，组织课题组成员编写了《中华优秀传统文化精选与名作诵读》教材。本教材有利于授课教师在浩如烟海的中华优秀传统文化中掌握中华文化的起源与发展脉络、中华文化精髓，以及更深入地了解中华重要的文化典籍，有利于激发学生对中华优秀传统文化的学习兴趣。本教材的使用可以鼓励学生在生活中修身养性，完善人格，自觉把个人理想和国家梦想、个人价值与国家发展结合起来，坚定为实现中华民族伟大复兴的中国梦不懈奋斗的理想信念，培养有德、有智、有勇、有文化自信、有创新精神的中国特色社会主义建设者。

本教材在编写时借鉴了国学界同仁的一些研究成果，在此表示衷心感谢！同时，敬请专家、同行和读者对本教材存在的不足给予批评和指正。

编　者

2020 年 6 月

目录

项目一
智慧思想之先河——诸子百家

项目二
启迪教化之经典——蒙学精粹

项目三
明德亲民止于至善之宝库——四书五经

项目六
晖丽万有之东方意境——文学雅趣

项目七
生活与艺术融合之瑰宝——琴棋书画

项目八
家国情怀血脉传承之世俗人文——传统节日

项目六

晖丽万有之东方意境——文学雅趣

项目七

生活与艺术融合之瑰宝——琴棋书画

项目八

家国情怀血脉传承之世俗人文——传统节日

项目一

智慧思想之先河——诸子百家

中华民族有几千年的悠久历史和文化。在历史的长河中，中华文化源远流长，博大精深，生机勃勃。中国诸子百家思想，在当代世界文化发展潮流中始终以自己独有的文化特质坚定着中国人的文化自信。

诸子百家是对春秋战国时期各种学术派别的总称，诸子百家中，流传较广泛的是儒家、道家、墨家、法家、兵家、阴阳家、杂家、农家、小说家、纵横家。政治上，儒家主张以德化民，道家主张无为而治，法家主张信赏必罚，墨家主张兼爱尚同。思想上，孔子“己所不欲，勿施于人”的“恕道”、孟子的古代民主思想、道家的辩证法、墨家的科学思想、法家的唯物思想、兵家的军事思想等，在今天依然影响着我们，是我们取之不尽的智慧源泉。

一、要义与选文

（一）儒家文化：以天下为公、民为本的仁政主张

儒家在先秦时，和墨家并称显学。儒家在秦始皇时受到重创，即所谓的“焚书坑儒”。从西汉董仲舒提出“罢黜百家，独尊儒术”后才成为最有影响的学派。至此，在诸子百家中，儒家的地位最显著，成为中国传统文化的主流。

代表人物：孔子、孟子、荀子

代表著作：《论语》《孟子》《荀子》

1. 儒家的历史变迁

孔子之后，儒家最有代表性的人物是孟子，著有《孟子》一书，是记录孟子及其弟子言行的著作。孟子在继承孔子思想的基础上提出“民贵君轻”的思想，丰富了儒家文化的内涵，二人世称“孔孟”。

西汉时，董仲舒以儒学为基础，以阴阳五行为框架，兼采诸子百家，建立起新儒学。其核心是“天人感应”“君权神授”思想。

宋代出现了理学。理学是以儒家思想为基础，吸收佛教和道教思想形成的新儒学，集大成者是朱熹。他在继承北宋哲学家程颢、程颐思想的基础上，进一步完善和发展了客观唯心主义的理学体系，后人称之为程朱理学。程朱理学认为：理是宇宙万物的本源，是第一性的；气是构成宇宙万物的材料，是第二性的。把“天理”和“人欲”对立起来，认为人欲是一切罪恶的根源，因此他提出“存天理，灭人欲”。到明代，王阳明反对朱熹把心与理视为两种事物的观点，创立与朱熹相对立的主观唯心主义理论——心学。

到了近代五四时期，在一片“打倒孔家店”的声浪中，儒学遭到空前劫难，梁漱溟挺身而出，为孔子辩护，举起儒学复兴的旗帜，成为现代新儒家的先驱。现代新儒家主要代表人物有梁漱溟、熊十力、钱穆、冯友兰等。

中华人民共和国成立后，随着中国经济实力和综合国力的增强，文化和软实力建设逐渐上升为中国的国家战略。十七届六中全会专门就我国的文化建设做出部署，明确提出要继承优秀传统文化，培养高度的文化自觉和文化自信。儒家文化作为中华文化的主流和底色，在整个传承体系中占有特别重要的地位。

2006 年以来，我国在世界各地建立了几百所孔子学院，孔子作为中国文化的符号，已经为世界各国人民所认可。目前，国内的儒家文化研究和传播平台有国际儒联、中国孔子基金会和各高校国学院等，其中中国孔子基金会作为国家设立

的儒家文化当代传播与应用平台发挥了重要作用。例如在电影、电视剧、动画片、纪录片、电视节目（如《新杏坛》）、出版物（如《孔子研究》《儒风大家》等）的策划、投资方面。在产业探索方面，设立了山东儒学文化传播有限公司，对儒家文化的当代应用进行了有效探索；与金融机构合作发行孔子卡等。国内儒家文化研究和传播平台通过不同形式的活动，使我国百姓及世界各族人民对儒家文化有了一个全面、直观的认识，让大家认识、学习和借鉴真实的儒家、人性的儒家、当代的儒家、国际化的儒家。

2．儒家主张

儒家文化在历史的浪潮中历经沧桑，其生命力是经得起考验的，这得益于它的核心思想“仁”。

（1）互敬互信。

伦理学上儒家注重自身修养，其中心思想乃“仁”，意谓人与人之间应注重和谐的关系。

对待长辈要尊敬尊重，朋友之间要言而有信，为官者要清廉爱民，做人有自知之明，尽分内事，“君子务本，本立而道生”。统治者要仁政爱民，“为政以德，譬如北辰，居其所而众星共之”。对待父母亲属要孝顺，“父母在，不远游，游必有方”“今之孝者，是谓能养。至于犬马，皆能有养；不敬，何以别乎？”

（2）仁而有序。

儒家政治思想是“仁政”“王道”以及“礼制”，其理想是“大同”“大一统”，其政治学主要阐述君臣关系、官民关系。孔子“君使臣以礼，臣事君以忠”，孟子“民为重，社稷次之，君为轻”，荀子“从道不从君，从义不从父，人之大行也”，是儒家政治学的代表性主张。

在现实政治的问题上，儒家要求统治者和被统治者双方都要承担义务。从理论上说，被统治者有权力反抗不正常承担义务的统治者。“仁政易行”则提倡分清“不能”与“不为”之间的区别，即“做不到”与“不去做”之间的差异。而其“无恒产，因无恒心”也体现了民本思想。

在国际政治方面，儒家主张“华夷之辨”。“华夷之辨”在古代促进了中原先进文化的传播，在近代则成为中国现代化的障碍。

（3）微言大义。

儒家有一个重视编修历史的悠久传统。子曰：“述而不作，信而好古，窃比于我老彭。”（《论语·述而》）。但是孔子编修《春秋》，不单纯记载史事，而且也通过遣词用字的方法表达自己的思想观点，称之为“微言大义”。

（4）重义轻利。

儒家重义轻利，重农轻商，重本抑末，与现代商品经济不相适应。儒家典籍《礼记》中所描述的大同社会是儒家思想大道之行的状态。但对人格品德的考量而言，人们在利益面前选择“义”还是可点赞的。

（5）格物致知。

儒家的格物致知就是探究事物原理，而从中获得智慧（或从中感悟到某种心得），是儒家认识论的重要概念。

（6）有教无类。

儒家强调教育的功能，认为重教化、轻刑罚是国家安定、人民富裕幸福的必由之路。主张“有教无类”，对统治者和被统治者都应该进行教育，使天下子民都成为道德高尚的人。

3．借鉴作用

儒家的刚健有为精神，可以激励自己发愤图强；儒家的公忠为国精神，可以培育自己的爱国情怀；儒家的“以义制利”精神，可以启示自己正确对待物质利益；儒家的仁爱精神，可以培育自己热爱人民的高尚情操；儒家的气节观念，可以培育自尊、自强的独立人格，等等。

4．主要经典

儒家主要经典称为儒学十三经，即《诗经》《尚书》《周易》《仪礼》《周礼》《礼记》《春秋左传》《春秋公羊传》《春秋谷梁传》《论语》《孟子》《孝经》《尔雅》。

5．作品选诵读及理解

《论语》十则

（1）子曰：吾十有五而志于学，三十而立，四十而不惑，五十而知天命，六十而耳顺，七十而从心所欲不逾矩。——《论语·为政》

（2）子曰：君子喻于义，小人喻于利。——《论语·里仁》

（3）子曰：见贤思齐焉，见不贤而内自省也。——《论语·里仁》

（4）子曰：君子欲讷于言，而敏于行。——《论语·里仁》

（5）子曰：德不孤，必有邻。——《论语·里仁》

（6）子曰：君子坦荡荡，小人长戚戚。——《论语·述而》

（7）曾子曰：士不可以不弘毅，任重而道远。仁以为己任，不亦重乎？死而后已，不亦远乎？——《论语·泰伯》

（8）子曰：三军可夺帅也，匹夫不可夺志也。——《论语·子罕》

（9）子曰：岁寒，然后知松柏之后凋也。 ——《论语·子罕》

（10）子曰：益者三友，损者三友。友直，友谅，友多闻，益矣。友便辟，友善柔，友便佞，损矣。 ——《论语·季氏》

（二）道家文化：老庄思想开启华夏哲学之思考

道家是中国诸子百家中重要的思想学派之一，在春秋战国时期以老子、庄子为代表。

代表人物：老子、庄子

代表著作：《老子》《庄子》

1. 老子哲学

老子，姓李名耳，字伯阳。中国春秋时代思想家，著有《老子》一书，是道家学派的经典著作，他的学说后被庄周发展，二人并称老庄。道家后人将老子视为宗师，将其与儒家的孔子相比拟，史载孔子曾向老子请教关于礼的问题。

老子在函谷关著有五千言的《老子》一书，又名《道德经》或《道德真经》。《老子》分为上下两册，共 81 章，前 37 章为上篇道经，第 38 章以下属下篇德经。全书的思想结构是：道是德的“体”，德是道的“用”，是道家哲学思想的重要来源，是中国历史上首部完整的哲学著作。《道德经》《易经》《论语》被认为是对中国人影响最深远的三部思想巨著。

《老子》以“道”解释宇宙万物的演变，以为“道生一，一生二，二生三，三生万物”，“道”乃“夫莫之命而常自然”，因而“人法地，地法天，天法道，道法自然”。“道”为客观自然规律，同时又具有“独立不改，周行而不殆”的永恒意义。《老子》书中有着朴素的唯物主义观点。此外，《老子》书中包括大量朴素辩证法观点，如以为一切事物均具有正反两面，“反者道之动”，并能由对立而转化，“正复为奇，善复为妖”“祸兮福之所倚，福兮祸之所伏”。又以为世间事物均为“有”与“无”之统一，“有、无相生”，而“无”为基础，“天下万物生于有，有生于无”。此外，书中也有大量的民本思想：“天之道，损有余而补不足，人之道则不然，损不足以奉有余”“民之饥，以其上食税之多”“民之轻死，以其上求生之厚”“民不畏死，奈何以死惧之”。其学说对中国哲学发展具有深刻影响。

2．庄子哲学

庄子（约前369—前286），汉族，名周，字子休（一说子沐），后人称之为“南华真人”，战国时期宋国蒙（今安徽省蒙城县，又说今河南省商丘市东北民权县境内）人。著名的思想家、哲学家、文学家，是道家学派的代表人物，老子哲学思想的继承者和发展者，同时也是中国古代道家学派的集大成者，先秦庄子学派的创始人。他的学说涵盖当时社会生活的方方面面，但根本精神还是归依于老子的哲学。后世将他与老子并称为“老庄”，他们的哲学为“老庄哲学”。

他的思想包含着朴素辩证法因素，主要思想是“天道无为”，认为一切事物都在变化，他认为“道”是“先天生地”的，从“道未始有封”（即“道”是无界限差别的），属主观唯心主义体系。主张“无为”，放弃一切妄为。又认为一切事物都是相对的，因此他否定知识，否定一切事物的本质区别，极力否定现实，幻想一种“天地与我并生，万物与我为一”的主观精神境界，安时处顺，逍遥自得。在政治上主张“无为而治”，反对一切社会制度。

道家的辩证思维，为中国哲学思想奠定了基础。道家文化在中国艺术、绘画、文学、雕刻等各方面的影响，占据优势地位。道家思想对中国政治活动也提供了更广阔的空间，使得中国知识分子在仕途失意时能“独善其身”。

3．主要经典

《道德经》《庄子》等。

4．作品选诵读及理解

《道德经》六章

八章：上善若水。水善利万物而不争。处众人之所恶，故几于道。居善地，心善渊，与善人，言善信，正善治，事善能，动善时。夫唯不争，故无尤。

十三章：宠辱若惊，贵大患若身。何谓宠辱若惊，宠，为下得之若惊，失之若惊，是谓宠辱若惊。何谓贵大患若身？吾所以有大患者，为吾有身，及吾无身，吾有何患！故贵以身为天下，若可寄天下；爱以身为天下，若可托天下。

三十三章：知人者智，自知者明。胜人者有力，自胜者强。知足者富，强行者有志，不失其所者久，死而不亡者寿。

三十七章：道常无为而无不为，侯王若能守之，万物将自化。化而欲作，吾将镇之以无名之朴。无名之朴，夫亦将无欲。不欲以静，天下将自定。

四十二章：道生一，一生二，二生三，三生万物。万物负阴而抱阳，冲气以为和。人之所恶，唯孤寡不穀，而王公以为称。故物，或损之而益，或益之而损。人之所教，我亦教之。强梁者不得其死，吾将以为教父。

六十章：治大国若烹小鲜。以道莅天下，其鬼不神。非其鬼不神，其神不伤人；非其神不伤人，圣人亦不伤人。夫两不相伤，故德交归焉。

（三）墨家文化：兼爱非攻尚贤尚同的平民思想

墨家是中国东周时期的哲学派别，诸子百家之一，与孔子所代表的儒家、老子所代表的道家共同构成了我国古代三大哲学体系。

代表人物：墨子

代表著作：《墨子》

1. 墨子哲学

墨子（前468—前376），名翟（dí），滕国人。他是墨家学派的创始人，也是战国时期著名的思想家、教育家、科学家、军事家。墨子的先祖是宋人。墨子创立了墨家学说，墨家在先秦时期影响很大，与儒家并称“显学”。墨子是历史上唯一一个农民出身的哲学家。他提出了“兼爱”“非攻”“尚贤”“尚同”“天志”“明鬼”“非命”“非乐”“节葬”“节用”等观点。以兼爱为核心，以节用、尚贤为支点。在当时的百家争鸣，有“非儒即墨”之称。墨子死后，墨家分为相里氏之墨、相夫氏之墨、邓陵氏之墨三个学派。

墨子的主要思想如下。

（1）兼爱非攻。所谓兼爱，包含平等与博爱的意思，与儒家的博爱（“亲亲有术，尊贤有等”）相反。墨子要求君臣、父子、兄弟都要在平等的基础上相互友爱，“爱人若爱其身”，并提出“天下之人兼相爱，强不执弱，众不劫寡，富不辱贫，贵不傲贱，诈不欺愚”。他认为社会上出现强执弱、富侮贫、贵傲贱的现象，是因天下人不相爱。同时，墨子也看到春秋战国时期，最大的弊病就是战争，因此，从兼爱的思想中，引申出了非攻，反对侵略战争。他认为战争对于败者而言，伤人命、损其才，是没有意义的破坏行动。而对于胜方而言，仅仅是获得了数座城池与税收，但总的来说伤害与损失也是巨大的，所以战争是没有意义的行为。兼爱非攻是墨子最著名的思想。但由于他不能正确认识战争的根源，也不能区分战争的不同性质，因此不免流于和平主义的空想。

（2）尚贤尚同。不分贵贱唯才是举。上下一心为人民服务，为社会兴利除弊。墨子把“兼爱”思想运用到政治上，提出了“尚贤”和“尚同”的主张。“尚同”即“上同”，就是在“尚贤”的基础上，“壹天下之政”，他认为造成天下混乱的根源是人们的思想认识不同，所以要求百姓与天子皆上同于天志，上下一心，实行义政。“尚贤”则包括选举贤者为官吏，选举贤者为天子国君。墨子认为，国君必须选举国中贤者，而百姓理应在公共行政上对国君有所服从。墨子要求国君了解下情，因为只有这样才能赏善罚暴。墨子要求国君能尚贤使能，即任用贤者而废抑不肖者。墨子把尚贤看得很重，以为是政事之本。他特别反对君主任用骨肉之亲，认为任用贤者则可不拘出身，提出“官无常贵，民无终贱”的主张。这就反映了当时平民阶层希望打破宗法等级制度，争取自身政治权利的心声。

（3）天志明鬼。尊重前人智慧和经验。宣扬天志鬼神是墨子思想的一大特点。墨子认为天之有志——兼爱天下之百姓。因“人不分幼长贵贱，皆天之臣也”“天之爱民之厚”，君主若违天意就要受天之罚；反之，则会得天之赏。这里表面上是继承了传统的宗教思想，但实际是借来作为包裹平民阶层意志的大旗和推销“兼爱”思想的强大靠山。墨子不仅坚信鬼神其有，而且尤其认为它们对于人间君主或贵族会赏善罚暴。墨子宗教哲学中的天赋人权与制约君主的思想，是墨子哲学中的一大亮点。

（4）节用节葬非乐。节用是墨家非常强调的一种观点，他们抨击君主、贵族的奢侈浪费，尤其反对儒家看重的久丧厚葬之俗，认为久丧厚葬无益于社会。认为君主、贵族都应像古代三代圣王一样，过着清廉俭朴的生活。墨子要求墨者在这方面也能身体力行。墨子极其反对音乐，甚至有一次出行时，听说车是在向朝歌方向走，立马掉头。他认为音乐虽然动听，但是会影响农民耕种，妇女纺织，大臣处理政务，上不合圣王行事的原则，下不合人民的利益，所以反对音乐。

（5）非命。就是主张通过努力奋斗掌握自己的命运。墨子一方面肯定天有意志，能赏善罚恶，借助外在的人格神服务于他的“兼爱”；另一方面又否定儒家提倡的天命，主张“非命”。认为贫富和天下的安危、治乱都不是由“命”决定的，只要通过人的积极努力，就可以达到富、贵、安、治的目标。墨子反对儒家所说的“生死有命，富贵在天”，认为这种说法“繁饰有命，以教众愚朴人”，墨子看到这种思想对人的创造力的消磨与损伤，所以提出非命。

墨子的哲学思想反映了从宗法奴隶制下解放出来的小生产者阶层的二重性，他的思想中的合理因素为后来的唯物主义思想家所继承和发展，其神秘主义的糟粕也为秦汉以后的神学目的论者所吸收和利用。墨子作为先秦墨家的创始人，在中国哲学史上产生过重大影响。

2．主要经典

现存《墨子》五十三篇，由墨子和各代门徒逐渐增补而成，是研究墨子和墨家学说的基本材料。其中的《经上》《经下》《经说上》《经说下》《大取》《小取》等六篇，一般称作《墨经》或《墨辩》。

3．作品选诵读及理解

（1）*君子之道也，贫则见廉，富则见义，生则见爱，死则见衰；四行者不可虚假，*

反之身者也，藏于心者，无以竭爱；动于身者，无以竭恭；出于口者，无以竭驯。畅之四支，接之肌肤，华发隳颠而犹弗舍者，其唯圣人乎!——《墨子·修身第二》

（2）故古者圣王之为政，列德而尚贤，虽在农与工肆之人，有能则举之。高予之爵，重予之禄，任之以事，断予之令。曰：“爵位不高，则民弗敬；蓄禄不厚，则民不信；政令不断，则民不畏。”举三者授之贤者，非为贤赐也，欲其事之成。故当是时，以德就列，以官服事，以劳殿赏，量功而分禄。故官无常贵而民无终贱。有能则举之，无能则下之。举公义，辟私怨，此若言之谓也。——《墨子·尚贤上第八》

（3）圣人以治天下为事者也，必知乱之所自起，焉能治之；不知乱之所自起，则不能治。譬之如医之攻人之疾者然：必知疾之所自起，焉能攻之；不知疾之所自起，则弗能攻。治乱者何独不然？必知乱之所自起，焉能治之；不知乱之所自起，则弗能治。圣人以治天下为事者也，不可不察乱之所自起。

当察乱何自起，起不相爱。臣子之不孝君父，所谓乱也。子自爱，不爱父，故亏父而自利；弟自爱，不爱兄，故亏兄而自利；臣自爱，不爱君，故亏君而自利，此所谓乱也。虽父之不慈子，兄之不慈弟，君之不慈臣，此亦天下之所谓乱也。父自爱也不爱子，故亏子而自利；兄自爱也不爱弟，故亏弟而自利；君自爱也不爱臣，故亏臣而自利。是何也？皆起不相爱。

虽至天下之为盗贼者亦然。盗爱其室，不爱其异室，故窃异室以利其室；贼爱其身，不爱人，故贼人以利其身。此何也？皆起不相爱。虽至大夫之相乱家、诸侯之相攻国者亦然。大夫各爱其家，不爱异家，故乱异家以利其家。诸侯各爱其国，不爱异国，故攻异国以利其国。天下之乱物，具此而已矣。察此何自起？皆起不相爱。

若使天下兼相爱，爱人若爱其身，犹有不孝者乎？视父兄与君若其身，恶施不孝？犹有不慈者乎？视弟子与臣若其身，恶施不慈？故不孝不慈亡有。犹有盗贼乎？故视人之室若其室，谁窃？视人身若其身，谁贼？故盗贼亡有。犹有大夫之相乱家，诸侯之相攻国者乎？视人家若其家，谁乱？视人国若其国，谁攻？故大夫之相乱家，诸侯之相攻国者亡有。若使天下兼相爱，国与国不相攻，家与家不相乱，盗贼无有，君臣父子皆能孝慈，若此，则天下治。

故圣人以治天下为事者，恶得不禁恶而劝爱？故天下兼相爱则治，交相恶则乱。故子墨子曰：“不可以不劝爱人者，此也。”——《墨子·兼爱上第十四》

（4）故兼者，圣王之道也，王公大人之所以安也，万民衣食之所以足也。故君子莫若审兼而务行之。为人君必惠，为人臣必忠，为人父必慈，为人子必孝，为人兄必友，为人弟必悌。故君子莫若欲为惠君、忠臣、慈父、孝子、友兄、悌弟，当若兼之不可不行也。此圣王之道，而万民之大利也。——《墨子·兼爱下第十六》

（四）法家文化：富国强兵以法治国的法制理念

法家是中国历史上提倡以法治为核心思想的重要学派，《汉书·艺文志》列为“九流”之一。法家不是纯粹的理论家，而是积极入世的行动派，它的思想也是着眼于法律的实际效用。法家思想包括伦理思想、社会发展思想、政治思想以及法治思想等诸多方面。法家伦理思想指的是建立在人性观基础上的诚信观和义利观。

代表人物：管仲、李悝、商鞅、韩非等

代表著作：《管子》《商君书》《韩非子》

1. 代表人物

管仲（前719—前645），姬姓，管氏，名夷吾，字仲，谥敬，春秋时期法家代表人物，著有《管子》一书。被称为管子、管夷吾、管敬仲，颍上（今安徽省阜阳市颍上县）人，周穆王的后代。是中国古代著名的哲学家、政治家、军事家，被誉为“法家先驱”“圣人之师”“华夏文明的保护者”“华夏第一相”。他注重经济，反对空谈主义，主张改革以富国强兵。他说：“国多财则远者来，地辟举则民留处，仓廪实则知礼节，衣食足则知荣辱。”唯物论中“物质决定意识”的观念和《管子》的思想颇为接近。

李悝（前455—前395），战国时政治人物，法家重要代表人物，濮阳人。出任魏文侯相，主持变法。经济上推行“尽地力”和“善平籴”的政策，鼓励农民精耕细作，增强产量，国家在丰年以平价购买余粮，荒年以平价售出，以平粮价；主张同时播种多种粮食作物，以防灾荒。政治上实行法治，废除维护贵族特权的世卿世禄制度，奖励有功国家的人，使魏国成为战国初期强国。他汇集当时各国法律编成《法经》，是我国古代第一部比较完整的法典，现已失传。其“重农”与“法治”结合的思想对商鞅、韩非影响极大。

商鞅（约前395—前338），战国时期政治家、改革家、思想家，法家代表人物，卫国（今河南省安阳市内黄县梁庄镇）人，卫国国君的后裔，姬姓公孙氏，故又称卫鞅、公孙鞅。后因在河西之战中立功获封商於十五邑，号为商君，故称之为商鞅。商鞅通过变法使秦国成为富裕强大的国家，史称“商鞅变法”。政治上，商鞅改革了秦国户籍、军功爵位、土地制度、行政区划、税收、度量衡以及民风民俗，并制定了严酷的法律；经济上，商鞅主张重农抑商、奖励耕织；军事上，商鞅作为统帅，率领秦军收复了河西。

韩非为韩国公子（即国君之子），汉族，战国末期韩国人（今河南省新郑）。是中国古代著名的哲学家、思想家、政论家和散文家，中国古代著名法家思想的代表人物，后世称“韩子”或“韩非子”。韩非师从荀卿，但思想观念却与荀卿大不相同，他没有承袭儒家的思想，却“喜刑名法术之学”（申不害主张君主当执术无刑，因循以督责臣下，其责深刻，所以申不害的理论称为“术”。商鞅的理论称为“法”。这两种理论统称“刑名”，所以称为“刑名法术之学”)，“归本于黄老”(指韩非的理论与黄老之法相似，都不尚繁华，清简无为，君臣自正)，继承并发展了法家思想，成为战国末年法家之集大成者。《韩非子》也是间接补遗史书对中国先秦时期史料不足的重要参考来源之一，著作中许多当代民间传说和寓言故事也成为成语典故的出处。

2．法家主张

法家是中国历史上研究国家治理方式的学派，提出富国强兵、以法治国。法是通过具体的刑名赏罚来实现的。其范围涉及法律、经济、行政、组织、管理的社会科学，涉及社会改革、法学、经济学、金融、货币、国际贸易、行政管理、组织理论及运筹学等。为后来建立中央集权的秦朝制定各项政策提供了相当有效的理论依据，后来的汉朝继承了秦朝的集权体制以及法律体制，这就是我国古代封建社会的政治与法制主体。

法家学派的代表人物管仲、李悝、商鞅和韩非在政治制度上主张郡县制。在统治思想上，法家主张以法制治国；在文化教育领域里，法家也提出了许多有别于其他学派的教育理论和政策。法家是先秦诸子百家中很有影响的一个学派，其核心思想可以归纳为三个字：“法”“术”“势”。这也是法家提出的治国方略。

所谓“法”就是法律、法令。法家认为法律一旦制定了就要严格按照条文办事，不徇私；反对宗法等级制和世袭制，要求平等守法。著名的“商鞅立木”的故事就说明了这种“有法必依”的思想。

所谓“术”，就是权术，是君王控制驾驭臣民的手段和策略。法家认为，作为君主不是什么都要管，而应该分派给别人去管事，君主使用政治手段“管人”就行了。

所谓“势”，就是权势，包括地位和权利，法家认为要确立“势”就要确立君主的无上权威，所谓“君要臣死，臣不得不死”，等等。

法家强调不别亲疏，不殊贵贱，一断于法。法家思想作为一种主要派系，他们提出了至今仍然影响深远的以法治国的主张和观念，这就足以见得他们对法制的高度重视，以及把法律视为一种有利于社会统治的强制性工具。这些体现法制建设的思想，一直被沿用至今。当代中国法律的诞生就是受到法家思想的影响，法家思想对于一个国家的政治、文化、道德方面的约束还是很强的，对现代法制的影响也很深远。但法家思想中的“法治”与我国社会主义阶段的“民主法治”的本质有根本的区别，法家所主张的法治是“绝对”的君主集权。

3．主要经典

《隋书·经籍志》列出的法家经典有《管子》十九卷、《商君书》五卷、《申子》三卷、《慎子》十卷、《韩非子》二十卷、《新书》三卷、《正论》六卷、《法论》十卷、

《政论》五卷、《阮子正论》、《世要论》十二卷、《陈子要言》十四卷、《蔡司徒难论》五卷等。

4．作品选诵读及理解

（1）人主之道，静退以为宝。不自操事而知拙与巧，不自计虑而知福与咎。是以不言而善应，不约而善增。言已应，则执其契；事已增，则操其符。符契之所合，赏罚之所生也。故群臣陈其言，君以其言授其事，事以责其功。功当其事，事当其言，则赏；功不当其事，事不当其言，则诛。明君之道，臣不得陈言而不当。是故明君之行赏也，暖乎如时雨，百姓利其泽；其行罚也，畏乎如雷霆，神圣不能解也。故明君无偷赏，无赦罚。赏偷，则功臣堕其业；赦罚，则奸臣易为非。是故诚有功，则虽疏贱必赏；诚有过，则虽近爱必诛。疏贱必赏，近爱必诛，则疏贱者不怠，而近爱者不骄也。

——《韩非子·主道》

（2）国无常强，无常弱。奉法者强，则国强；奉法者弱，则国弱。

——《韩非子·有度》

（3）闻古之善用人者，必循天顺人而明赏罚。循天，则用力寡而功立；顺人，则刑罚省而令行；明赏罚，则伯夷、盗跖不乱。如此，则白黑分矣。治国之臣，效功于国以履位，见能于官以受职，尽力于权衡以任事。人臣皆宜其能，胜其官，轻其任，而莫怀余力于心，莫负兼官之责于君。故内无伏怨之乱，外无马服之患。明君使事不相干，故莫讼；使士不兼官，故技长；使人不同功，故莫争。争讼止，技长立，则强弱不觳力，冰炭不合形，天下莫得相伤，治之至也。

——《韩非子·用人》

（4）圣人之治民，度于本，不从其欲，期于利民而已。故其与之刑，非所以恶民，爱之本也。刑胜而民静，赏繁而奸生。故治民者，刑胜，治之首也；赏繁，乱之本也。夫民之性，喜其乱而不亲其法。故明主之治国也，明赏，则民劝功；严刑，则民亲法。劝功，则公事不犯；亲法，则奸无所萌。故治民者，禁奸于未萌；而用兵者，服战于民心。禁，先其本者治，兵，战其心者胜。圣人之治民也，先治者强，先战者胜。夫国事，务先而一民心，专举公而私不从，赏告而奸不生，明法而治不烦。能用四者强，不能用四者弱。夫国之所以强者，政也；主之所以尊者，权也。故明君有权有政，乱君亦有权有政，积而不同，其所以立异也。故明君操权而上重，一政而国治。故法者，王之本也；刑者，爱之自也。——《韩非子·心度》

（五）兵家文化：运筹帷幄决胜千里的军事才华

兵家是中国古代对战略家与军事家的通称，又特指先秦时期研究战略与战争的派别。

代表人物：孙武、孙膑

代表著作：《孙子兵法》《孙膑兵法》

1．代表人物

孙武，齐国人，字长卿，春秋时兵法家。曾以《兵法》十三篇见吴王阖闾，经伍子胥的推荐，被任命为将，率吴军攻破楚国。他认为“兵者，国之大事”“知彼知己，百战不殆”。注重了解情况，全面地分析敌我、众寡、强弱、虚实、攻守、进退等矛盾双方，并通过对战争客观规律的认识和掌握以克敌制胜。他还提出兵无常势，水无常形，能因敌变化而取胜，谓之神，强调了战略战术上的奇正相生和灵活运用。孙武著作有《孙子兵法》一书，为中国杰出的兵书，并深受世界各地重视。《孙子兵法》既可以看成是一部如何统治国家、制定国家战略的指引书；又可以看成是一部指导领兵打仗、制订战争战略与策略的书本。

孙膑，齐国阿鄄人，孙武的后代，大致与商鞅、孟轲同时，为战国时兵法家。他曾与庞涓同学兵法，当庞涓作魏惠王将军时，忌其才能，把他骗到魏国，处以膑刑（即去膝盖骨），故称之为孙膑。后经齐国使者秘密载回，被齐威王任命为军师，协助齐将田忌，设计大败魏军于桂陵、马陵。他继承和发展了孙武的军事理论，把道看作战争客观规律，提出了以寡胜众、以弱胜强的战法；主张以进攻为主的战略，根据不同地形，创造有利的进攻形势，重视对城邑的进攻和对阵法的运用。著有《孙膑兵法》一书。

2．《孙子兵法》

兵家著作中以《孙子兵法》（以下简称《孙子》）影响最大，该书成于公元前5世纪春秋末期，是中国也是世界上最古老的军事理论著作。《孙子》作者孙武，字长卿，人称孙武子、吴孙子，春秋末期齐国人。当时，诸侯间战争十分频繁，为了适应战争的需要，他总结自姜太公以来到春秋后期的丰富的战争经验和规律，使之上升为军事理论，写成《孙子》这部伟大著作，成为兵家至圣，是自姜太公之后的兵家集大成者。

《孙子》今存十三篇。1972年山东临沂银雀山汉墓出土《孙子》残篇，其中，除与今存之十三篇同外，尚有《吴问》《四变》《黄帝伐赤帝》《地形》《见吴王》等五篇佚文。

《孙子》是中国文化宝库中的一颗明珠，同时，它在世界军事文库中也占有重要地位，受到了国内外的普遍重视。《孙子》被尊为“历代兵家之祖”“世界古代第一兵书”“兵学圣典”。宋代时，被列为“武经七书”之首。18世纪之后，《孙子》陆续有了英、法、德、捷、俄、芬等译本。它不仅受到了军事界的重视，而且渐渐受到了外国管理界的重视。至21世纪，日、美等国管理学者研究《孙子》者日多，美国哈佛大学商学院和日本的许多大公司都把《孙子》作为培训企业经理人员和中层以上管理人员的必读教材。美国管理学家乔治在《管理思想史》中甚至说："你若想成为管理人才，必须读《孙子兵法》。"1980年以来，日、美学者多次来华做关于"孙子兵法"管理思想的学术讲演。

3. 主要经典

兵家的重要著作有《孙子兵法》《孙膑兵法》《尉缭子》等。

4. 作品选诵读及理解

孙子兵法·用间篇

孙子曰：凡兴师十万，出征千里，百姓之费，公家之奉，日费千金；内外骚动，怠于道路，不得操事者，七十万家。相守数年，以争一日之胜，而爱爵禄百金，不知敌之情者，不仁之至也，非人之将也，非主之佐也，非胜之主也。故明君贤将，所以动而胜人，成功出于众者，先知也。先知者不可取于鬼神，不可象于事，不可验于度，必取于人，知敌之情者也。

故用间有五：有因间，有内间，有反间，有死间，有生间。五间俱起，莫知其道，是谓神纪，人君之宝也。因间者，因其乡人而用之。内间者，因其官人而用之。反间者，因其敌间而用之。死间者，为诳事于外，令吾间知之，而传于敌间也。生间者，反报也。

故三军之事，莫亲于间，赏莫厚于间，事莫密于间。非圣智不能用间，非仁义不能使间，非微妙不能得间之实。微哉!微哉!无所不用间也。间事未发而先闻者，间与所告者皆死。

凡军之所欲击，城之所欲攻，人之所欲杀，必先知其守将，左右，谒者，门者，舍人之姓名，令吾间必索知之。

必索敌人之间来间我者，因而利之，导而舍之，故反间可得而用也。因是而知之，故乡间内间可得而使也；因是而知之，故死间为诳事可使告敌。因是而知之，故生间可使如期。五间之事，主必知之，知之必在于反间，故反间不可不厚也。

昔殷之兴也，伊挚在夏；周之兴也，吕牙在殷。故惟明君贤将能以上智为间者，必成大功。此兵之要，三军之所恃而动也。

（六）阴阳家文化：彻悟阴阳建构宇宙图式的创举

阴阳家是盛行于战国末期到汉初的一种哲学流派，齐国人邹衍是其创始人。阴阳家的学问被称为"阴阳说"，其核心内容是"阴阳五行"，阴阳学说是中华民族最重要的哲学思想之一。

代表人物：战国时期齐人邹衍

1．阴阳说

阴阳说是把“阴”和“阳”看作事物内部的两种互相消长的协调力量，认为它是孕育天地万物的生成法则，这和道家创始人老子所秉承的构成世界的概念“道生阳，阳生阴，阴阳生八卦，太极生万物，万物负阴而抱阳，冲气以为和”相同。

五行说则是由“金、木、水、火、土五种基本元素不断循环变化”的理论发展出“五行相生相克”的理念。研究阴阳五行说，能从天体的运行的计算来制订历法，掌握世间万象。到后来，发展出专门研究天体运行规律的天文家、研究历法的历数家，历数家后与五行家相结合。五行学说认为万物皆由木、火、土、金、水五种元素组成，其间有相生和相胜两大定律，可用以说明宇宙万物的起源和变化。司马迁在《史记》中称阴阳家的学问“深观阴阳消息，而作迂怪之变”。《吕氏春秋》《淮南子》《春秋繁露》则直接受到邹衍学说的影响。阴阳家思想将自古以来的数术思想与阴阳五行学说相结合，并进一步发展，建构了规模宏大的宇宙图式，尝试解说自然现象的成因及其变化法则。古代天文学、气象学、化学、算学、音乐和医学，都是在阴阳五行学说的基础上发展起来的。

2．五　行

《尚书·洪范》：“五行：一曰水，二曰火，三曰木，四曰金，五曰土。”古人认为，宇宙万物就是由这五种基本物质构成的。它也是关于宇宙社会属性及其变化规律的范畴系统。五行的“行”字，有“运行”之意，故五行中包含着一个非常重要的观念，便是变动运转的观念，也就是“相生”与“相克”。

五行学说并非言木火土金水五种具体物质本身，而是指五种不同属性的抽象概括。它以天人相应为指导思想，以五行为中心，以空间结构的五方，时间结构的五季，人体结构的五脏为基本间架，将自然界的各种事物，按其属性进行归纳。凡即具有生发、柔和特性者统属于木；具有阳热、上炎特性者统属于火；具有长养、发育特性者统属于土；具有清静、收杀特性者统属于金；具有寒冷、滋润、就下、闭藏特性者统属于水。将人体的生命活动与自然界的事物现象联系起来，形成了联系人体内外环境的五行结构系统，用以说明人体及人与自然环境的统一性。

3．主要经典

《汉书·艺文志》著录此派著作二十一种，已全部散佚。主要见于《老子》《文子》《黄帝四经》《列子》《庄子》《易传》《鹖冠子》《管子》《黄帝内经》《曹氏阴阳》

《阴阳家佚书辑本二种》等。

4. 作品选诵读及理解

黄帝四经·十六经·立命

昔者黄宗质始好信，作自为象，方四面，傅一心，四达自中，前参后参，左参右参，践立（位）履参。是以能为天下宗。吾受命于天，定立（位）于地，成名于人。唯余一人□乃肥（配）天，乃立王三公。立国置君三卿。数日、磿（历）月、计岁，以当日月之行。允地广裕，吾类天大明。吾畏天爱地亲（民），□无命，执虚信。吾畏天爱（地）亲民，立有命，执虚信。吾爱民而民不亡，吾爱地而地不兄（旷）。吾爱民□□□□□□□□□死，吾位不□。吾句（苟）能亲亲而兴贤，吾不遗亦至矣。

二、生活与修身

1. 观看《百家讲坛》北京师范大学于丹教授讲孔子的视频剪辑，结合生活实际，说说孔子的“仁”“义”思想与人际交往。

2. 观看《百家讲坛》厦门大学易中天教授讲道家的视频片段，结合生活实际，说说道家思想对生态环境保护建设的积极作用。

3. 下载并学习朗诵儒家的配乐《诗经》。

4. 观看《百家讲坛》厦门大学易中天教授讲法家的视频片段，结合生活实际，说说法家思想对法制建设的启示与应用。

5. 观看电影或电视剧《秦始皇》及游览长城，了解秦朝大一统的思想文化对中国历史产生的深远影响。

6. 关注世界风云变幻，关注国庆大阅兵，了解我国英雄的故事，树立“天下有难匹夫有责”的家国观念并勇于行动。

项目二

启迪教化之经典——蒙学精粹

蒙学是对中国传统的幼儿启蒙教育的统称。与小学、大学并列，是中国传统教育中的一个重要阶段。

目前，学术界所称的蒙学有狭义和广义之分，广义上讲，泛指古代启蒙教育，包括其教育体制、教学方法、教材等内容；狭义上讲，专指启蒙教材，即童蒙读本。

在中国古代，儿童“开蒙”，接受教育的年龄一般在四岁左右，现在也有一种观点认为，四岁恰好是儿童学习汉字的最佳年龄。

蒙学教育的基本的目标是培养儿童认字和书写的能力，使其养成良好的日常生活习惯，能够具备基本的道德伦理规范；并且掌握一些中国基本文化常识。

一、要义与选文

（一）《弟子规》：接受儒学熏陶的启蒙经典

1. 简　介

《弟子规》是中国传统经典的幼儿读物。原名《训蒙文》，为清朝康熙年间秀才李毓秀所作，其内容采用《论语》“学而篇”第六条“弟子，入则孝，出则弟，谨而信，泛爱众，而亲仁，行有余力，则以学文”的文义，列述弟子在家、出外、待人、接物与学习上应该恪守的守则规范。后经清朝贾存仁修订改编，并改名为《弟子规》。《弟子规》共有360句、1 080个字，三字一句，两句或四句连意，合辙押韵，朗朗上口；全篇先为“总叙”，然后分为“入则孝、出则弟、谨、信、泛爱众、亲仁、余力学文”七个部分。

2. 原文诵读及理解

《弟子规》

总　叙

弟子规　圣人训　首孝弟　次谨信　泛爱众　而亲仁　有余力　则学文

入则孝

父母呼　应勿缓　父母命　行勿懒　父母教　须敬听　父母责　须顺承
冬则温　夏则凊　晨则省　昏则定　出必告　反必面　居有常　业无变
事虽小　勿擅为　苟擅为　子道亏　物虽小　勿私藏　苟私藏　亲心伤
亲所好　力为具　亲所恶　谨为去　身有伤　贻亲忧　德有伤　贻亲羞
亲爱我　孝何难　亲憎我　孝方贤　亲有过　谏使更　怡吾色　柔吾声
谏不入　悦复谏　号泣随　挞无怨　亲有疾　药先尝　昼夜侍　不离床
丧三年　常悲咽　居处变　酒肉绝　丧尽礼　祭尽诚　事死者　如事生

出则弟

兄道友　弟道恭　兄弟睦　孝在中　财物轻　怨何生　言语忍　忿自泯
或饮食　或坐走　长者先　幼者后　长呼人　即代叫　人不在　己即到
称尊长　勿呼名　对尊长　勿见能　路遇长　疾趋揖　长无言　退恭立

骑下马　乘下车　过犹待　百步余　长者立　幼勿坐　长者坐　命乃坐
尊长前　声要低　低不闻　却非宜　进必趋　退必迟　问起对　视勿移
事诸父　如事父　事诸兄　如事兄

谨

朝起早　夜眠迟　老易至　惜此时　晨必盥　兼漱口　便溺回　辄净手
冠必正　纽必结　袜与履　俱紧切　置冠服　有定位　勿乱顿　致污秽
衣贵洁　不贵华　上循分　下称家　对饮食　勿拣择　食适可　勿过则
年方少　勿饮酒　饮酒醉　最为丑　步从容　立端正　揖深圆　拜恭敬
勿践阈　勿跛倚　勿箕踞　勿摇髀　缓揭帘　勿有声　宽转弯　勿触棱
执虚器　如执盈　入虚室　如有人　事勿忙　忙多错　勿畏难　勿轻略
斗闹场　绝勿近　邪僻事　绝勿问　将入门　问孰存　将上堂　声必扬
人问谁　对以名　吾与我　不分明　用人物　须明求　倘不问　即为偷
借人物　及时还　后有急　借不难

信

凡出言　信为先　诈与妄　奚可焉　话说多　不如少　惟其是　勿佞巧
奸巧语　秽污词　市井气　切戒之　见未真　勿轻言　知未的　勿轻传
事非宜　勿轻诺　苟轻诺　进退错　凡道字　重且舒　勿急疾　勿模糊
彼说长　此说短　不关己　莫闲管　见人善　即思齐　纵去远　以渐跻
见人恶　即内省　有则改　无加警　唯德学　唯才艺　不如人　当自砺
若衣服　若饮食　不如人　勿生戚　闻过怒　闻誉乐　损友来　益友却
闻誉恐　闻过欣　直谅士　渐相亲　无心非　名为错　有心非　名为恶
过能改　归于无　倘掩饰　增一辜

泛爱众

凡是人　皆须爱　天同覆　地同载　行高者　名自高　人所重　非貌高
才大者　望自大　人所服　非言大　己有能　勿自私　人所能　勿轻訾
勿谄富　勿骄贫　勿厌故　勿喜新　人不闲　勿事搅　人不安　勿话扰
人有短　切莫揭　人有私　切莫说　道人善　即是善　人知之　愈思勉
扬人恶　即是恶　疾之甚　祸且作　善相劝　德皆建　过不规　道两亏
凡取与　贵分晓　与宜多　取宜少　将加人　先问己　己不欲　即速已
恩欲报　怨欲忘　报怨短　报恩长　待婢仆　身贵端　虽贵端　慈而宽
势服人　心不然　理服人　方无言

亲　仁

同是人　类不齐　流俗众　仁者希　果仁者　人多畏　言不讳　色不媚

能亲仁　无限好　德日进　过日少　不亲仁　无限害　小人进　百事坏

余力学文

不力行　但学文　长浮华　成何人　但力行　不学文　任己见　昧理真
读书法　有三到　心眼口　信皆要　方读此　勿慕彼　此未终　彼勿起
宽为限　紧用功　工夫到　滞塞通　心有疑　随札记　就人问　求确义
房室清　墙壁净　几案洁　笔砚正　墨磨偏　心不端　字不敬　心先病
列典籍　有定处　读看毕　还原处　虽有急　卷束齐　有缺坏　就补之
非圣书　屏勿视　蔽聪明　坏心志　勿自暴　勿自弃　圣与贤　可驯致

（二）《三字经》：人之初启蒙修身的好经典

1. 简　介

《三字经》是中华民族珍贵的文化遗产，它短小精悍、朗朗上口，千百年来，家喻户晓。其内容涵盖了历史、天文、地理、道德以及一些民间传说，所谓“熟读《三字经》，可知千古事”。基于历史原因，《三字经》难免含有一些精神糟粕、艺术瑕疵，但其独特的思想价值和文化魅力仍然为世人所公认，被历代中国人奉为经典并不断流传。

《三字经》的内容分为六个部分，每一部分有一个中心。

从“人之初，性本善”到“人不学，不知义”，讲述的是教育和学习对儿童成长的重要性，后天教育及时，方法正确，可以使儿童成为有用之才；从“为人子，方少时”至“弟于长，宜先知”强调儿童要懂礼仪要孝敬父母、尊敬兄长，并举了黄香和孔融的例子；从“首孝悌，次见闻” 到“但略说，能知原”介绍的是生活中的一些名物常识，有数字、三才、三光、三纲、四时、四方、五行、五常、六谷、六畜、七情、八音、九族、十义，方方面面，一应俱全，而且简单明了；从“凡训蒙，须讲究”到“考世系，知终始”介绍中国古代的重要典籍和儿童读书的程序，这部分列举的书籍有四书、六经、三易、四诗、三传、五子，基本包括了儒家的典籍和部分先秦诸子的著作；从“自羲农，至黄帝”到“载始乱，知兴衰”讲述的是从三皇至清代的朝代变革，一部中国史的基本面貌尽在其中；从“史虽繁，读有次” 至“戒之哉，宜勉力” 强调学习要勤奋刻苦、孜孜不倦，只有从小打下良好的学习基础，长大才能有所作为，“上致君，下泽民”。

从明朝开始，《三字经》就已流传至中国以外的国家。

意大利：《三字经》翻译本是拉丁文。

沙俄政府：俄文《三字经》《汉俄对照三字经》，并称《三字经》是“十二世纪的百科全书”。 普希金对《三字经》情有独钟，华商团和驻华使者的培训多以《三字经》为首选教材，因而《三字经》在俄国文化历史上留下了深深的印记。

韩国、日本：《本朝三字经》《皇朝三字经》等

英国：马礼逊（1782—1834）翻译的第一本中国传统经典就是《三字经》。1812年，他出版《中国春秋》英文版，包括《三字经》和《大学》。修订后，1917年又在伦敦再版。

美国：传教士裨治文在他主办的《中国丛报》上刊载《三字经》《千字文》等启蒙读物。

法国：犹太籍汉学家儒莲（1797—1873），在1827年担任法兰西研究院图书馆副馆长后翻译出《孟子》《三字经》《西厢记》《白蛇传》《老子道德经》《天工开物》等中国典籍。

新加坡：出版潘世兹翻译的英文本《三字经》，被推荐参加“法兰克福国际书展”。

联合国：1990年，《三字经》被联合国教科组织选编入《儿童道德丛书》，向世界各地儿童推介学习，成为一本世界著名的启蒙读物。

2. 原文诵读及理解

新三字经

人之初，性本善。性相近，习相远。苟不教，性乃迁。教之道，贵以专。
昔孟母，择邻处。子不学，断机杼。窦燕山，有义方。教五子，名俱扬。
养不教，父之过。教不严，师之惰。子不学，非所宜。幼不学，老何为。
玉不琢，不成器。人不学，不知义。为人子，方少时。亲师友，习礼仪。
香九龄，能温席。孝于亲，所当执。融四岁，能让梨。弟于长，宜先知。
首孝悌，次见闻。知某数，识某文。一而十，十而百。百而千，千而万。
三才者，天地人。三光者，日月星。三纲者，君臣义。父子亲，夫妇顺。
曰春夏，曰秋冬。此四时，运不穷。曰南北，曰西东。此四方，应乎中。
曰水火，木金土。此五行，本乎数。十干者，甲至癸。十二支，子至亥。
曰黄道，日所躔。曰赤道，当中权。赤道下，温暖极。我中华，在东北。
寒燠均，霜露改。右高原，左大海。曰江河，曰淮济。此四渎，水之纪。
曰岱华，嵩恒衡。此五岳，山之名。古九州，今改制。称行省，三十五。
曰士农，曰工商。此四民，国之良。曰仁义，礼智信。此五常，不容紊。
地所生，有草木。此植物，遍水陆。有虫鱼，有鸟兽。此动物，能飞走。
稻粱菽，麦黍稷。此六谷，人所食。马牛羊，鸡犬豕。此六畜，人所饲。
曰喜怒，曰哀惧。爱恶欲，七情俱。青赤黄，及黑白。此五色，目所识。
酸苦甘，及辛咸。此五味，口所含。膻焦香，及腥朽。此五臭，鼻所嗅。
匏土革，木石金。丝与竹，乃八音。曰平上，曰去入。此四声，宜调协。
高曾祖，父而身。身而子，子而孙。自子孙，至玄曾。乃九族，人之伦。

父子恩，夫妇从。兄则友，弟则恭。长幼序，友与朋。君则敬，臣则忠。
此十义，人所同。当顺叙，勿违背。斩齐衰，大小功。至缌麻，五服终。
礼乐射，御书数。古六艺，今不具。惟书学，人共遵。既识字，讲说文。
有古文，大小篆。隶草继，不可乱。若广学，惧其繁。但略说，能知原。
凡训蒙，须讲究。详训诂，明句读。为学者，必有初。小学终，至四书。
论语者，二十篇。群弟子，记善言。孟子者，七篇止。讲道德，说仁义。
作中庸，乃孔伋。中不偏，庸不易。作大学，乃曾子。自修齐，至平治。
四书熟，孝经通。如六经，始可读。诗书易，礼春秋。号六经，当讲求。
有连山，有归藏，有周易，三易详。有典谟，有训诰，有誓命，书之奥。
我周公，作周礼。著六官，存治体。大小戴，注礼记。述圣言，礼乐备。
曰国风，曰雅颂。号四诗，当讽咏。诗既亡，春秋作。寓褒贬，别善恶。
三传者，有公羊，有左氏，有谷梁。经既明，方读子。撮其要，记其事。
五子者，有荀扬，文中子，及老庄。经子通，读诸史。考世系，知终始。
自羲农，至黄帝。号三皇，居上世。唐有虞，号二帝。相揖逊，称盛世。
夏有禹，商有汤，周文武，称三王。夏传子，家天下。四百载，迁夏社。
汤伐夏，国号商。六百载，至纣亡。周武王，始诛纣。八百载，最长久。
周辙东，王纲坠。逞干戈，尚游说。始春秋，终战国。五霸强，七雄出。
嬴秦氏，始兼并。传二世，楚汉争。高祖兴，汉业建。至孝平，王莽篡。
光武兴，为东汉。四百年，终于献。魏蜀吴，争汉鼎。号三国，迄两晋。
宋齐继，梁陈承。为南朝，都金陵。北元魏，分东西。宇文周，兴高齐。
迨至隋，一土宇。不再传，失统绪。唐高祖，起义师。除隋乱，创国基。
二十传，三百载。梁灭之，国乃改。梁唐晋，及汉周。称五代，皆有由。
炎宋兴，受周禅。十八传，南北混。辽与金，皆称帝。元灭金，绝宋世。
舆图广，超前代。九十年，国祚废。太祖兴，国大明。号洪武，都金陵。
迨成祖，迁燕京。十六世，至崇祯。权阉肆，寇如林。李闯出，神器焚。
清世祖，膺景命。靖四方，克大定。由康雍，历乾嘉，民安富，治绩夸。
道咸间，变乱起，始英法，扰都鄙。同光后，宣统弱，传九帝，满清殁。
革命兴，废帝制，立宪法，建民国。古今史，全在兹。载治乱，知兴衰。
史虽繁，读有次。史记一，汉书二。后汉三，国志四。兼证经，参通鉴。
读史者，考实录。通古今，若亲目。口而诵，心而惟。朝于斯，夕于斯。
昔仲尼，师项橐。古圣贤，尚勤学。赵中令，读鲁论。彼既仕，学且勤。
披蒲编，削竹简。彼无书，且知勉。头悬梁，锥刺股。彼不教，自勤苦。
如囊萤，如映雪。家虽贫，学不辍。如负薪，如挂角。身虽劳，犹苦卓。
苏老泉，二十七。始发奋，读书籍。彼既老，犹悔迟。尔小生，宜早思。
若梁灏，八十二。对大廷，魁多士。彼既成，众称异。尔小生，宜立志。
莹八岁，能咏诗。泌七岁，能赋棋。彼颖悟，人称奇。尔幼学，当效之。

蔡文姬，能辨琴。谢道韫，能咏吟。彼女子，且聪敏。尔男子，当自警。
唐刘晏，方七岁。举神童，作正字。彼虽幼，身已仕。有为者，亦若是。
犬守夜，鸡司晨。苟不学，曷为人。蚕吐丝，蜂酿蜜。人不学，不如物。
幼而学，壮而行。上致君，下泽民。扬名声，显父母。光于前，裕于后。
人遗子，金满赢。我教子，唯一经。勤有功，戏无益。戒之哉，宜勉力。

（三）《千字文》：以优美文笔独领蒙学风骚

1. 简 介

《千字文》是我国早期的蒙学课本。《千字文》是南朝梁武帝在位时期（502—549）编成的，其编者是梁朝散骑侍郎、给事中周兴嗣。全文为四字句，对仗工整，条理清晰，文采斐然。《千字文》语句平白如话，易诵易记，并译有英文版、法文版、拉丁文版、意大利文版，是中国影响很大的儿童启蒙读物。中国大陆实行简化字、归并异体字后，其简体中文版本剩下九百九十余个相异汉字。

背诵《千字文》被视为识字教育的捷径。因为它并不是简单的单字堆积，而是条理分明，通顺可诵，咏物咏事的韵文，其内容又涉及自然、社会、历史、教育、伦理等多方面的知识。所选用的一千个汉字，大多数都是常用字，生僻字不多，便于识读。

2. 原文诵读及理解

千字文

天地玄黄，宇宙洪荒。日月盈昃，辰宿列张。寒来暑往，秋收冬藏。
闰余成岁，律吕调阳。云腾致雨，露结为霜。金生丽水，玉出昆冈。
剑号巨阙，珠称夜光。果珍李柰，菜重芥姜。海咸河淡，鳞潜羽翔。
龙师火帝，鸟官人皇。始制文字，乃服衣裳。推位让国，有虞陶唐。
吊民伐罪，周发殷汤。坐朝问道，垂拱平章。爱育黎首，臣伏戎羌。
遐迩一体，率宾归王。鸣凤在竹，白驹食场。化被草木，赖及万方。
盖此身发，四大五常。恭惟鞠养，岂敢毁伤。女慕贞洁，男效才良。
知过必改，得能莫忘。罔谈彼短，靡恃己长。信使可覆，器欲难量。
墨悲丝染，诗赞羔羊。景行维贤，克念作圣。德建名立，形端表正。
空谷传声，虚堂习听。祸因恶积，福缘善庆。尺璧非宝，寸阴是竞。
资父事君，曰严与敬。孝当竭力，忠则尽命。临深履薄，夙兴温凊。
似兰斯馨，如松之盛。川流不息，渊澄取映。容止若思，言辞安定。
笃初诚美，慎终宜令。荣业所基，籍甚无竟。学优登仕，摄职从政。

存以甘棠，去而益咏。乐殊贵贱，礼别尊卑。上和下睦，夫唱妇随。
外受傅训，入奉母仪。诸姑伯叔，犹子比儿。孔怀兄弟，同气连枝。
交友投分，切磨箴规。仁慈隐恻，造次弗离。节义廉退，颠沛匪亏。
性静情逸，心动神疲。守真志满，逐物意移。坚持雅操，好爵自縻。
都邑华夏，东西二京。背邙面洛，浮渭据泾。宫殿盘郁，楼观飞惊。
图写禽兽，画彩仙灵。丙舍旁启，甲帐对楹。肆筵设席，鼓瑟吹笙。
升阶纳陛，弁转疑星。右通广内，左达承明。既集坟典，亦聚群英。
杜稿钟隶，漆书壁经。府罗将相，路侠槐卿。户封八县，家给千兵。
高冠陪辇，驱毂振缨。世禄侈富，车驾肥轻。策功茂实，勒碑刻铭。
磻溪伊尹，佐时阿衡。奄宅曲阜，微旦孰营。桓公匡合，济弱扶倾。
绮回汉惠，说感武丁。俊乂密勿，多士寔宁。晋楚更霸，赵魏困横。
假途灭虢，践土会盟。何遵约法，韩弊烦刑。起翦颇牧，用军最精。
宣威沙漠，驰誉丹青。九州禹迹，百郡秦并。岳宗泰岱，禅主云亭。
雁门紫塞，鸡田赤城。昆池碣石，钜野洞庭。旷远绵邈，岩岫杳冥。
治本于农，务兹稼穑。俶载南亩，我艺黍稷。税熟贡新，劝赏黜陟。
孟轲敦素，史鱼秉直。庶几中庸，劳谦谨敕。聆音察理，鉴貌辨色。
贻厥嘉猷，勉其祗植。省躬讥诫，宠增抗极。殆辱近耻，林皋幸即。
两疏见机，解组谁逼。索居闲处，沉默寂寥。求古寻论，散虑逍遥。
欣奏累遣，戚谢欢招。渠荷的历，园莽抽条。枇杷晚翠，梧桐蚤凋。
陈根委翳，落叶飘摇。游鹍独运，凌摩绛霄。耽读玩市，寓目囊箱。
易輶攸畏，属耳垣墙。具膳餐饭，适口充肠。饱饫烹宰，饥厌糟糠。
亲戚故旧，老少异粮。妾御绩纺，侍巾帷房。纨扇圆洁，银烛炜煌。
昼眠夕寐，蓝笋象床。弦歌酒宴，接杯举觞。矫手顿足，悦豫且康。
嫡后嗣续，祭祀烝尝。稽颡再拜，悚惧恐惶。笺牒简要，顾答审详。
骸垢想浴，执热愿凉。驴骡犊特，骇跃超骧。诛斩贼盗，捕获叛亡。
布射僚丸，嵇琴阮啸。恬笔伦纸，钧巧任钓。释纷利俗，并皆佳妙。
毛施淑姿，工颦妍笑。年矢每催，曦晖朗曜。璇玑悬斡，晦魄环照。
指薪修祜，永绥吉劭。矩步引领，俯仰廊庙。束带矜庄，徘徊瞻眺。
孤陋寡闻，愚蒙等诮。谓语助者，焉哉乎也。

（四）《笠翁对韵》：以韵对引领诗词曲文学天下

1. 简　介

《笠翁对韵》是古人学习写作近体诗、词，用来熟悉对仗、用韵、组织词语的启蒙读物。作者李渔，号笠翁，因此叫《笠翁对韵》。全书分为两卷。按韵分编，包罗天文、地理、花木、鸟兽、人物、器物等的虚实应对。从单字对到双字对、三字对、五字对、七字对再到十一字对，声韵协调，朗朗上口，学习者能从中得到语音、词汇、修辞的训练。从单字到多字的层层属对，较其他全用三言、四言句式更见韵味。

2. 作品选诵读及理解

卷一

一、东

天对地，雨对风。大陆对长空。山花对海树，赤日对苍穹。雷隐隐，雾蒙蒙。日下对天中。风高秋月白，雨霁晚霞红。牛女二星河左右，参商两曜斗西东。十月塞边，飒飒寒霜惊戍旅；三冬江上，漫漫朔雪冷渔翁。

河对汉，绿对红。雨伯对雷公。烟楼对雪洞，月殿对天宫。云叆叇，日曈朦。腊屐对渔篷。过天星似箭，吐魄月如弓。驿旅客逢梅子雨，池亭人挹藕花风。茅店村前，皓月坠林鸡唱韵；板桥路上，青霜锁道马行踪。

山对海，华对嵩。四岳对三公。宫花对禁柳，塞雁对江龙。清暑殿，广寒宫。拾翠对题红。庄周梦化蝶，吕望兆飞熊。北牖当风停夏扇，南帘曝日省冬烘。鹤舞楼头，玉笛弄残仙子月；凤翔台上，紫箫吹断美人风。

二、冬

晨对午，夏对冬。下晌对高舂。青春对白昼，古柏对苍松。垂钓客，荷锄翁。仙鹤对神龙。凤冠珠闪烁，螭带玉玲珑。三元及第才千顷，一品当朝禄万钟。花萼楼间，仙李盘根调国脉；沉香亭畔，娇杨擅宠起边风。

清对淡，薄对浓。暮鼓对晨钟。山茶对石菊，烟锁对云封。金菡萏，玉芙蓉。绿绮对青锋。早汤先宿酒，晚食继朝饔。唐库金钱能化蝶，延津宝剑会成龙。巫峡浪传，云雨荒唐神女庙；岱宗遥望，儿孙罗列丈人峰。

繁对简，迭对重。意懒对心慵。仙翁对释伴，道范对儒宗。花灼灼，草茸茸。浪蝶对狂蜂。数竿君子竹，五树大夫松。高皇灭项凭三杰，虞帝承尧殛四凶。内苑佳人，满地风光愁不尽；边关过客，连天烟草憾无穷。

三、江

奇对偶，只对双。大海对长江。金盘对玉盏，宝烛对银缸。朱漆槛，碧纱窗。舞调对歌腔。兴汉推马武，谏夏著龙逢。四收列国群王伏，三筑高城众敌降。跨凤登台，潇洒仙姬秦弄玉；斩蛇当道，英雄天子汉刘邦。

颜对貌，像对庞。步辇对徒杠。停针对搁竺，意懒对心降。灯闪闪，月幢幢。揽辔对飞艭。柳堤驰骏马，花院吠村尨。酒晕微酡琼杏颊，香尘浅印玉莲（蹕）。诗写丹枫，韩女幽怀流节水；泪弹斑竹，舜妃遗恨积湘江。

四、支

泉对石，干对枝。吹竹对弹丝。山亭对水榭，鹦鹉对鸬鹚。五色笔，十香词。

泼墨对传卮。神奇韩干画，雄浑李陵诗。几处花街新夺锦，有人香径淡凝脂。万里烽烟，战士边头争保塞；一犁膏雨，农夫村外尽乘时。

菹对醢，赋对诗。点漆对描脂。瑶簪对珠履，剑客对琴师。沽酒价，买山资。国色对仙姿。晚霞明似锦，春雨细如丝。柳绊长堤千万树，花横野寺两三枝。紫盖黄旗，天象预占江左地；青袍白马，童谣终应寿阳儿。

箴对赞，缶对卮。萤照对蚕丝。轻裾对长袖，瑞草对灵芝。流涕策，断肠诗。喉舌对腰肢。云中熊虎将，天上凤凰儿。禹庙千年垂桔柚，尧阶三尺覆茅茨。湘竹含烟，腰下轻纱笼玳瑁；海棠经雨，脸边清泪湿胭脂。

争对让，望对思。野葛对山栀。仙风对道骨，天造对人为。专诸剑，博浪椎。经纬对干支。位尊民物主，德重帝王师。望切不妨人去远，心忙无奈马行迟。金屋闭来，赋乞茂陵题柱笔；玉楼成后，记须昌谷负囊词。

五、微

贤对圣，是对非。觉奥对参微。鱼书对雁字，草舍对柴扉。鸡晓唱，雉朝飞。红瘦对绿肥。举杯邀月饮，骑马踏花归。黄盖能成赤壁捷，陈平善解白登危。太白书堂，瀑泉垂地三千尺；孔明祀庙，老柏参天四十围。

戈对甲，幄对帏。荡荡对巍巍。严滩对邵圃，靖菊对夷薇。占鸿渐，采凤飞。虎榜对龙旗。心中罗锦绣，口内吐珠玑。宽宏豁达高皇量，叱咤喑哑霸王威。灭项兴刘，狡兔尽时走狗死；连吴拒魏，貔貅屯处卧龙归。

衰对盛，密对稀。祭服对朝衣。鸡窗对雁塔，秋榜对春闱。乌衣巷，燕子矶。久别对初归。天姿真窈窕，圣德实光辉。蟠桃紫阙来金母，岭荔红尘进玉妃。霸王军营，亚父愤心撞玉斗；长安酒市，洞仙狂兴换银龟。

六、鱼

羹对饭，柳对榆。短袖对长裾。鸡冠对凤尾，芍药对芙蕖。周有若，汉相如。王屋对匡庐。月明山寺远，风细水亭虚。壮士腰间三尺剑，男儿腹内五车书。疏影暗香，和靖孤山梅蕊放；轻阴清昼，渊明旧宅柳条舒。

吾对汝，尔对余。选授对升除。书箱对药柜，耒耜对耰锄。参虽鲁，回不愚。阀阅对阎闾。诸侯千乘国，命妇七香车。穿云采药闻仙人，踏雪寻梅策蹇驴。玉兔金乌，二气精灵为日月；洛龟河马，五行生克在图书。

欹对正，密对疏。囊橐对苞苴。罗浮对壶峤，水曲对山纡。骖鹤驾，侍鸾舆。桀溺对长沮。搏虎卞庄子，当熊冯婕妤。南阳高士吟梁妇，西蜀才人赋子虚。三径风光，白石黄花供杖履；五湖烟景，青山绿水在樵渔。

七、虞

红对白，有对无。布谷对提壶。毛锥对羽扇，天阙对皇都。谢蝴蝶，郑鹧鸪。蹈海对归湖。花肥春雨润，竹瘦晚风疏。麦饭豆糜终创汉，莼羹鲈脍竟归吴。琴调轻弹，杨柳月中潜去听；酒旗斜挂，杏花村里共来沽。

罗对绮，茗对蔬。柏秀对松枯。中元对上巳，返璧对还珠。云梦泽，洞庭湖。

玉烛对冰壶。苍头犀角带，绿鬓象牙梳。松阴白鹤声相应，镜里青鸾影不孤。竹户半开，对牖不知人在否。柴关深闭，停车还有客来无。

宾对主，婢对奴。宝鸭对金凫。升堂对入室，鼓瑟对投壶。觇合璧，颂联珠。提瓮对当垆。仰高红日近，望远白云孤。歆向秘书窥二酉，机云芳誉动三吴。祖饯三杯，老去常斟花下酒；荒田五亩，归来独荷月中锄。

君对父，魏对吴。北岳对西湖。菜蔬对茶荈，苣藤对菖蒲。梅花数，竹叶符。廷议对山呼。两都班固赋，八阵孔明图。田庆紫荆堂下茂，王裒青柏墓前枯。出塞中郎，羝有乳时归汉室；质秦太子，马生角日返燕都。

八、齐

鸾对凤，犬对鸡。塞北对关西。长生对益智，老幼对旄倪。颁竹策，剪桐圭。剥枣对蒸梨。绵腰如弱柳，嫩手似柔荑。狡兔能穿三穴隐，鹪鹩权借一枝栖。角里先生，策杖垂绅扶少主；於陵仲子，辟（纑）织履赖贤妻。

鸣对吠，泛对栖。燕语对莺啼。珊瑚对玛瑙，琥珀对玻璃。绛县老，伯州犁。测蠡对燃犀。榆槐堪作荫，桃李自成蹊。投巫救女西门豹，赁浣逢妻百里奚。阙里门墙，陋巷规模原不陋；隋堤基址，迷楼踪迹亦全迷。

越对赵，楚对齐。柳岸对桃蹊。纱窗对绣户，画阁对香闺。修月斧，上天梯。螮蝀对虹霓。行乐游春圃，工谀病夏畦。李广不封空射虎，魏明得立为存麑。按辔徐行，细柳功成劳主敬；闻声稍卧，临泾名震止儿啼。

九、佳

门对户，陌对街。枝叶对根荄。斗鸡对挥麈，凤髻对鸾钗。登楚岫，渡秦淮。子犯对夫差。石鼎龙头缩，银筝雁翅排。百年诗礼延余庆，万里风云入壮怀。能辨名伦，死矣野哉悲季路；不由径窦，生乎愚也有高柴。

冠对履，袜对鞋。海角对天涯。鸡人对虎旅，六市对三街。陈俎豆，戏堆埋。皎皎对皑皑。贤相聚东阁，良朋集小斋。梦里山川书越绝，枕边风月记齐谐。三径萧疏，彭泽高风怡五柳；六朝华贵，琅琊佳气种三槐。

勤对俭，巧对乖。水榭对山斋。冰桃对雪藕，漏箭对更牌。寒翠袖，贵荆钗。慷慨对诙谐。竹径风声籁，花溪月影筛。携囊佳韵随时贮，荷锄沉酣到处埋。江海孤踪，云浪风涛惊旅梦；乡关万里，烟峦云树切归怀。

杞对梓，桧对楷。水泊对山崖。舞裙对歌袖，玉陛对瑶阶。风入袂，月盈怀。虎兕对狼豺。马融堂上帐，羊侃水中斋。北面黉宫宜拾芥，东巡岱畤定燔柴。锦缆春江，横笛洞箫通碧落；华灯夜月，遗簪堕翠遍香街。

十、灰

春对夏，喜对哀。大手对长才。风清对月朗，地阔对天开。游阆苑，醉蓬莱。七政对三台。青龙壶老杖，白燕玉人钗。香风十里望仙阁，明月一天思子台。玉桔冰桃，王母几因求道降；莲舟藜杖，真人原为读书来。

朝对暮，去对来。庶矣对康哉。马肝对鸡肋，杏眼对桃腮。佳兴适，好怀开。

朔雪对春雷。云移鳷鹊观，日晒凤凰台。河边淑气迎芳草，林下轻风待落梅。柳媚花明，燕语莺声浑是笑；松号柏舞，猿啼鹤唳总成哀。

忠对信，博对赅。忖度对疑猜。香消对烛暗，鹊喜对蛩哀。金花报，玉镜台。倒斝对衔杯。岩巅横老树，石磴覆苍苔。雪满山中高士卧，月明林下美人来。绿柳沿堤，皆因苏子来时种；碧桃满观，尽是刘郎去后栽。

十一、真

莲对菊，凤对麟。浊富对清贫。渔庄对佛舍，松盖对花茵。萝月叟，葛天民。国宝对家珍。草迎金埒马，花醉玉楼人。巢燕三春尝唤友，塞鸿八月始来宾。古往今来，谁见泰山曾作砺；天长地久，人传沧海几扬尘。

兄对弟，吏对民。父子对君臣。勾丁对甫甲，赴卯对同寅。折桂客，簪花人。四皓对三仁。王乔云外舄，郭泰雨中巾。人交好友来三益，士有贤妻备五伦。文教南宣，武帝平蛮开百越；义旗西指，韩侯扶汉卷三秦。

申对午，侃对訚。阿魏对茵陈。楚兰对湘芷，碧柳对青筠。花馥馥，草蓁蓁。粉颈对朱唇。曹公奸似鬼，尧帝智如神。南阮才郎差北富，东邻丑女效西颦。色艳北堂，草号忘忧忧甚事；香浓南国，花名含笑笑何人。

十二、文

忧对喜，戚对欣。二典对三坟。佛经对仙语，夏耨对春耘。烹早韭，剪春芹。暮雨对朝云。竹间斜白接，花下醉红裙。掌握灵符五岳箓，腰悬宝剑七星纹。金锁未开，上相趋听宫漏永；珠帘半卷，群僚仰对御炉熏。

词对赋，懒对勤。类聚对群分。鸾箫对凤笛，带草对香芸。燕许笔，韩柳文。旧话对新闻。赫赫周南仲，翩翩晋右军。六国说成苏子贵，两京收复郭公勋。汉阙陈书，侃侃忠言推贾谊；唐廷对策，岩岩直谏有刘蕡。

言对笑，绩对勋。鹿豕对羊羵。星冠对月扇，把袂对书裙。汤事葛，说兴殷。萝月对松云。西池青鸟使，北塞黑鸦军。文武成康为一代，魏吴蜀汉定三分。桂苑秋宵，明月三杯邀曲客；松亭夏日，薰风一曲奏桐君。

十三、元

卑对长，季对昆。永巷对长门。山亭对水阁，旅舍对军屯。杨子渡，谢公墩。德重对年尊。承乾对出震，叠坎对重坤。志士报君思犬马，仁王养老察鸡豚。远水平沙，有客泛舟桃叶渡；斜风细雨，何人携榼杏花村。

君对相，祖对孙。夕照对朝暾。兰台对桂殿，海岛对山村。碑堕泪，赋招魂。报怨对怀恩。陵埋金吐气，田种玉生根。相府珠帘垂白昼，边城画角对黄昏。枫叶半山，秋去烟霞堪倚杖；梨花满地，夜来风雨不开门。

十四、寒

家对国，治对安。地主对天官。坎男对离女，周诰对殷盘。三三暖，九九寒。杜撰对包弹。古壁蛩声匝，闲亭鹤影单。燕出帘边春寂寂，莺闻枕上漏珊珊。池柳烟飘，日夕郎归青琐闼；砌花雨过，月明人倚玉栏杆。

肥对瘦，窄对宽。黄犬对青鸾。指环对腰带，洗钵对投竿。诛佞剑，进贤冠。画栋对雕栏。双垂白玉箸，九转紫金丹。陕右棠高怀召伯，河南花满忆潘安。陌上芳春，弱柳当风披彩线；池中清晓，碧荷承露捧珠盘。

行对卧，听对看。鹿洞对鱼滩。蛟腾对豹变，虎踞对龙蟠。风凛凛，雪漫漫。手辣对心酸。莺莺对燕燕，小小对端端。蓝水远从千涧落，玉山高并两峰寒。至圣不凡，嬉戏六龄陈俎豆；老莱大孝，承欢七衮舞斑斓。

十五、删

林对坞，岭对峦。昼永对春闲。谋深对望重，任大对投艰。裾袅袅，佩珊珊。守塞对当关。密云千里合，新月一钩弯。叔宝君臣皆纵逸，重华父母是嚚顽。名动帝畿，西蜀三苏来日下；壮游京洛，东吴二陆起云间。

骄对傲，吝对悭。讨逆对平蛮。忠肝对义胆，雾鬓对云鬟。埋笔冢，烂柯山。月貌对天颜。龙潜终得跃，鸟倦亦知还。陇树飞来鹦鹉绿，湘筠密处鹧鸪斑。秋露横江，苏子月明游赤壁；冻云迷岭，韩公雪拥过蓝关。

二、生活与修身

1. 在网络上下载配乐的《弟子规》《三字经》《千字文》，模仿诵读，增加生活情趣。

2. 参观国学馆，深入了解国学的传承与创新，丰富自己的视野，增长见识，提升自己的文化水平。

3. 鼓励家庭或身边的小朋友到本地的国学幼儿园生活和学习；参加社区或学校组织的传统家风家教娱乐活动，活学活用，为推动中华优秀传统文化进社区建言献策。

4. 培养搜集春节、婚嫁、园林对联的兴趣，增强对《笠翁对韵》的理解，品尝生活百味。

项目三
明德亲民止于至善之宝库——四书五经

“四书五经”是中国传统文化的重要组成部分，是儒家思想的核心载体，更是中国历史文化古籍中的宝典。儒家经典“四书五经”包含内容极其广泛、深刻，它在世界文化史、思想史上具有极高的地位。

“四书五经”翔实地记载了中华民族思想文化发展史上最活跃时期的政治、军事、外交、文化等各方面的史实资料及影响中国文化几千年的孔孟重要哲学思想。历代科举选仕，试卷命题无他，必出自“四书五经”。时至今日，“四书五经”所载内容及哲学思想仍对我们当代人具有积极的意义和极大的参考价值。

“四书”指的是《大学》《中庸》《论语》《孟子》四部作品。“五经”指的是《诗经》《尚书》《礼记》《周易》《春秋》五部作品。《春秋》由于文字过于简略，通常与解释《春秋》的《左传》《公羊传》《谷梁传》分别合刊。四书之名始于宋朝，五经之名始于汉武帝。

一、要义与选文

（一）《大学》：仁人志士登堂入室的钥匙

1. 简　介

《大学》原为《礼记》第四十二篇。宋朝程颢、程颐兄弟把它从《礼记》中抽出，编次章句。朱熹将《大学》《中庸》《论语》《孟子》合编注释，称为“四书”。按朱熹和宋代另一位著名学者程颐的看法，《大学》是孔子及其门徒留下来的遗书，是儒家学派的入门读物。所以列为“四书”之首。至于《大学》的作者，程颢、程颐认为是“孔氏之遗言也”。朱熹把《大学》重新编排整理，分为“经”一章，“传”十章。认为，“经一章盖孔子之言，而曾子述之；其传十章，则曾子之意而门人记之也”。就是说，“经”是孔子的话，曾子记录下来；“传”是曾子解释“经”的话，由曾子的学生记录下来。

《大学》的版本主要有两个体系：一是经朱熹编排整理，划分为经、传的《大学章句》本；一是按原有次序排列的古本，即《礼记》中的《大学》原文。朱熹《大学章句》本流传最广、影响最大，本篇采用的就是《大学章句》本。

“大学”是对“小学”而言，是说它不是讲“详训诂，明句读”的“小学”，而是讲治国安邦的“大学”。小学即“洒扫应对进退，礼乐射御书数”。大学是大人之学，古人十五岁入学，学习伦理、政治和哲学等“穷理正心，修礼治人”的学问。

《大学》为“初学入德之门也”。经一章提出了明明德、亲民、止于至善三条纲领，又提出了格物、致知、诚意、正心、修身、齐家、治国、平天下八个条目。八个条目是实现三条纲领的途径。在八个条目中，修身是根本的一条，“自天子以至于庶人，壹是皆以修身为本”。十章分别解释明明德、亲民、止于至善、本末、格物、致知、诚意、正心、修身、齐家、治国、平天下。明明德是指弘扬光明正大的品德。亲民，即新民，是指让人们革旧图新。止于至善是指要达到最好的境界。本末是指做事要分清主次，抓住根本。格物、致知是指穷究事物的原理来获得知识。诚意就是“勿自欺”，不要“掩其不善而著其善”。正心就是端正自己的心思。修身就是加强自身修养，提高自身素质。齐家就是管理好自己的家庭、家族。治国、平天下是谈治理国家的事。怎样治理国家呢？首先要做表率；自己讨厌的，不加给别人；要得众、慎得、生财、举贤。“得众则得国，失众则失国”；“有德此有人，有人此有土，有土此有财”；见贤能举，举而能先。《大学》寄托了古人内圣外王的理想。

2．作品选诵读及理解

（1）大学之道，在明明德，在亲民，在止于至善。（三纲、观点）

（2）物格而后知至，知至而后意诚，意诚而后心正，心正而后身修，身修而后家齐，家齐而后国治，国治而后天下平。（八条目，实施观点的途径）

（3）自天子以至于庶人，壹是皆以修身为本。（各种措施的根本）

（4）所谓修身在正其心者，身有所忿懥则不得其正，有所恐惧则不得其正，有所好乐则不得其正，有所忧患则不得其正。心不在焉，视而不见，听而不闻，食而不知其味，此谓修身在正其心。（修身在于正心）

（二）《中庸》：人们终身受用的经典

1．简　介

《中庸》原是《礼记》第三十一篇，相传为子思所作，是儒家学说经典论著。经北宋程颢、程颐极力尊崇，南宋朱熹作《中庸章句集注》，最终和《大学》《论语》《孟子》并称为“四书”。宋、元以后，《中庸》成为学校官定的教科书和科举考试的必读书，对中国古代教育产生了极大的影响。《中庸》提出的“五达道”“三达德”“慎独自修”“至诚尽性”等内容，对为人处事、人性修养有重要影响。

2．作品选诵读及理解

（1）舜其大知也与！舜好问而好察迩言。隐恶而扬善。执其两端，用其中于民。其斯以为舜乎！　　——《中庸·第六章》

（2）好人之所恶，恶人之所好，是谓拂人之性，灾必逮夫身。

——《大学·第十一章》

（3）正己而不求于人则无怨。上不怨天，下不尤人。——《中庸·第十四章》

（4）素富贵，行乎富贵；素贫贱，行乎贫贱；素夷狄，行乎夷狄；素患难，行乎患难。君子无入而不自得焉。——《中庸·第十四章》

（5）博学之，审问之，慎思之，明辨之，笃行之。　——《中庸·第二十章》

（6）好学近乎知。力行近乎仁。知耻近乎勇。　——《中庸·第二十章》

（7）国家将兴，必有祯祥；国家将亡，必有妖孽。　——《中庸·第二十四章》

（8）今夫地一撮土之多，及其广厚载华岳而不重，振河海而不泄，万物载焉。

——《中庸·第二十六章》

（9）温故，而知新，敦厚以崇礼。　——《中庸·第二十七章》

（10）愚而好自用，贱而好自专。生乎今之世，反古之道。如此者灾及其身者也。

——《中庸·第二十八章》

（三）《论语》：创语录体著作的历史先河

1. 简　介

《论语》是记载孔子及其弟子言行的一部书，通行本《论语》共二十篇。孔子（前551—前479），名丘，字仲尼，春秋时鲁国陬邑（今山东曲阜）人。儒家学派创始人，中国古代最著名的思想家、政治家、教育家，对中国思想文化的发展有极其深远的影响。《论语》成书于春秋战国之际，是孔子的学生及其再传学生所记录整理而成的。《论语》涉及哲学、政治、经济，教育、文艺等诸多方面，内容非常丰富，是儒学最主要的经典。在表达上，《论语》语言精练而形象生动，是语录体散文的典范。在编排上，《论语》没有严格的编纂体例，每一条就是一章，集章为篇，篇、章之间并无紧密联系，只是大致归类，并有重复章节出现。到汉代时，有《鲁论语》（20篇）、《齐论语》（22篇）、《古文论语》（21篇）三种《论语》版本流传。

东汉末年，郑玄以《鲁论语》为底本，参考《齐论语》和《古文论语》编校成一个新的本子，并加以注释。郑玄的注本流传后，《齐论语》和《古文论语》便逐渐亡佚了。以后各代注释《论语》的版本主要有：三国时魏国何晏《论语集解》，南北朝梁朝皇侃《论语义疏》，宋代邢昺《论语注疏》、朱熹《论语集注》，清代刘宝楠《论语正义》等。

2. 作品选诵读及理解

（1）父母在，不远游，游必有方。——《论语·里仁篇》

（2）富与贵，是人之所欲也；不以其道得之，不处也。——《论语·里仁篇》

（3）知者乐水，仁者乐山。知者动，仁者静。知者乐，仁者寿。——《论语·雍也篇》

（4）饭疏食，饮水，曲肱而枕之，乐亦在其中矣。不义而富且贵，于我如浮云。——《论语·述而篇》

（5）鸟之将死，其鸣也哀；人之将死，其言也善。——《论语·泰伯篇》

（6）君子和而不同，小人同而不和。——《论语·子路篇》

（7）君子求诸己，小人求诸人。——《论语·卫灵公篇》

（8）可与言而不与之言，失人；不可与言而与之言，失言。知者不失人亦不失言。——《论语·卫灵公篇》

（9）君子有九思：视思明，听思聪，色思温，貌思恭，言思忠，事思敬，疑思问，忿思难，见得思义。——《论语·季氏篇》

（10）不患寡而患不均，不患贫而患不安。盖均无贫，和无寡，安无倾。——《论语·季氏篇》

（四）《孟子》：仁政乃经国治民基本方针

1. 简　介

《孟子》是中国儒家典籍中的一部，记录了战国时期思想家孟子的治国思想和政治策略。《孟子》在儒家典籍中占有很重要的地位，为“四书”之一。

孟子（约前372—前289），名轲，字子舆，战国中期邹国（今山东邹城东南人），离孔子的故乡曲阜不远。孟子是著名的思想家、政治家、教育家，孔子学说的继承者。和孔子一样，孟子也曾带领学生游历魏、齐、宋、鲁、滕、薛等国，并一度担任过齐宣王的客卿。他因为政治主张不被重用，便回到家乡聚徒讲学，与学生万章等人著书立说，序《诗》《书》，述仲尼之意，作《孟子》七篇。赵岐在《孟子题辞》中把《孟子》与《论语》相比，认为《孟子》是“拟圣而作”。所以，尽管《汉书·艺文志》仅仅把《孟子》放在诸子略中，视为子书，但实际上在汉代人的心目中已经把它看作辅助“经书”的“传”书了。

汉文帝把《论语》《孝经》《孟子》《尔雅》各置博士，便叫“传记博士”。到五代后蜀时，后蜀主孟昶命人楷书十一经刻石，其中包括了《孟子》，这可能是《孟子》被列入“经书”的开始。到南宋孝宗时，朱熹编“四书”时列入了《孟子》，正式把《孟子》提到了非常高的地位。元、明以后又成为科举考试的内容，更是读书人的必读书了。

2. 作品选诵读及理解

（1）恻隐之心，仁之端也；羞恶之心，义之端也；辞让之心，礼之端也；是非之心，智之端也。——《孟子·公孙丑章句上》

（2）天时不如地利，地利不如人和。——《孟子·公孙丑章句下》

（3）有恒产者有恒心，无恒产者无恒心。苟无恒心，放辟邪侈，无不为已。——《孟子·滕文公章句上》

（4）劳心者治人，劳力者治于人。——《孟子·滕文公章句上》

（5）富贵不能淫，贫贱不能移，威武不能屈。——《孟子·滕文公章句下》

（6）不以规矩，不能成方圆。——《孟子·离娄章句上》

（7）天将降大任于是人也，必先苦其心志，劳其筋骨，饿其体肤，空乏其身，行拂乱其所为。——《孟子·告子章句下》

（8）生于忧患而死于安乐。——《孟子·告子章句下》

（9）人不可以无耻。无耻之耻，无耻矣。——《孟子·尽心章句上》

（10）古之人，得志，泽加于民；不得志，修身见于世。穷则独善其身，达则兼善天下。——《孟子·尽心章句上》

（五）《诗经》：中国现存最早的诗歌总集

1. 简　介

《诗经》是我国最早的一部诗歌总集，共收录西周初年至春秋中叶诗歌 305 篇。原称“诗”或“诗三百”，汉代儒生始称《诗经》。现存的《诗经》是汉朝毛亨传下来的，所以又叫“毛诗”。《诗经》是中国韵文的源头，是中国诗史的光辉起点。它形式多样，史诗、讽刺诗、叙事诗、恋歌、战歌、颂歌、节令歌以及劳动歌谣样样都有。它内容丰富，对社会生活的各个方面，如劳动与爱情、战争与徭役、压迫与反抗、风俗与婚姻、祭祖与宴会，甚至天象、地貌、动物、植物等各个方面都有所反映。可以说，《诗经》是周代社会生活的一面镜子。而《诗经》的语言是研究公元前 11 世纪到公元前 6 世纪汉语概貌的最重要的资料。

据说《诗经》中的诗，当时都是能演唱的歌词。按所配乐曲的性质，可分成风、雅、颂类。“风”包括《周南》《召南》《邶风》《墉风》《卫风》《王风》《齐风》《魏风》《唐风》《秦风》《陈风》《桧风》《曹风》《豳风》，称为十五国风，大部分是黄河流域的民歌，小部分是贵族加工的作品，共 160 篇。“雅”包括小雅和大雅，共 105 篇。“雅”基本上是贵族的作品，只有小雅的一部分来自民间。“颂”包括周颂、鲁颂和商颂，共 40 篇。颂是宫廷用于祭祀的歌词。一般来说，来自民间的歌谣，生动活泼；而宫廷贵族的诗作，诗味不多。

2. 作品选诵读及理解

国风·卫风·木瓜

投我以木瓜，报之以琼琚。匪报也，永以为好也！
投我以木桃，报之以琼瑶。匪报也，永以为好也！
投我以木李，报之以琼玖。匪报也，永以为好也！

国风·鄘风·相鼠

相鼠有皮，人而无仪！人而无仪，不死何为？
相鼠有齿，人而无止！人而无止，不死何俟？
相鼠有体，人而无礼，人而无礼！胡不遄死？

商颂·烈祖

嗟嗟烈祖！有秩斯祜。申锡无疆，及尔斯所。既载清酤，赉我思成。
亦有和羹，既戒既平。鬷假无言，时靡有争。绥我眉寿，黄耇无疆。
约軧错衡，八鸾鸧鸧。以假以享，我受命溥将。自天降康，丰年穰穰。
来假来飨，降福无疆。顾予烝尝，汤孙之将。

（六）《尚书》：中国现存最早的文件汇编

1. 简　介

《尚书》意为“上古之书”，是中国上古历史文件和部分追述古代事迹作品的汇编。记载年代上起传说中的尧舜时代，下至东周（春秋中期）。基本内容是古代帝王的文告和君臣谈话内容的记录，这说明作者应是史官。《尚书》有两种传本：一种是《今文尚书》，一种是《古文尚书》。现通行的《十三经注疏》本，是今文尚书和伪古文尚书的合编。古时称赞人“饱读诗书”，“诗书”便是分别指《诗经》《尚书》。

2. 作品选诵读及理解

尚书·虞夏书·尧典

昔在帝尧，聪明文思，光宅天下。将逊于位，让于虞舜，作《尧典》。

虞舜侧微，尧闻之聪明。将使嗣位，历试诸难，作《舜典》。

曰若稽古，帝尧曰放勋，钦明文思安安，允恭克让，光被四表，格于上下。克明俊德，以亲九族。九族既睦，平章百姓。百姓昭明，协和万邦。黎民于变时雍。

乃命羲和，钦若昊天，历象日月星辰，敬授民时。分命羲仲，宅嵎夷，曰旸谷。寅宾出日，平秩东作。日中星鸟，以殷仲春。厥民析，鸟兽孳尾。申命羲叔，宅南交，曰明都。平秩南讹，敬致。日永星火，以正仲夏。厥民因，鸟兽希革。分命和仲，宅西，曰昧谷。寅饯纳日，平秩西成。宵中星虚，以殷仲秋。厥民夷，鸟兽毛毨。申命和叔，宅朔方，曰幽都。平在朔易。日短星昴，以正仲冬。厥民隩，鸟兽鹬毛。帝曰：“咨！汝羲暨和。期三百有六旬有六日，以闰月定四时成岁。允厘百工，庶绩咸熙。”

帝曰：“畴咨若时登庸？”

放齐曰：“胤子朱启明。”

帝曰：“吁！嚚讼，可乎？”

帝曰：“畴咨若予采？”

驩兜曰：“都！共工方鸠僝功。”

帝曰：“吁！静言庸违，象恭滔天。”

帝曰：“咨！四岳，汤汤洪水方割，荡荡怀山襄陵，浩浩滔天。下民其咨，有能俾乂？”

佥曰：“吁！鲧哉。”

帝曰：“吁！咈哉，方命圮族。”

岳曰：“异哉！试可乃已。”

帝曰：“往钦哉！”九载绩用弗成。

帝曰："咨！四岳。朕在位七十载，汝能庸命巽朕位？"

岳曰："否德忝帝位。"曰："明明扬侧陋。"

师锡帝曰："有鳏在下，曰虞舜。"

帝曰："俞？予闻，如何？"

岳曰："瞽子，父顽，母嚚，象傲，克谐，以孝烝烝，乂不格奸。"

帝曰："我其试哉！女于时，观厥刑于二女。"厘降二女于妫汭，嫔于虞。

帝曰："钦哉！"

（七）《礼记》：中国古代重要的典章制度选集

1. 简 介

《礼记》是战国到秦汉年间儒家学者解释说明经书《仪礼》的文章选集。《礼记》有两种传本：一种是戴德所编，有85篇，今存40篇，称《大戴礼记》；另一种，是戴德其侄戴圣选编的四十九篇，称《小戴礼记》。书中内容主要写先秦的礼制，体现了先秦儒家的哲学思想、教育思想、政治思想、美学思想，是研究先秦社会的重要资料，是一部儒家思想的资料汇编。

《礼记》章法谨严，映带生姿，文辞婉转，前后呼应，语言整饬而多变，是"三礼"之一，"五经"之一，"十三经"之一。自东汉郑玄作"注"后，《礼记》地位日升，至唐代时尊为"经"，宋代以后，位居"三礼"之首。《礼记》中记载的古代文化史知识及思想学说，对儒家文化传承、当代文化教育和德性教养及社会主义和谐社会建设有重要影响。

《礼记》按照所述内容可分为四类：

（1）记礼节条文，补他书所不备，如《曲礼》《檀弓》《玉藻》《丧服小记》《大传》《少仪》《杂记》《丧大记》《奔丧》《投壶》等。

（2）阐述周礼的意义，如《曾子问》《礼运》《礼器》《郊特牲》《内则》《学记》《乐记》《祭法》《祭义》《祭统》《经解》《哀公问》《仲尼燕居》《孔子闲居》《坊记》《中庸》《表记》《缁衣》《问丧》《服问》《间传》《三年问》《儒行》《大学》《丧服四制》等。

（3）解释《仪礼》之专篇，如《冠义》《昏义》《乡饮酒义》《射义》《燕义》《聘义》等。

（4）专记某项制度和政令，如《王制》《月令》《文王世子》《明堂位》等。

2. 作品选诵读及理解

王制（节选）

王者之制禄爵，公、侯、伯、子、男，凡五等。诸侯之上大夫卿、下大夫、上士、中士、下士，凡五等。

天子之田方千里，公侯田方百里，伯七十里，子男五十里。不能五十里者，不合于天子，附于诸侯，曰附庸。天子之三公之田视公侯，天子之卿视伯，天子之大夫视子男，天子之元士视附庸。

制农田百亩，百亩之分，上农夫食九人，其次食八人，其次食七人，其次食六人，下农夫食五人。庶人在官者，其禄以是为差也。

诸侯之下士视上农夫，禄足以代其耕也。中上倍下士，上士倍中士，下大夫倍上士；卿四大夫禄，君十卿禄。次国之卿，三大夫禄，君十卿禄。小国之卿，倍大夫禄，君十卿禄。

…………

天子七日而殡，七月而葬；诸侯五日而殡，五月而葬；大夫、士、庶人，三日而殡，三月而葬。三年之丧，自天子达。庶人县封。葬不为雨止，不封不树，丧不贰事。自天子达于庶人。丧从死者，祭从生者。支子不祭。天子七庙，三昭三穆，与大祖之庙而七。诸侯五庙，二昭二穆，与大祖之庙而五。大夫三庙，一昭一穆，与大祖之庙而三。士一庙。庶人祭于寝。

…………

道路，男子由右，妇人由左，车从中央。父之齿随行，兄之齿雁行，朋友不相逾。轻任并，重任分，斑白者不提挈。君子耆老不徒行，庶人耆老不徒食。

…………

六礼：冠、昏、丧、祭、乡、相见。七教：父子、兄弟、夫妇、君臣、长幼、朋友、宾客。八政：饮食、衣服、事为、异别、度、量、数、制。

（八）《周易》：中国的群经之首、大道之源

1. 简　介

《周易》也称作《易经》，是我国一部最古老而深邃的经典，是华夏五千年智慧与文化的结晶，被誉为“群经之首，大道之源”。

《易经》内容包括《经》《传》两个部分。《经》主要是六十四卦和三百八十四爻，卦和爻各有说明（卦辞、爻辞），作为占卜之用。《传》包括《文言》《彖传》上下、《象传》上下、《系辞传》上下、《说卦传》《序卦传》《杂卦传》，共七种十篇，统称为“十翼”。十翼为阐明《易经》而作，故曰《传》。

2. 作品选诵读及理解

易经（节选）

（1）坤卦

《坤》：元，亨，利牝马之贞。君子有攸往，先迷；后得主，利。西南得朋，东北丧朋。安贞吉。

初六：履霜，坚冰至。

六二：直方大；不习无不利。

六三：含章，可贞；或从王事，无成有终。

六四：括囊，无咎无誉。

六五：黄裳，元吉。

上六：龙战于野，其血玄黄。

用六：利永贞。

（2）屯卦

《屯》：元亨，利贞；勿用有攸往。利建侯。

初九：磐桓，利居贞，利建侯。

六二：屯如，邅如。乘马班如。匪寇婚媾；女子贞不字，十年乃字。

六三：即鹿无虞，惟入于林中；君子几，不如舍，往吝。

六四：乘马班如，求婚媾；往吉，无不利。

九五：屯其膏。小，贞吉；大，贞凶。

上六：乘马班如，泣血涟如。

（3）蒙卦

《蒙》：亨。匪我求童蒙，童蒙求我；初筮告，再三渎，渎则不告。利贞。

初六：发蒙，利用刑人，用说桎梏；以往吝。

九二：包蒙，吉。纳妇，吉；子克家。

六三：勿用取女，见金夫，不有躬，无攸利。

六四：困蒙，吝。

六五：童蒙，吉。

上九：击蒙；不利为寇，利御寇。

（4）需卦

《需》：有孚，光亨，贞吉，利涉大川。

初九：需于郊，利用恒，无咎。

九二：需于沙，小有言；终吉。

九三：需于泥，致寇至。

六四：需于血，出自穴。

九五：需于酒食，贞吉。

上六：入于穴，有不速之客三人来，敬之，终吉。

（5）讼卦

《讼》：有孚窒惕，中吉；终凶，利见大人，不利涉大川。

初六：不永所事；小有言，终吉。

九二：不克讼，归而逋，其邑人三百户，无眚。

六三：食旧德，贞厉，终吉；或从王事，无成。

九四：不克讼，复即命，渝，安贞吉。

九五：讼，元吉。

上九：或锡之鞶带，终朝三褫之。

（6）师卦

《师》：贞，丈人吉，无咎。

初六：师出以律，否臧凶。

九二：在师，中吉，无咎；王三锡命。

六三：师或舆尸，凶。

六四：师左次，无咎。

六五：田有禽，利执言，无咎；长子帅师，弟子舆尸，贞凶。

上六：大君有命，开国承家，小人勿用。

（九）《春秋》：中国古代具有“微言大义”的经典

1. 简　介

《春秋》是我国编年体史书之祖，它以鲁国十二公为序，起自鲁隐公元年（前722），迄于鲁哀公十四年（前48），记载了242年间的历史。相传经过孔子整理、修订，是儒家重要的经典。

《春秋》是纲目式的记载，文句极简短，几乎没有描写的成分。但它的语言表达具有谨严精炼的特点，反映了文字技巧的进步。《春秋》最突出的特点就是寓褒贬于记事的“春秋笔法”。相传孔子按照自己的观点对一些历史事件和人物做了评判，并选择他认为恰当的字来暗寓褒贬之意，因此《春秋》被后人看作是一部具有“微言大义”的经典，是定名分、制法度的范本。并且，在史书和文学作品的写作上，也对后人产生很大影响。

2. 作品选诵读及理解

（隐公）元年，春，王正月。三月，公及邾仪父盟于蔑。夏，五月，郑伯克段于鄢。秋，七月，天王使宰咺来归惠公、仲子之赗。九月，及宋人盟于宿。冬，十有二月，祭伯来。公子益师卒。

（隐公）二年，春，公会戎于潜。夏，五月，莒人入向。无骇帅师入极。秋，八月庚辰，公及戎盟于唐。九月，纪裂繻来逆女。冬，十月，伯姬归于纪。纪子帛、莒子盟于密。十有二月乙卯，夫人子氏薨。郑人伐卫。

（隐公）三年，春，王二月己巳，日有食之。三月庚戌，天王崩。夏，四月辛卯，君氏卒。秋，武氏子来求赙。八月庚辰，宋公和卒。冬，十有二月，齐侯、郑伯盟于石门。癸未，葬宋穆公。

（隐公）四年，春，王二月，莒人伐杞，取牟娄。戊申，卫州吁弑其君完。夏，公及宋公遇于清。宋公、陈侯、蔡人、卫人伐郑。秋，翚帅师会宋公、陈侯、蔡人、卫人伐郑。九月，卫人杀州吁于濮。冬十有二月，卫人立晋。

（隐公）五年，春，公矢鱼于棠。夏，四月，葬卫桓公。秋，卫师入郕。九月，考仲子之宫。初献六羽。邾人、郑人伐宋。螟。冬，十有二月辛巳，公子彄卒。宋人伐郑，围长葛。

（隐公）六年，春，郑人来渝平。夏，五月辛酉，公会齐侯盟于艾。秋，七月。冬，宋人取长葛。

（隐公）七年，春，王三月，叔姬归于纪。滕侯卒。夏，城中丘。齐侯使其弟年来聘。秋，公伐邾。冬，天王使凡伯来聘。戎伐凡伯于楚丘以归。

（隐公）八年，春，宋公、卫侯遇于垂。三月，郑伯使宛来归祊。庚寅，我入祊。夏，六月己亥，蔡侯考父卒。辛亥，宿男卒。秋，七月庚午，宋公、齐侯、卫侯盟于瓦屋。八月，葬蔡宣公。九月辛卯，公及莒入盟于浮来。螟。冬，十有二月，无骇卒。

（隐公）九年，春，天王使南季来聘。三月癸酉，大雨，震电。庚辰，大雨雪。挟卒。夏，城郎。秋，七月。冬，公会齐侯于防。

（隐公）十年，春，王二月，公会齐侯、郑伯于中丘。夏，翚帅师会齐人、郑人伐宋。六月壬戌，公败宋师于菅。辛未，取郜。辛巳，取防。秋，宋人、卫人入郑。宋人、蔡人、卫人伐戴。郑伯伐取之。冬，十月壬午，齐人、郑人入郕。

（隐公）十一年，春，滕侯、薛侯来朝。夏，公会郑伯于时来。秋，七月壬午，公及齐侯、郑伯入许。冬，十有一月壬辰，公薨。

二、生活与修身

1. 查阅有关“四书五经”的作品，培养阅读古籍的兴趣，加深对中国古老文化的了解。

2. 关注社会变迁，学会以历史观科学分析社会突发事件，站稳自己的立场，保证做人、做事的底气、骨气和豪气。

3. 学习社交礼节，注重合理的穿衣打扮，举手投足彬彬有礼，做一个文明人。

项目四

中华渊远流长之文明——二十四史

“二十四史”是中国古代二十四部正史的总称。“正史”之名，始见于《隋书·经籍志》：“世有著述，皆拟班、马，以为正史。”清代乾隆皇帝钦定“二十四史”，“正史”一称即专指“二十四史”。乾隆四年至四十九年武英殿刻印《钦定二十四史》，是中国古代正史最完整的一次大规模汇刻。

按《四库全书》的规定，正史类“凡未经宸断者，则悉不滥登。盖正史体尊，义与经配，非悬诸令典，莫敢私增”，即未经皇帝批准，不得列入正史。

“二十四史”总共 3 229 卷，约有 4 700 万字。它记叙的时间，从第一部《史记》记叙传说中的黄帝起，到最后一部《明史》记叙到明崇祯十七年（1644）止，前后历时 4 000 多年，用统一的本纪、列传的纪传体编写。“二十四史”的内容非常丰富，记载了历代经济、政治、文化艺术和科学技术等各方面的事迹。

“二十四史”具体名称列表如下：

序号	书　名	作　者	今本卷数
1	《史记》	西汉·司马迁	130
2	《汉书》	东汉·班固	100
3	《后汉书》	南朝·范晔	120
4	《三国志》	西晋·陈寿	65
5	《晋书》	唐·房玄龄，等	130
6	《宋书》	梁·沈约	100
7	《南齐书》	梁·萧子显	59
8	《梁书》	唐·姚思廉	56
9	《陈书》	唐·姚思廉	36
10	《魏书》	北齐·魏收	114
11	《北齐书》	唐·李百药	50
12	《周书》	唐·令狐德棻，等	50
13	《隋书》	唐·魏徵，等	85
14	《南史》	唐·李延寿	80
15	《北史》	唐·李延寿	100
16	《旧唐书》	后晋·刘昫，等	200
17	《新唐书》	宋·欧阳修，等	225
18	《旧五代史》	宋·薛居正，等	150
19	《新五代史》	宋·欧阳修，等	74
20	《宋史》	元·脱脱，等	496
21	《辽史》	元·脱脱，等	116
22	《金史》	元·脱脱，等	135
23	《元史》	明·宋濂、王祎，等	210
24	《明史》	清·张廷玉、万斯同，等	332

一、要义与选文

（一）《史记》：中国历史第一部纪传体通史

1. 简 介

《史记》原名《太史公书》，是西汉著名史学家司马迁撰写的一部纪传体史书，是中国历史上第一部纪传体通史，被列为“二十四史”之首，全书共130卷，有10表、8书、12本纪、30世家、70列传，共约526 500字，记载了上至上古传说中的黄帝时代（约前3000），下至汉武帝元狩元年间（前122）共3 000多年的历史。与后来的《汉书》《后汉书》《三国志》合称“前四史”。《史记》对后世的影响极为巨大，被称为“实录、信史”，被鲁迅先生誉为“史家之绝唱，无韵之离骚”，列为“前四史”之首，与《资治通鉴》并称为“史学双璧”。因此司马迁被后世尊称为“史迁”“史圣”。与司马光并称“史界两司马”，与司马相如合称“文章西汉两司马”。

《史记》组成部分：

十表（大事年表）；

八书（记各种典章制度，记礼、乐、音律、历法、天文、封禅、水利、财用）；

十二本纪（记历代帝王生平、政绩）；

三十世家（记诸侯国和汉代诸侯、勋贵兴亡）；

七十列传（记重要人物的言行事迹，主要叙人臣，其中最后一篇为自序）；

《史记》包罗万象，而又融会贯通，脉络清晰，“王迹所兴，原始察终，见盛观衰，论考之行”（《太史公自序》），所谓“究天人之际，通古今之变，成一家之言”，翔实地记录了上古时期举凡政治、经济、军事、文化等各个方面的发展状况。

《史记》不同于前代史书所采用的以时间为次序的编年体，或以地域进行划分的国别体，而是以人物传记为中心来反映历史内容的一种体例。从此以后，从东汉班固的《汉书》到民国初期的《清史稿》，近两千年间历代所修正史，尽管在个别名目上有某些增改，但都绝无例外地沿袭了《史记》的本纪和列传两部分的体例。

2. 重大贡献

《史记》对后世史学和文学的发展都产生了深远影响。其首创的纪传体编史方法为后来历代“正史”所传承。同时，《史记》还被认为是一部优秀的文学著作，在中国文学史上有重要地位，被鲁迅誉为“史家之绝唱，无韵之《离骚》”，有很高的文学价值。刘向等人认为此书“善序事理，辩而不华，质而不俚”。

（1）在史学上的贡献。

① 建立杰出的通史体裁。

《史记》是中国史学史上第一部贯通古今、网罗百代的通史名著。正因为《史记》能够会通古今撰成一书，开启先例，树立了榜样，于是仿效这种体裁而修史的行为也就相继而起了。通史家风，一直影响着近现代的史学研究与写作。

② 建立了史学独立地位。

汉代以前，史学是包含在经学范围之内而没有自己的独立地位的。所以史部之书在刘歆的《七略》和班固的《艺文志》里，都是附在《春秋》的后面。自从司马迁修成《史记》以后，作者继起，专门的史学著作越来越多。于是，晋朝的荀勖适应新的要求，才把历代的典籍分为四部：甲部记六艺小学，乙部记诸子兵术，丙部记史记皇览，丁部记诗赋图赞。从而，史学一门，在中国学术领域里才取得了独立地位。饮水思源，这一功绩应该归于司马迁和他的《史记》。

③ 建立了史传文学传统。

司马迁的文学修养深厚，其艺术手段特别高妙。往往某种极其复杂的事实，他都措置得秩序井然，再加以见识高、文字生动、笔力洗练、感情充沛，信手写来，莫不词气纵横，形象明快，使人“惊呼击节，不自知其所以然”。

（2）在文学上的贡献。

《史记》对古代的小说、戏剧、传记文学、散文，都有广泛而深远的影响。

从总体上来说，《史记》作为中国第一部以描写人物为中心的作品，为后代文学的发展提供了一个重要基础和多种可能性。

《史记》所写的虽然是历史上的实有人物，但是，通过“互见”手法即突出人物某种主要特征的方法，通过不同人物的对比，以及在细节方面的虚构，实际把人物加以类型化了。

在各民族早期文学中，都有这样的现象，这是人类通过艺术手段认识自身的一种方法。只是中国文学最初的类型化人物出现在历史著作中，情况较为特别。

由此，《史记》为中国文学建立了一批重要的人物原型。在后代的小说、戏剧中，所写的帝王、英雄、侠客、官吏等各种人物形象，有不少是从《史记》的人物形象演化出来的。

① 小说。

在小说方面，除了人物类型，它的体裁和叙事方式也受到《史记》的显著影响。中国传统小说多以“传”为名，以人物传记式的形式展开，具有人物传记式的开头和结尾，以人物生平始终为脉络，严格按时间顺序展开情节，并往往有作者的直接评论，这一切重要特征，主要是源于《史记》。

② 戏剧。

戏剧方面，由于《史记》的故事具有强烈的戏剧性，人物性格鲜明，矛盾冲突尖锐，因而自然而然成为后代戏剧取材的宝库。

据傅惜华《元代杂剧全目》所载，取材于《史记》的剧目就有180多种。据李长之统计，在现存132种元杂剧中，有16种采自《史记》的故事。其中包括《赵氏孤儿》这样具有世界影响的名作。已经失传的类似作品当然更多。到后来的京剧中，仍然有许多是取材于《史记》的，如众所周知的《霸王别姬》等。

宋元时期，随着中国戏剧的形成与成熟，《史记》的内容与艺术也影响到戏剧创作。例如宋元戏文有《赵氏孤儿报冤记》；元明杂剧有《冤报冤赵氏孤儿》（纪君祥）、《卓文君私奔相如》（朱权）、《灌将军使酒骂座记》（叶宪祖）；明清传奇有《窃符记》《易水歌》（徐沁）；地方戏及新编历史剧有《搜孤救孤》（京剧）、《卧薪尝胆》（汉剧 越剧）、《和氏璧》（同州梆子）、《完璧归赵》（京剧）、《鸿门宴》（京剧 川剧汉剧 秦腔）、《萧何月下追韩信》（京剧 川剧 汉剧 秦腔）、《霸王别姬》（京剧）、《大风歌》（话剧）。

③ 传记文学。

在传记文学方面，《史记》的纪传体为后代史书所继承，由此产生了大量的历史人物传记。

此外，史传以外的别传、家传、墓志铭等各种形式的传记，也与《史记》所开创的传记文学传统有渊源关系。

3.《史记》名篇列举

梁启超指定的史记“十大名篇”分别是：

大江东去楚王流芳——《项羽本纪》
礼贤下士威服九州——《魏公子列传》
文武双雄英风伟概——《廉颇蔺相如列传》
功成不居不屈权贵——《鲁仲连邹阳列传》
旷世奇才悲凉收场——《淮阴侯列传》
官场显形栩栩如生——《魏其武安侯列传》
戎马一生终难封侯——《李将军列传》
汉匈和亲文化交融——《匈奴列传》
商道货殖安邦定国——《货殖列传》
史公记史千古传颂——《太史公自序》

4.《史记》名句列举

项庄舞剑，意在沛公。——《史记·项羽本纪》

人为刀俎，我为鱼肉。——《史记·项羽本纪》
大行不顾细谨，大礼不辞小让。——《史记·项羽本纪》
运筹帷幄之中，决胜千里之外。——《史记·高祖本纪》
王侯将相宁有种乎？——《史记·陈涉世家》
燕雀安知鸿鹄之志哉？——《史记·陈涉世家》
良药苦口利于病，忠言逆耳利于行。——《史记·留侯世家》
众口铄金，积毁销骨。——《史记·张仪列传》
智者千虑，必有一失；愚者千虑，必有一得。——《史记·淮阴侯列传》
桃李不言，下自成蹊。——《史记·李将军列传》
匈奴未灭，无以家为？——《史记·卫将军骠骑列传》
不鸣则已，一鸣惊人；不飞则已，一飞冲天。——《史记·滑稽列传》
失之毫厘，谬以千里。——《史记·太史公自序》

5.《史记》成语列举

网开一面——《史记·殷本纪》
衅血射天——《史记·殷本纪》
酒肉池林——《史记·殷本纪》
左支右绌——《史记·周本纪》
焚书坑儒——《史记·秦始皇本纪》
指鹿为马——《史记·秦始皇本纪》
拔山扛鼎——《史记·项羽本纪》
先发制人——《史记·项羽本纪》
破釜沉舟——《史记·项羽本纪》
鸿门宴——《史记·项羽本纪》
项庄舞剑，意在沛公——《史记·项羽本纪》
沐猴而冠——《史记·项羽本纪》
霸王别姬——《史记·项羽本纪》
四面楚歌——《史记·项羽本纪》
运筹帷幄——《史记·高祖本纪》
高屋建瓴——《史记·高祖本纪》
卧薪尝胆——《史记·越王勾践世家》
鸟尽弓藏——《史记·越王勾践世家》
韦编三绝——《史记·孔子世家》
鸿鹄之志——《史记·陈涉世家》
积毁销骨——《史记·张仪列传》

狡兔三窟　　　　　——《史记·孟尝君列传》
毛遂自荐　　　　　——《史记·平原君列传》
脱颖而出　　　　　——《史记·平原君列传》
因人成事　　　　　——《史记·平原君列传》
一言九鼎　　　　　——《史记·平原君列传》
完璧归赵　　　　　——《史记·廉颇蔺相如列传》
怒发冲冠　　　　　——《史记·廉颇蔺相如列传》
纸上谈兵　　　　　——《史记·廉颇蔺相如列传》
一字千金　　　　　——《史记·吕不韦列传》
奇货可居　　　　　——《史记·吕不韦列传》
图穷匕见　　　　　——《史记·刺客列传》
背水一战　　　　　——《史记·淮阴侯列传》
胯下之辱　　　　　——《史记·淮阴侯列传》

6. 作品选诵读及理解

史记·李将军列传（节选）

李将军广者，陇西成纪人也。其先曰李信，秦时为将，逐得燕太子丹者也。故槐里，徙成纪。广家世世受射。孝文帝十四年，匈奴大入萧关，而广以良家子从军击胡，用善骑射，杀首虏多，为汉中郎。广从弟李蔡亦为郎，皆为武骑常侍，秩八百石。尝从行，有所冲陷折关及格猛兽，而文帝曰："惜乎，子不遇时！如令子当高帝时，万户侯岂足道哉！"

及孝景初立，广为陇西都尉，徙为骑郎将。吴楚军时，广为骁骑都尉，从太尉亚夫击吴楚军，取旗，显功名昌邑下。以梁王授广将军印，还，赏不行。徙为上谷太守，匈奴日以合战。典属国公孙昆邪为上泣曰："李广才气，天下无双，自负其能，数与虏敌战，恐亡之。"于是乃徙为上郡太守。后广转为边郡太守，徙上郡。尝为陇西、北地、雁门、代郡、云中太守，皆以力战为名。

…………

居久之，孝景崩，武帝立，左右以为广名将也，于是广以上郡太守为未央卫尉，而程不识亦为长乐卫尉，程不识故与李广俱以边太守将军屯。及出击胡，而广行无部伍行陈，就善水草屯，舍止，人人自便，不击刁斗以自卫，莫府省约文书籍事，然亦远斥侯，未尝遇害。程不识正部曲行伍营陈，击刁斗，士吏治军簿至明，军不得休息，然亦未尝遇害。不识曰："李广军极简易，然虏卒犯之，无以禁也。而其士卒亦佚乐，咸乐为之死。我军虽烦扰，然虏亦不得犯我。"是时汉边郡李广、程不识皆为名将，然匈奴畏李广之略，士卒亦多乐从李广而苦程不识。程不识孝景时以数直谏为太中大夫。为人廉，谨于文法。

…………

广居右北平，匈奴闻之，号曰"汉之飞将军"，避之数岁，不敢入右北平。

广出猎，见草中石，以为虎而射之，中石没镞，视之石也。因复更射之，终不能复入石矣。广所居郡闻有虎，尝自射之。及居右北平射虎，虎腾伤广，广亦竟射杀之。

…………

居顷之，石建卒，于是上召广代建为郎中令。元朔六年，广复为后将军，从大将军军出定襄，击匈奴。诸将多中首虏率，以功为侯者，而广军无功。后二岁，广以郎中令将四千骑出右北平，博望侯张骞将万骑与广俱，异道。行可数百里，匈奴左贤王将四万骑围广，广军士皆恐，广乃使其子敢往驰之。敢独与数十骑驰，直贯胡骑，出其左右而还，告广曰："胡虏易与耳。"军士乃安。广为圜陈外向，胡急击之，矢下如雨。汉兵死者过半，汉矢且尽。广乃令士持满毋发，而广身自以大黄射其裨将，杀数人，胡虏益解。会日暮，吏士皆无人色，而广意气自如，益治军。军中自是服其勇也。明日，复力战，而博望侯军亦至，匈奴军乃解去。汉军罢，弗能追。是时广军几没，罢归。汉法，博望侯留迟后期，当死，赎为庶人。广军功自如，无赏。

…………

太史公曰：《传》曰："其身正，不令而行；其身不正，虽令不从。"其李将军之谓也。余睹李将军悛悛如鄙人，口不能道辞。及死之日，天下知与不知，皆为尽哀。彼其忠实心诚信于士大夫也？谚曰："桃李不言，下自成蹊。"此言虽小，可以喻大也。

（二）《汉书》：中国的第一部纪传体断代史

1. 简　介

《汉书》，又称《前汉书》（西汉），是中国第一部纪传体断代史，"二十四史"之一。由东汉史学家班固编撰，前后历时二十余年，于建初年中基本修成，后唐朝颜师古为之做注。《汉书》是继《史记》之后中国古代又一部重要史书，与《史记》《后汉书》《三国志》并称为"前四史"。

《汉书》记载的时代与《史记》有交叉，汉武帝中期以前的西汉历史，两书都有记述。这一部分，《汉书》常常移用《史记》。移用时也有增删改易。

《汉书》与《史记》相比，新增加了《刑法志》《五行志》《地理志》《艺文志》。

《汉书》八表中有一篇《古今人表》，从太昊帝记到吴广，有"古"而无"今"，因此引起了后人的讥责。后人非常推崇《汉书》的《百官公卿表》，这篇表首先讲述了秦汉分官设职的情况，各种官职的权限和俸禄的数量，然后用分为十四级、三十四官格的简表，记录汉代公卿大臣的升降迁免。它篇幅不多，却把当时的官僚制度和官僚的变迁清清楚楚地展现在后人面前。

2. 重大贡献

《汉书》在继承《史记》优点的基础上有所创新，对中国历史的记载和文学发展有重大贡献。

（1）开创断代史体例。

班固作《汉书》沿袭《史记》的体例，所不同的是《史记》有“世家”，《汉书》没有；《史记》记载典章制度的部分叫作“书”，《汉书》改称“志”。《史记》贯通古今，不以朝代为限，所以叫通史。《汉书》纪传所记的都是西汉一代的史实，所以叫断代史。

断代为史始于班固，以后列朝的所谓“正史”都沿袭《汉书》的体裁，正如刘知几所说“自尔讫今，无改斯道”。可见，其史学地位之重要。

除此之外，《汉书》亦记载少数民族历史。《汉书》继承《史记》为少数民族专门立传的优良传统，运用新史料将《史记·大宛传》扩充为《西域传》，叙述了西域几十个地区和邻国的历史，增补了大量汉武帝以后的史实。这些记载，均是研究亚洲有关各国历史的珍贵资料。

班固之所以断代为史，并不是偶然的，而是适应时代的要求。他总结汉武帝到东汉初年约一个半世纪的历史著作，加以创造性发展，其目的是为当时统治阶级的政治服务。班固认为，《史记》的通史体例，将西汉一代“编于百王之末，侧于秦项之列”，既不利于宣扬“汉德”，又难以突出汉朝的历史地位。这是《汉书》断代为史的根据。于是，《汉书》“包举一代”，断限起自西汉建立，终于新朝的灭亡，为了突出刘邦，就将《高帝纪》置于首篇。这种断代为史的体例，受到后来封建史学家的赞誉，并成为历代“正史”编纂的依据。

（2）文学史地位突出。

《汉书》在中国文学史上的地位也很突出。它以“实录”的方式记述了社会各阶层人物的故事，平实中见生动，堪称后世传记文学的典范，例如《霍光传》《苏武传》《外戚传》《朱买臣传》等。

（3）扩大历史研究的领域。

《汉书》十“志”中，《食货志》为经济制度和社会生产状况提供了丰富的史料；《沟洫志》有系统地叙述了秦汉水利建设；《地理志》是中国第一部以疆域政区为主体的地理著作，开创了后代正史地理志及地理学史的研究；《礼乐志》《郊祀志》《刑法志》分别记载政治、军事、法律和有关的典章制度；《五行志》《天文志》《律历志》都是研究古代自然科学的宝贵资料。《艺文志》论述古代学术思想的源流派别及是非得失，是一部极珍贵的古代文化史资料。《汉书》新创立的四种志，对于西汉的政治经济制度和社会文化的记载，比《史记》更加完备，从而提高了《汉书》的史料价值。

（4）确立了书志体。

《汉书》十“志”规模宏大，记事丰富，对于政治、经济和思想文化都有较详细的记载，特别是有关汉代部分更为详细。书志体始创于《史记》，《汉书》加以发展，后代正史的志，大抵以《汉书》十“志”为依归。书志体也为后世典章制度史的编著所模仿，如唐朝杜佑所著的《通典》。

（5）开创了目录学。

在《艺文志》中采用了刘歆《七略》的分法，将古代的学术著作区分为六大类三十八小类，加以论述，使人们对各学术流派的演变与发展有更清楚的了解。加之保留了《七略》的大概面貌，成为人们研究上古至西汉末年学术发展演变的重要著作，是中国现存最早的一部图书目录。

（6）保存了重要的历史文献。

现存《汉书》约80万字，卷帙比《史记》繁富。它增载不少重要的诏令，主要集中在帝纪部分。在许多人物传记中，《汉书》又收入大量有关政治、经济、军事和文化方面的奏疏、对策、著述和书信。在《汉书》的十志中，也有类似的重要历史文献的收载，如《食货志》收入晁错的《论贵粟疏》等。

《汉书》还增补《史记》对于国内外各民族史的资料。例如，在《史记·匈奴列传》的基础上，《汉书》大量增补汉武帝以后的史实，比较完整地记述了自远古至西汉末年匈奴民族的历史。《汉书》又合并《史记》的南越、东越、朝鲜、西南夷诸传，在补充大量的史实基础上，以合传形式写成较为详细的《西南夷两粤朝鲜传》。同时，《汉书》改《史记·大宛列传》为《西域传》，记述今新疆境内我国各民族历史，以及中亚和西南亚诸国史。这些记载，均是研究亚洲有关各国历史的珍贵资料。

（7）确立了浓厚的封建正统思想。

班固生活的时代，封建神学思想已发展成为当时的统治思想，而班氏父子又是“唯圣人之道然后尽心焉”的史学家，他们自然以维护封建神学思想为己任，将“圣人之道”作为自己著作的指导思想。这样，作者一面承袭《史记》的内容，一面又指责它的“是非颇谬于圣人”，因而删改《史记》的观点，使《汉书》更加符合封建正统思想。

《汉书》神化西汉皇权、拥汉为正统的思想，其目的是为论证东汉王朝的正统性和神化东汉皇权服务。因此，以阴阳五行学说为理论根据的“五德终始说”和王权神授的封建神学说教，便成为《汉书》的主导思想。为了宣扬“天人感应”灾异祥瑞的封建神学思想，《汉书》首创《五行志》，专门记述五行灾异的神秘学说，还创立《眭两夏侯京翼李传》，专门记载五行家的事迹。

3. 作品选诵读及理解

汉书·高帝纪第一（节选）

高祖，沛丰邑中阳里人也，姓刘氏。母媪尝息大泽之陂，梦与神遇。是时雷电晦冥，父太公往视，则见交龙于上。已而有娠，遂产高祖。

高祖为人，隆准而龙颜，美须髯，左股有七十二黑子。宽仁爱人，意豁如也。常有大度，不事家人生产作业。及壮，试吏，为泗上亭长，廷中吏无所不狎侮。好酒及色。常从王媪、武负贳酒，时饮醉卧，武负、王媪见其上常有怪。高祖每酤留饮，酒雠数倍。及见怪，岁竟，此两家常折券弃责。

高祖常繇咸阳，纵观秦皇帝，喟然大息，曰："嗟乎，大丈夫当如此矣！"

单父人吕公善沛令，辟仇，从之客，因家焉。沛中豪杰吏闻令有重客，皆往贺。萧何为主吏，主进，令诸大夫曰："进不满千钱，坐之堂下。"高祖为亭长，素易诸吏，乃绐为谒曰"贺钱万"，实不持一钱。谒入，吕公大惊，起，迎之门。吕公者，好相人，见高祖状貌，因重敬之，引入坐上坐。萧何曰："刘季固多大言，少成事。"高祖因狎侮诸客，遂坐上坐，无所诎。酒阑，吕公因目固留高祖。竟酒，后。吕公曰："臣少好相人，相人多矣，无如季相，愿季自爱。臣有息女，愿为箕帚妾。"酒罢，吕媪怒吕公曰："公始常欲奇此女，与贵人。沛令善公，求之不与，何自妄许与刘季？"吕公曰："此非儿女子所知。"卒与高祖。吕公女即吕后也，生孝惠帝、鲁元公主。

高祖尝告归之田。吕后与两子居田中，有一老父过，请饮，吕后因铺之。老父相后曰："夫人天下贵人也。"令相两子，见孝惠帝，曰："夫人所以贵者，乃此男也。"相鲁元公主，亦皆贵。老父已去，高祖适从旁舍来，吕后具言："客有过，相我子母皆大贵。"高祖问，曰："未远。"乃追及，问老父。老父曰："乡者夫人儿子皆以君，君相贵不可言。"高祖乃谢曰："诚如父言，不敢忘德。"及高祖贵，遂不知老父处。

高祖为亭长，乃以竹皮为冠，令求盗之薛治，时时冠之，及贵常冠，所谓"刘氏冠"也。

高祖以亭长为县送徒骊山，徒多道亡。自度比至皆亡之，到丰西泽中亭，止饮，夜皆解纵所送徒，曰："公等皆去，吾亦从此逝矣！"徒中壮士愿从者十余人。高祖被酒，夜径泽中，令一人行前。行前者还报曰："前有大蛇当径，愿还。"高祖醉，曰："壮士行，何畏！"乃前，拔剑斩蛇。蛇分为两，道开。行数里，醉困卧。后人来至蛇所，有一老妪夜哭。人问妪何哭，妪曰："人杀吾子。"人曰："妪子何为见杀？"妪曰："吾子，白帝子也，化为蛇当道，今者赤帝子斩之，故哭。"人乃以妪为不诚，欲苦之，妪因忽不见。后人至，高祖觉。告高祖，高祖乃心独喜，自负。诸从者日益畏之。

秦始皇帝尝曰"东南有天子气"，于是东游以厌之。高祖隐于芒、砀山泽间，吕后与人俱求，常得之。高祖怪，问之，吕后曰：“季所居上常有云气，故从往常得季。”高祖又喜。沛中子弟或闻之，多欲附者矣。

（三）《三国志》：中国第二部纪传体国别史

1. 简　介

《三国志》是由西晋史学家陈寿所著，记载中国三国时期的曹魏、蜀汉、东吴历史的纪传体国别史。

《三国志》全书共六十五卷，分为《魏书》三十卷，《蜀书》十五卷，《吴书》二十卷。《三国志》名为志其实无志。《魏志》有本纪、列传，《蜀》《吴》二志只有列传，陈寿是晋朝朝臣，晋承魏而得天下，所以《三国志》尊魏为正统。

《三国志》为曹操、曹丕、曹睿分别写了《武帝纪》《文帝纪》《明帝纪》；而《蜀书》则记刘备为《先主传》、刘禅为《后主传》；孙权称《吴主传》，记孙亮、孙休、孙皓为《三嗣主传》，均只有传，没有纪。

从篇幅来看，《魏书》约占全书的二分之一，《吴书》约占三分之一，《蜀书》约占六分之一，这可能与史料的多少有关。在陈寿撰《三国志》以前，已经出现了一些有关魏、吴的史作，如王沈的《魏书》、鱼豢的《魏略》、韦昭的《吴书》等，可供陈寿参考取材。但蜀汉不设史官，仅有陈寿在蜀为官收集，这造成了蜀汉史料的缺乏。

2. 重大贡献

《三国志》与《史记》（司马迁）、《汉书》（班固）、《后汉书》（范晔、司马彪）并称“前四史”。《三国志》不仅是一部史学巨著，更是一部文学巨著。陈寿在尊重史实的基础上，以简练、优美的语言为我们绘制了一幅幅三国人物肖像图，人物塑造得非常生动。

《三国志》善于叙事，文笔简洁，剪裁得当，当时就受到赞许。与陈寿同时的夏侯湛写作《魏书》，看到《三国志》，认为没有另写新史的必要，就毁弃了自己的著作。后人更是推崇备至，认为在记载三国历史的史书中，独有陈书可以同《史记》《汉书》相媲美。因此，其他各家的三国史相继泯灭无闻，只有《三国志》一直流传到现在。南朝人刘勰在《文心雕龙·史传》篇中讲：“魏代三雄，记传互出，《阳秋》《魏略》之属，《江表》《吴录》之类，或激抗难征，或疏阔寡要。唯陈寿《三志》，文质辨洽，荀、张比之迁、固，非妄誉也。”

《三国志》取材精审，作者对史实认真考订、慎重选择，对不可靠的资料进行了严格审核，不妄加评论和编写。这虽使《三国志》拥有文辞简约的特点，但也造成关键人物记载史料不足的缺点。

陈寿以曹魏为正统的历史观引发了后世的正统之争。习凿齿《汉晋春秋》以蜀汉为正统，与陈寿的《三国志》以曹魏为正统形成对比。后世尽管北宋《资治通鉴》同样以曹魏为正统，和陈寿观点一致，但到南宋后学者又对陈寿多有批判。《四库全书总目提要·三国志》说过一些公道话："以理而论，寿之谬万万无词；以势而论，则凿齿帝汉顺而易，寿欲帝汉逆而难。盖凿齿时晋已南渡，其事有类乎蜀，为偏安者争正统，此孚于当代之论者也；寿则身为晋武之臣，而晋武承魏之统，伪魏是伪晋矣。其能行于当代哉!此犹宋太祖篡立近于魏而北汉、南唐亦近于蜀，故北宋诸儒皆有避而不伪魏；高宗以后，偏安江左近于蜀，而中原魏地全入于金，故南宋诸儒乃纷纷起而帝蜀。此皆当论其世，未可以一格绳也。"看来，从东晋习凿齿以来掀起的正统之争，无不具有现实的目的和为当代政权服务的用心，知人论世、知世论史是至关要紧的，没有永恒不变的正伪标的。

3. 作品选诵读及理解

三国志·魏书一·武帝纪（节选）

太祖武皇帝，沛国谯人也，姓曹，讳操，字孟德，汉相国参之后。桓帝世，曹腾为中常侍大长秋，封费亭侯。养子嵩嗣，官至太尉，莫能审其生出本末。嵩生太祖。

太祖少机警，有权数，而任侠放荡，不治行业，故世人未之奇也；惟梁国桥玄、南阳何颙异焉。玄谓太祖曰："天下将乱，非命世之才不能济也，能安之者，其在君乎!"年二十，举孝廉为郎，除洛阳北部尉，迁顿丘令，征拜议郎。光和末，黄巾起。拜骑都尉，讨颍川贼。迁为济南相，国有十余县，长吏多阿附贵戚，赃污狼藉。于是奏免其八；禁断淫祀，奸宄逃窜，郡界肃然。久之，征还为东郡太守；不就，称疾归乡里。顷之，冀州刺史王芬、南阳许攸、沛国周旌等连结豪杰，谋废灵帝，立合肥侯，以告太祖，太祖拒之。芬等遂败。

金城边章、韩遂杀刺史郡守以叛，众十余万，天下骚动。征太祖为典军校尉。会灵帝崩，太子即位，太后临朝。大将军何进与袁绍谋诛宦官，太后不听，进乃召董卓，欲以胁太后，卓未至而进见杀。卓到，废帝为弘农王而立献帝，京都大乱。卓表太祖为骁骑校尉，欲与计事。太祖乃变易姓名，间行东归。出关，过中牟，为亭长所疑，执诣县，邑中或窃识之，为请得解。卓遂杀太后及弘农王。太祖至陈留，散家财，合义兵，将以诛卓。冬十二月，始起兵己吾，是岁中平六年也。

初平元年春正月，后将军袁术、冀州牧韩馥、豫州刺史孔伷、兖州刺史刘岱、河内太守王匡、勃海太守袁绍、陈留太守张邈、东郡太守桥瑁、山阳太守袁遗、济北相鲍信同时俱起兵，众各数万，推绍为盟主。太祖行奋武将军。

…………

十三年春正月，公还邺，作玄武池以肄舟师。汉罢三公官，置丞相、御史大夫。夏六月，以公为丞相。

…………

十五年春，下令曰："自古受命及中兴之君，曷尝不得贤人君子与之共治天下者乎!及其得贤也，曾不出闾巷，岂幸相遇哉？上之人不求之耳。今天下尚未定，此特求贤之急时也。'孟公绰为赵、魏老则优，不可以为滕、薛大夫。'若必廉士而后可用，则齐桓其何以霸世!今天下得无有被褐怀玉而钓于渭滨者乎?又得无盗嫂受金而未遇无知者乎?二三子其佐我明扬仄陋，唯才是举，吾得而用之。"冬，作铜雀台。

…………

庚子，王崩于洛阳，年六十六。遗令曰："天下尚未安定，未得遵古也。葬毕，皆除服。其将兵屯戍者，皆不得离屯部。有司各率乃职。敛以时服，无藏金玉珍宝。"谥曰武王。二月丁卯，葬高陵。

评曰：汉末，天下大乱，雄豪并起，而袁绍虎视四州，强盛莫敌。太祖运筹演谋，鞭挞宇内，揽申、商之法术，该韩、白之奇策，官方授材，各因其器，矫情任算，不念旧恶，终能总御皇机，克成洪业者，惟其明略最优也。抑可谓非常之人，超世之杰矣。

二、生活与修身

1. 阅读中国第一部长篇章回体历史演义小说《三国志通俗演义》(罗贯中)。

2. 与家人或同学观看《孔子春秋》《汉武大帝》《昭君出塞》《三国演义》《唐太宗李世民》《传奇皇帝朱元璋》《成吉思汗》《武则天》等电视剧。

3. 有意识地参观各地的历史博物馆，拓展课外知识面，丰富历史文化知识，提高个人素养。

项目五

斐然可观之世界杰作——科学巨著

纵观中国古代科技发展史，我们的祖先取得了斐然可观的成就，我国在一个相当长的时期里一直居于世界前列，不仅有享誉世界的四大发明，而且在天文、数学、中医、农学及制造业等许多方面有过无数发现、创造和发明，为人类的文明进步做出了突出的贡献。英国科学史家李约瑟指出：“中国在公元三世纪到十三世纪之间保持一个西方所望尘莫及的科学和知识水平。”中国古代科技的整体观和方法论对现代科技的发展具有深刻的借鉴意义。

一、要义与选文

（一）《黄帝内经》：现存成书最早的医学典籍

1. 简　介

《黄帝内经》分《灵枢》《素问》两部分，为古代医家托轩辕黄帝之作，为医家、医学理论家联合创作，一般认为成书于春秋战国时期。在以黄帝、岐伯、雷公对话、问答的形式阐述病机病理的同时，主张不治已病，而治未病，同时主张养生、摄生、益寿、延年。《黄帝内经》是中国传统医学四大经典著作（《黄帝内经》《难经》《伤寒杂病论》《神农本草经》）之一，是我国医学宝库中现存成书最早的一部医学典籍。它是关于生理学、病理学、诊断学、治疗原则和药物学的医学巨著。在理论上建立了中医学上的"阴阳五行学说""脉象学说""藏象学说"等。

《黄帝内经》内容十分丰富，《素问》偏重人体生理、病理、疾病治疗原则原理以及人与自然关系等基本理论；《灵枢》则偏重于人体解剖、脏腑经络、腧穴针灸等。二者之共同点均系有关问题的理论论述，并不涉及或基本上不涉及疾病治疗的具体方药与技术。因此，它成为中国医学发展的理论渊薮，是历代医学家论述疾病与健康的理论依据，尽管医学家学说各异而有争论但鲜有背离之者，几乎无不求之于《内经》而为立论之准绳。

2. 科学成就

《黄帝内经》一书既非成于一时，也非成于一人。由此可知，乃是先秦诸多医学家对其前代医学发展的一次系统总结，是对医疗经验的高度概括，从而奠定了中医学发展的理论基础。

（1）公然宣布与巫术决裂。

鬼神观念在商周时期仍占统治地位，不但探究病因时要考虑鬼神作用的因素，而且治疗也多用巫术之法。到春秋战国时期，这种认识逐渐发生了动摇，围绕着疾病诊疗是否有鬼神因素在理论和实践上展开了激烈的争论。民间医生扁鹊及《内经》作者们在这场影响深远的斗争中，鲜明地反对鬼神说。《史记·扁鹊仓公传》明确记述了扁鹊行医的"六不治"，其中之一即"信巫不信医不治"。《内经》的作者在《素问·五脏别论》中强调："拘于鬼神者，不可与言至德；恶于针石者，不可与言至巧。"用意深刻地阐明了他们在医学发展道路和方向上的立场和观点，他们的观点为历代医学家所遵循。

（2）开启人体解剖、生理研究的先河。

认识人类疾病必须首先认识人类自身。《内经》的作者们很可能直接参与了对人体的解剖研究，并实地进行了人体体表与内脏的解剖。《灵枢·经水》："若夫八尺之士，皮肉在此，外可度量切循而得之，其死可解剖而视之。其藏之坚脆，腑之大小，谷之多少，脉之长短，血之清浊……皆有大数。"例如消化道解剖，《灵枢》已详述了唇口几何，唇到齿距离几何，舌形重量，齿至咽距离，会厌形质，口腔容量，食管长度，胃容量及体大小，贲门、幽门形质，小肠长度、如何曲屈、容量，大肠之升、横、降、容量、重量，肛门形质等，其所记述之大小、长度、容量、形态与相互关系等，同现代人体解剖基本一致。又如关于消化系统之功能，血液环流周身之功能，泌尿生殖系统之功能，虽然认识多有失之于笼统，然而也有许多科学的论断。譬如血与脉的关系，不但把血管区分为经脉（大血管）、络脉（大血管之分支血管）和孙脉（细小血管），并且明确指出血脉是运行人体经过饮食消化而产生营养精气等物质的，特别强调这种运行在人体"如环无端"，周而复始，永无休止。实际上他们对人体的血液循环系统提出了科学的预见。

（3）高明的医疗技术。

《内经》是一部理论专著，但个别部分也涉及医疗技术。例如该书不但记述了水浴疗法、灌肠技术，而且比较正确地论述了血栓闭塞性脉管炎——脱疽的外科手术截趾术等。《内经》已设计使用了筒针（中空的针）进行穿刺放腹水的医疗技术，这是一次改善腹水治疗和减轻患者痛苦比较成功的尝试。筒针穿刺放腹水虽然未能创造出根治腹水的方法，但作为一种医疗技术在后世继续得到发展和应用。

可贵的是《内经》还记述了筒针的制作技术要求，指出："故为之治针，必筩其身而锋其末。"在进针的技术要领方面，其步骤和方法与现代基本相似。

提倡疾病预防强调早期治疗。中国医学自古就十分重视促进人体健康以预防疾病的思想，追其原则始于《内经》。例如：反复强调的"虚邪贼风（指致病因素），避之有时"。又如强调：一位高明的医学家，应当治未病之病，而不是治疗已病的病。如果等到病已发而后才给予药物治疗，就犹如渴而穿井，战乱已成才去制造兵器的道理一样，不是太晚了吗?又说：一位高明的医学家，治疗疾病必须"救其萌芽"。并批评了一些对久病轻易做出"不可治"的结论的医学家，指出："疾虽久，犹可毕也（是可以治愈的），言不可治者，未得其本也。"其思想都是很先进的。《内经》虽有不少待研究、商议的内容，但其科学的内容、积极探求的思想等，是其 2 000 多年来富有旺盛的生命力的源泉。

《内经》不仅在中国医学的发展上创造了 2 000 多年医学家们不断研究、不断运用以解决医疗理论和技术问题的有效记录，而且为朝鲜、日本以及东南亚医学家所研究和运用，以为指导，也有千余年的历史。同时，《内经》也早已为欧美汉学家、私人收藏家、国家图书馆所广泛收藏和流传，而且有被部分节译或全译为英、法、德等文本出版。在当代科学日新月异发展的今天，《内经》也更加为人类所重视。

3．作品选诵读及理解

上古天真论

昔在黄帝，生而神灵，弱而能言，幼而徇齐，长而敦敏，成而登天。

乃问于天师曰：余闻上古之人，春秋皆度百岁，而动作不衰；今时之人，年半百而动作皆衰，时世异耶？人将失之耶？

岐伯对曰：上古之人，其知道者，法于阴阳，和于术数，食饮有节，起居有常，不妄作劳，故能形与神俱，而尽终其天年，度百岁乃去。今时之人不然也，以酒为浆，以妄为常，醉以入房，以欲竭其精，以耗散其真，不知持满，不时御神，务快其心，逆于生乐，起居无节，故半百而衰也。夫上古圣人之教下也，皆谓之虚邪贼风，避之有时，恬淡虚无，真气从之，精神内守，病安从来。是以志闲而少欲，心安而不惧，形劳而不倦，气从以顺，各从其欲，皆得所愿。故美其食，任其服，乐其俗，高下不相慕，其民故曰朴。是以嗜欲不能劳其目，淫邪不能惑其心，愚智贤不肖，不惧于物，故合于道。所以能年皆度百岁而动作不衰者，以其德全不危也。

帝曰：人年老而无子者，材力尽邪？将天数然也？

岐伯曰：女子七岁，肾气盛，齿更发长。二七，而天癸至，任脉通，太冲脉盛，月事以时下，故有子。三七，肾气平均，故真牙生而长极。四七，筋骨坚，发长极，身体盛壮。五七，阳明脉衰，面始焦，发始堕。六七，三阳脉衰于上，面皆焦，发始白。七七，任脉虚，太冲脉衰少，天癸竭，地道不通，故形坏而无子也。丈夫八岁，肾气实，发长齿更。二八，肾气盛，天癸至，精气溢泻，阴阳和，故能有子。三八，肾气平均，筋骨劲强，故真牙生而长极。四八，筋骨隆盛，肌肉满壮。五八，肾气衰，发堕齿槁。六八，阳气衰竭于上，面焦，发鬓颁白。七八，肝气衰，筋不能动。八八，天癸竭，精少，肾脏衰，形体皆极则齿发去。肾者主水，受五脏六腑之精而藏之，故五脏盛，乃能泻。今五脏皆衰，筋骨解堕，天癸尽矣，故发鬓白，身体重，行步不正，而无子耳。

帝曰：有其年已老而有子者，何也？

岐伯曰：此其天寿过度，气脉常通，而肾气有余也。此虽有子，男子不过尽八八，女子不过尽七七，而天地之精气皆竭矣。

帝曰：夫道者年皆百岁，能有子乎？

岐伯曰：夫道者能却老而全形，身年虽寿，能生子也。

黄帝曰：余闻上古有真人者，提挈天地，把握阴阳，呼吸精气，独立守神，肌肉若一，故能寿敝天地，无有终时，此其道生。中古之时，有至人者，淳德全道，和于阴阳，调于四时，去世离俗，积精全神，游行天地之间，视听八达之外，此盖益其寿命而强者也，亦归于真人。其次有圣人者，处天地之和，从八风之理，适嗜欲于世俗之间，无恚嗔之心，行不欲离于世，被服章，举不欲观于俗，外不劳形于事，内无思想之患，以恬愉为务，以自得为功，形体不敝，精神不散，亦可以百数。其次有贤人者，法则天地，象似日月，辨列星辰，逆从阴阳，分别四时，将从上古合同于道，亦可使益寿而有极时。

（二）《水经注》：记载河道水系的地理奇书

1. 简　介

《水经注》是古代中国地理名著，共四十卷，达 30 万字。作者是北魏晚期的郦道元。《水经注》因注《水经》而得名。《水经注》是以《水经》所记水道为纲，全面而系统地介绍了水道所流经地区的自然地理和经济地理等诸方面内容，是一部历史、地理、文学价值都很高的综合性地理著作。

2. 科学成就

（1）地理百科全书。

《水经注》40 卷，详细记载了 1 000 多条大小河流，是中国古代最全面、最系统的综合性地理著作，是入选中国世界纪录协会的中国第一部水文地理专著。所记述的时间幅度上起先秦，下至南北朝，上下 2 000 多年。它所包容的地理内容十分广泛，包括自然地理、人文地理、山川胜景、历史沿革、风俗习惯、人物掌故、神话故事等，可谓我国 6 世纪的一部地理百科全书。

（2）文学艺术珍品。

《水经注》全书 30 多万字，详细介绍了我国境内一千多条河流以及与这些河流相关的郡县、城市、物产、风俗、传说、历史等。该书还记录了不少碑刻墨迹和渔歌民谣。《水经注》文笔雄健俊美，既是古代地理名著，又是山水文学的优秀作品。它“写水着眼于动态”“写山则致力于静态”，它“是魏晋南北朝时期山水散文的集锦、神话传说的荟萃、名胜古迹的导游图、风土民情的采访录”。《水经注》在语言运用上也是出类拔萃的，仅就瀑布来说，它所用的词汇就有：泷、洪、悬流、悬水、悬涛、悬泉、悬涧、悬波、颓波、飞清等，真是变化无穷。所以我们说《水经注》不仅是科学名著，也是文学艺术的珍品。

（3）具有多学科性质的文献价值。

《水经注》除了丰富的地理内容外，还有许多学科材料。诸如书中所记各类地名在 2 万处上下，其中解释的地名就有 2 400 多处。所记中外古塔 30 多处，宫殿 120 余处，各种陵墓 260 余处，寺院 26 处以及不少园林等。可见该书对历史学、考古学、地名学、水利史学以至民族学、宗教学、艺术等方面都有一定参考价值。

3. 作品选诵读及理解

水经注·淮水

淮水出南阳平氏县胎簪山，东北过桐柏山。

《山海经》曰：淮出余山，在朝阳东，义乡西。《尚书》：导淮自桐柏。《地理志》曰，南阳平氏县，王莽之平善也。《风俗通》曰：南阳平氏县桐柏，大复山在东南，淮水所出也。淮，均也。《春秋说题辞》曰：淮者，均其势也。《释名》曰：淮，韦也。韦绕扬州北界，东至于海也。《尔雅》曰：淮为浒。然淮水与醴水同源俱导，西流为醴，东流为淮。潜流地下三十许里，东出桐柏之大复山南，谓之阳口。水南即复阳县也。阚骃言：复阳县，胡阳之乐乡也。元帝元延二年置，在桐柏大复山之阳，故曰复阳也。《东观汉记》曰：朱祐少孤，归外家复阳刘氏。山南有淮源庙，庙前有碑，是南阳郭苞立。又二碑，并是汉延熹中守令所造，文辞鄙拙，殆不可观。故《经》云：东北过桐柏也。淮水又东径义阳县，县南对固成山。山有水注流数丈，洪涛灌山，遂成巨井，谓之石泉水，北流注于淮。淮水又径义阳县故城南，义阳郡治也，世谓之白茅城，其城圆而不方。阚骃言：晋太始中，割南阳东鄙之安昌、平林、平氏、义阳四县，置义阳郡于安昌城。又《太康记》《晋书地道记》并有义阳郡，以南阳属县为名。汉武帝元狩四年，封北地都尉卫山为侯国也。有九渡水注之，水出鸡翅山，溪涧潆委，沿溯九渡矣。其犹零阳之九渡水，故亦谓之为九渡焉。于溪之东山有一水，发自山椒下，数丈素湍，直注颓波，委壑可数百丈，望之若霏幅练矣，下注九渡水，九渡水又北流注于淮。

东过江夏平春县北。

淮水又东，油水注之。水出县西南油溪，东北流径平春县故城南。汉章帝建初四年，封子全为王国。油水又东曲，岸北有一土穴，径尺，泉流下注，沿波三丈，入于油水，乱流南屈，又东北注于淮。淮水又东北径城阳县故城南，汉高帝十二年，封定侯奚意为侯国。王莽之新利也。魏城阳郡治。淮水又东北与大木水合，水西出大木山，山即晋车骑将军祖逖自陈留将家避难所居也。其水东径城阳县北，而东入于淮。淮水又东北流，左会湖水，傍川西南出穷溪，得其源也，淮水又东径安阳县故城南，江国也，嬴姓矣。今其地有江亭。《春秋》文公四年，楚人灭江，秦伯降服出次，曰：同盟灭，虽不能救，敢不矜乎？汉乃县之。文帝八年，封淮南厉王子刘勃为侯国。王莽之均夏也。淮水又东得浉口，水源南出大潰山，东北流，翼带三川，乱流北注浉水。又北径贤首山西，又北出东南，屈径仁顺城南，故义阳郡治，分南阳置也。晋太始初，以封安平献王孚长子望本，治在石城山上，因梁希侵逼，徙治此城。梁司州刺史马仙琕不守，魏置郢州也。昔常珍奇自悬瓠遣三千骑援义阳，行事庞定光，屯于浉水者也。浉水东南流，历金山北，山无树木，峻峭层峙。浉水又东径义阳故城北，城在山上，因倚陵岭，周回三里，是郡昔所旧治城。城南十五步，对门有天井，周百余步，深一丈。东径钟武县故城南，本江夏之属县也。王莽之当，利县矣。又东径石城山北，山甚高峻。《史记》曰：魏攻冥阸。《音义》曰：冥阸，或言在县葙山也。按《吕氏春秋》，九塞其一也。浉水径鄳县故城南，建武中，世祖封邓邯为鄳侯。按苏林曰：音盲。浉水又东径七井冈南，又东北注于淮。淮水又东至谷口。谷水甫出鲜金山，北流，瑟水注之。水出西南具山，东北径光淹城东，而北径青山东，罗山西，俗谓之仙居水，东北流注于谷水。谷水东北人于淮。

又东过新息县南。

淮水东径故息城南。《春秋左传》隐公十一年，郑、息有违，言息侯伐郑，郑伯败之者也。淮水又东径浮光山北，亦曰扶光山，即弋阳山也。出名玉及黑石，堪为棋。其山俯映长淮，每有光辉。淮水又东，径新息县故城南。应劭曰：息后徙东，故加新也。王莽之新德也。光武十九年，封马援为侯国。外城北门内有新息长贾彪庙，庙前有碑。面南又有《魏汝南太守程晓碑》。魏太和中，蛮田益宗效诚，立东豫州，以益宗为刺史。淮水又东合慎水。水出慎阳县西，而东径慎阳县故城南，县取名焉。汉高帝十一年，封栾说为侯国。颍阴刘陶为县长，政化大行，道不拾遗，以病去官。童谣歌曰：悒然不乐，思我刘君，何时复来，安此下民？见思如此。应劭曰：慎水所出，东北入淮。慎水又东流，积为燋陂。陂水又东南流为上慎陂，又东为中慎陂，又东南为下慎陂，皆与鸿郤陂水散流。其陂首受淮川，左结鸿陂。汉成帝时，翟方进奏毁之。建武中，汝南太守邓晨欲修复之，知许伟君晓知水脉，召与议之。伟君言：成帝用方进言毁之，寻而梦上天，天帝怒曰：何敢败我濯龙渊？是后民失其利，时有童谣曰：败我陂，翟子威，反乎覆，陂当复。明府兴复废业，童谣之言，将有征矣。遂署都水掾，起塘四百余里，百姓得其利。陂水散流，下合慎水，而东南径息城北，又东南入淮。谓之慎口。淮水又东，与申陂水合。水上承申陂于新息县北，东南流，分为二水。一水径深丘西，又屈径其南，南派为莲湖水，南流注于淮。淮水又左迤，流结两湖，谓之东、西莲湖矣。淮水又东，右合壑水。水出台沙山，东北径柴亭西，俗谓之柴水。又东北流与潭溪水合。水发潭谷，东北流，右会柴水。柴水又东径黄城西，故弋阳县也。城内有二城，西即黄城也。柴水又东北入于淮。谓之柴口也。淮水又东北，申陂枝水注之。水首受陂水于深丘北，东径钓台南。台在水曲之中，台北有琴台。又东径阳亭南，东南合淮。淮水又东径淮阴亭北，又东径白城南，楚白公胜之邑也。东北去白亭十里。淮水又东径长陵戍南，又东，青陂水注之。分青陂东渎，东南径白亭西，又南于长陵戍东，东南入于淮，淮水又东北合黄水，水出黄武山，东北流，木陵关水注之。水导源木陵山，西北流注于黄水。黄水又东径晋西阳城南，又东径光城南，光城左郡治。又东北径高城南，故弦国也。又东北径弋阳郡东，有虞丘，郭南有子胥庙。黄水又东北入于淮，谓之黄口。淮水又东北径褒信县故城南，而东流注也。

(三)《齐民要术》：中国现存最早最完整农书

1. 简　介

《齐民要术》大约成书于北魏末年（533—544），是北朝北魏时期至南朝宋至梁时期，中国杰出农学家贾思勰所著的一部综合性农学著作，也是世界农学史上最早的专著之一，是中国现存最早的一部完整的农书。

书名中的“齐民”，指平民百姓。“要术”指谋生方法。全书 10 卷 92 篇，系统地总结了 6 世纪以前黄河中下游地区劳动人民农牧业生产经验、食品的加工与贮藏、野生植物的利用以及治荒的方法，详细介绍了季节、气候和不同土壤与不同农作物的关系，强调要因时制宜、因地制宜。提倡精耕细作，防旱保墒，主张轮作，多施绿肥，通过培育实生苗、扦插、嫁接等方法创果树栽培，培育优良品种等，对中国古代汉族农学的发展产生有重大影响，被誉为“中国古代农业百科全书”。

2. 科学成就

（1）农业技术指导书。

农史学家称赞《齐民要术》使中国农学第一次形成精耕细作的完整的结构体系，它高度概括了农业耕种的精湛技艺，使农业有了更深的发展。《齐民要术》对秦汉以来中国黄河流域农业科学技术知识进行系统总结，保存了汉代农业技术的精华，而且着重总结了《氾胜之书》以后北方旱地农业的新经验、新成就，如以耕—耙—耱为中心的旱地耕作技术系统和轮作倒茬、种植绿肥、良种选育等项技术。在此后的 1 000 多年中，中国北方旱地农业技术的发展，基本上没有超出它所总结的方向和范围，为中国后来的许多农书开辟了可以遵循的途径。

（2）农业经济经营指南。

经济史学家认为《齐民要术》是封建地主经济的经营指南，为其增加经济效益提供了有利的途径。

（3）食品加工百科全书。

食品史学家认为《齐民要术》在农产品加工、酿造、烹调、果蔬贮藏等方面也给出了很好的技巧，为这方面的工作者提供了理论依据，为“中国古代的烹饪百科全书”。

（4）官员治理民生之术。

《齐民要术》可解作平民谋生方法，亦可解为治理民生的方法。明代王廷相（1474—1594）称《齐民要术》为“惠民之政，训农裕国之术”。其深刻的思想是：

① 食为政首：意即“吃饭是天下第一件大事”。在中国历史上，几千年处于农

业社会，其基本特征是以农养生、以农养政。农业是我国的基础性产业，农村人口多是我国人口组成的特点之一。农业发展直接关系国家粮食安全，关系农村社会稳定，关系国民经济可持续发展的全局。

② 要在安民：当老百姓解决了首要的吃饭问题，第二层需求便是过上安定舒适的生活。人民只有安居乐业，才能够各司其事，社会才能有序发展。书中体现的这种思想是在强调“以民为本”的理念。

③ 富而教之：要让人民过上美好的生活。所谓的美好生活，不仅意味着能吃饱饭、过上舒适的生活，还要在此基础上提高人民的科学技术水平，普及教育，提高人民的文化素养，实现从物质到精神层次的提升。

④ 用之以节：贾思勰在书中反映出一个尖锐的社会问题，资源对经济发展有重要的支撑作用，但也有重要的约束作用。许多资源的供给能力不是无限的，资源的承载能力反过来要制约经济增长的速度、结构和方式。赵守祥认为，这个思想的实质就是人类社会的可持续发展。贾思勰在 1 500 多年前就提出了应节约自然、物质资源，具有前瞻性。

3．作品选诵读及理解

齐民要素·耕田（节选）

《周书》曰：“神农之时，天雨粟，神农遂耕而种之。作陶，冶斤、斧，为耒、耜，锄、耨，以垦草莽，然后五谷兴，助，百果藏实。”

《世本》曰：“倕作耒耜。”“倕，神農之臣也。”

《吕氏春秋》曰：“耜博六寸。”

《尔雅》曰：“斪斵谓之定。”犍为舍人曰：“斪斵，锄也，一名定。”

《纂文》曰：“养苗之道，锄不如耨，耨不如产。产柄长二尺，刃广二寸，以刬地除草。”

许慎《说文》曰：“耒，手耕曲木也。”“耜，耒端木也。”“斵，斫也，齐谓之镃基。一曰，斤柄性自曲者也。”“田，陈也，树谷曰田，象四口，十，阡陌之制也。”“耕，犁也，从耒井声。一曰，古者井田。”

……

凡开荒山泽田，皆七月芟艾之，草干即放火，至春而开。根朽省功。其林木大者劖乌更反杀之，叶死不扇，便任耕种。三岁后，根枯茎朽，以火烧之。入地尽矣。耕荒毕，以铁齿鎑楱俎候反再遍杷之，漫掷黍穄劳郎到反亦再遍。明年，乃中为谷田。

（四）《营造法式》：古代最为完整的建筑技术

1．简　介

《营造法式》作于宋崇宁二年（1103），是李诫在两浙工匠喻皓《木经》的基础上编成的。是北宋官方颁布的一部建筑设计、施工的规范书。《营造法式》是我国古代最完整的建筑技术书籍，标志着中国古代建筑已经发展到了较高水平。

全书 34 卷，357 篇，3 555 条。是当时建筑设计与施工经验的集合与总结，并对后世产生了深远影响。原书《元祐法式》于元祐六年（1091）编成，但因为没有规定模数制，也就是“材”的用法，而不能对构建比例、用料做出严格的规定，建筑设计、施工仍具有很大的随意性。李诫奉命重新编著，终成此书。全书共计 36 卷分为 5 个部分：释名、诸作制度、功限、料例和图样，前面还有“看样”和目录各 1 卷。看样主要是说明各种以前的固定数据和做法规定及做法来由，如屋顶曲线的做法。

2．科学成就

（1）《营造法式》在北宋刊行的最现实的意义是严格限定工料。该书是王安石执政期间制定的各种财政、经济的有关条例之一，以杜绝腐败。因此书中以大量篇幅叙述工限和料例。例如，对劳动定额的计算，首先，按四季日的长短分中工（春、秋）、长工（夏）和短工（冬），工值以中工为准，长短工各减和增 10%，军工和雇工亦有不同定额。其次，对每一工种的构件，按照等级、大小和质量要求，如运输远近距离、水流的顺流或逆流、加工的木材的软硬等，都规定了工值的计算方法。料例部分对于各种材料的消耗都有详尽而具体的定额。这些规定为编造预算和施工组织订出严格的标准，既便于生产，也便于检查，有效杜绝了土木工程中贪污盗窃之现象。

（2）《营造法式》的现代意义在于它揭示了北宋统治者的宫殿、寺庙、官署、府第等木构建筑所使用的方法，填补了中国古代建筑发展过程中的重要环节，我们能在实物遗存较少的情况下，对当时的建筑有非常详细的了解。通过书中的记述，我们还知道现存建筑所不曾保留的、今已不使用的一些建筑设备和装饰，如檐下铺竹网防鸟雀、室内地面铺编织的花纹竹席、椽头用雕刻纹样的圆盘、梁栿用雕刻花纹的木板包裹等。

（3）《营造法式》为现当代建筑学的发展奠定了基础。《营造法式》代表我国古代建设科学与艺术重要成就的典籍，记载着宋代建筑的制度、做法、用工、图样等，对研究中国建筑、理解其理念和精神有着深远的意义。现代建筑学家梁思成先生著有《营造法式注释》，陈明达先生有《营造法式大木作研究》，潘谷西先生和何建中先生经过多年的研究，结合现存古建实例、考古发现等写有《〈营造法式〉解读》等，促进了中国建筑学的发展。

3．作品选诵读及理解

大木作制度二·梁

造梁之制有五：

一曰檐栿：如四椽及五椽栿；若四铺作以上至八铺作，并广两材两栔；草栿广三材。如六椽至八椽以上栿，若四铺作至八铺作，广四材；草栿同。

二曰乳栿：三椽栿，若四铺作、五铺作，广两材一栔；草栿广两栔。六铺作以上，广两材两栔；草栿同。

三曰札牵：若四铺作至八铺作出跳，广两材；如不出跳，并不过一材一栔。

四曰平梁：若四铺作，五铺作，广加材一倍。六铺作以上，广两材一栔。

五曰厅堂梁栿：五椽、四椽，广不过两材一栔；三椽广两材。余屋量椽数，准此法加减。

凡梁之大小，各随其广分为三分，以二分为厚。

造月梁之制：明栿，其广四十二分。梁首不以大小从，下高二十一分。其上余材，自枓里平之上，随其高匀分作六分；其上以六瓣卷杀，每瓣长十分。其梁下当中䫜六分。自枓心下量三十八分为斜项，斜项外，其下起䫜，以六瓣卷杀，每瓣长十分；第六瓣尽处下䫜五分。梁尾上背下䫜，皆以五瓣卷杀。余并同梁首之制。

梁底面厚二十五分。其项厚十分。枓口外两肩各以四瓣卷杀，每瓣长十分。

若平梁，四椽六椽上用者，其广三十五分；如八椽至十椽上用者，其广四十二分。不以大小从，下高二十五分。上背下䫜皆以四瓣卷杀，其下第四瓣尽处䫜四分，余并同月梁之制。

若札牵，其广三十五分。不以大小从，下高一十五分，牵首上以六瓣卷杀，每瓣长八分，牵尾上以五瓣。其下䫜，前后各以三瓣。

凡屋内彻上明造者，梁头相叠处须随举势高下用驼峰。其驼峰长加高一倍，厚一材。枓下两肩或作入瓣，或作出瓣，或圜讹两肩，两头卷尖。梁头安替木处并作隐枓；两头造耍头或切几头，与令栱或襻间相交。

若屋内若施平棊，在大梁之上。平棊之上，又施草栿；乳栿之上亦施草栿，并在压槽方之上。其草栿长同下梁，直至橑檐方止。若在两面，则安丁栿。栿之上，别安抹角栿，与草栿相交。

凡角梁下，又施隐衬角栿，在明梁之上，外至橑檐方，内至角后栿项；长以两椽材斜长加之。

凡衬方头，施之于梁背耍头之上，其广厚同材。前至橑檐方，后至昂背或平棊方。若骑槽，即前后各随跳，与方、栱相交。开子荫以压枓上。

凡平棋之上，须随槫栿用方木及矮柱敦㮇，随宜枝樘固济，并在草栿之上。

凡平棋方在梁背上，其广厚并如材，长随间广。每架下平棋方一道。绞井口并随补间。

（五）《梦溪笔谈》：中国科学史上的坐标

1. 简　介

《梦溪笔谈》，北宋科学家、政治家沈括（1031—1095）撰，是一部涉及古代中国自然科学、工艺技术及社会历史现象的综合性笔记体著作。作者自言其创作是“不系人之利害者”，出发点则是“山间木荫，率意谈噱”。全书一共分 30 卷，其中《笔谈》26 卷，《补笔谈》3 卷，《续笔谈》1 卷。全书有十七目，凡 609 条。内容包括天文、历法、气象、数学、地质、地理、物理、生物、化学、医药、工程建筑、工艺技术、语言文字、文学、卜筮、史学、音乐、舞蹈、美术等。该书是中国古代八大科学名著之首，被英国科学史家李约瑟评为“中国科学史上的里程碑”。现所能见到的最早版本是元大德九年（1305）东山书院刻本，现收藏于中国国家图书馆。

2. 科学成就

（1）天文学及历法。

《梦溪笔谈》中有关天文、历法方面的记述有 20 多条。研究者认为沈括对古代天文科学、历法的贡献主要有四个方面：一是改进了一批天文仪器。如浑仪，沈括大胆改进了其结构，取消了浑仪上不能正确显示月球公转轨迹的月道环，放大了窥管口径，使其更便于观测极星，既方便使用，又提高了观测精度。沈括还改进过壶漏、圭表等。二是对天象进行细致观测，取得了一些新的发现。例如，沈括用晷、漏观测发现了真太阳日有长有短。经现代科学测算，一年中真太阳日的极大值与极小值之差仅为 51 秒。三是提出了“十二气历”说，较好地解决了古代历法中一直存在着的阴阳历之间难以调和的矛盾。四是在担任司天监职务期间，大胆起用布衣卫朴进行历法改革，也针对当时司天监、天文院存在的一些弊端进行过整肃。

（2）地理科学。

《梦溪笔谈》有 30 多个条目涉及自然地理、政治经济地理、测量、地图制作等。沈括以其丰富的阅历，撰写了有关山川、地名沿革与考辨的条目，为研究自然地理提供了宝贵的史料。沈括对各地重要物产、重要生产与生活资料的产销与经营管理等方面的记述，为研究北宋时期政治、经济、地理提供了重要参考。沈括考察了温州雁荡山独特地形地貌并分析其成因之后指出："原其理，当是为谷中大水冲激，沙土尽去，唯巨石岿然挺立耳。"这种"流水侵蚀作用"的看法是十分正确的，这一观点，直到 18 世纪末英国的赫顿在《地球理论》一书中才出现，比沈括晚了约 700 年。著名科学家竺可桢 20 世纪 20 年代便曾撰文《北宋沈括对地学之贡献与纪述》，高度评价《梦溪笔谈》在地理学方面的重要贡献。

（3）物理学。

《梦溪笔谈》有 10 多条记述涉及光学、磁学、声学等内容。如对"阳燧凹面镜成像及光线聚焦原理"的正确描述；对"琴弦共振"现象的观察与分析；对"古人铸鉴"时正确处理镜面凹凸与成像大小关系的研究与分析，对古代神奇的透光铜镜原理的正确推论；对利用磁石使铁针磁化用以制作指南针，以及磁石极性、磁针不完全指南（即磁偏角）现象的发现、描述与研究，都极具研究价值。尤其是磁偏角的发现，西方直到 1492 年才由哥伦布发现，比沈括足足晚了 400 多年。

（4）数学。

《梦溪笔谈》中有 7 条笔记涉及数学，涉及的面较广且多有创见。被数学界尊为中国古代数学研究的重要成就，其中就包括了沈括首创的隙积术和会圆术。所谓"隙积术"，是指如何计算"垛积"。沈括运用类比、归纳的方法，提出了准确的计算方法，并以堆积的酒坛为例加以说明。实际上，沈括是以体积公式为基础，把求解不连续的个体的累积数（级数求和），化为连续整体数值来求解，可见他已具有了用连续模型解决离散问题的思想，在中国数学史上开辟了高阶等差级数求和的研究领域。所谓"会圆术"，实际上是指由弦求弧的方法，主要思想是局部以直代曲，对圆的弧矢关系给出了一个比较实用的近似公式。会圆术问世后，得到了广泛应用，郭守敬、王恂等都用到过会圆术。

（5）生物学。

《梦溪笔谈》中与生物学相关的条目有 30 多条。大量研究文章充分肯定了沈括对生物学诸多方面做出的贡献，如：对动、植物分类、形态等的记述，对动、植物的地域分布的记述，对一批药用植物进行的考辨与记述，对古生物化石的研究与记述，以及对生物的相生相克现象的观察与分析等，都具有极高的研究价值。

（6）音乐。

《梦溪笔谈》中与音乐有关的记述有 40 多条。据《宋史·艺文志》载，沈括还撰写过《乐论》《乐器图》《三乐谱》《乐律》等著作，可惜已佚。由于沈括是乐律行家，《梦溪笔谈》中的相关条目无疑具有古代音乐研究方面的重要价值。总括今人研究，认为《梦溪笔谈》音乐方面的贡献主要有四点：一是研究并阐述了古代音乐的音阶理论；二是保存了古代音乐的一些演奏技艺、相关术语；三是记述了沈括对唐宋燕乐的研究心得，如燕乐起源、燕乐二十八调、唐宋大曲的结构和演奏形式、唐宋字谱等；四是记述、考证了部分乐器的形制、用材、流布与演变等。

（7）书画鉴赏。

《梦溪笔谈》中记述书画的条目有近30条。沈括在书画收藏与鉴赏方面也是行家。他撰写过《图画歌》，用歌诗的方式，对两晋、唐五代至宋代的50多位名画家的作品及风格进行品评，语言精练、视角独到，得到了著名书画家米芾等人的高度评价。

（8）文学。

由于《梦溪笔谈》近三分之一的条目属科技类，因而有论者认为《梦溪笔谈》不能算是完全意义上的文学作品，但是由于《梦溪笔谈》本身极具文学性，《梦溪笔谈》中有20多个条目记述的内容属文学类，因此，它在文学方面的价值也受到不少研究者的重视。杨渭生《略述沈括的文学成就》盛赞《梦溪笔谈》是一部文字优美、叙事生动、富有文学色彩的好作品。梁成林《略论〈梦溪笔谈〉的写作特色》认为《梦溪笔谈》以灵活多样的形式，平易朴实、清新的文风，精练通俗的语言，涤荡了当时的形式主义文风。

（9）语言学。

《梦溪笔谈》中有30多条记述与语言学有关，内容涉及音韵学、文字学、训诂学诸方面。沈括记载的关于“反切”之法的源起、“右文”说的记述、部分文字的音义考辨等，是研究古代语言学的宝贵资料。研究者充分肯定了《梦溪笔谈》的语言学价值。

（10）史学。

《梦溪笔谈》中属史学范畴的记述有20多条，另有关于古代礼仪、职官、舆服、科举等方面的记述达上百条之多，因此，《梦溪笔谈》对于史学研究的价值也是不容置疑的。研究者认为《梦溪笔谈》对于史学的贡献主要有：一是部分条目提供了正史不载或被歪曲了事实的资料，如关于王小波、李顺起义的记述等；二是《梦溪笔谈》中关于古代礼仪、职官、舆服、科举等方面的大量记述，是可供史学研究的重要资料；三是沈括记述了自己亲身参与的许多重要政治或军事活动，同样是十分宝贵的资料；四是沈括对于部分史实的考订，也很有见地，因而极具参考价值。

（11）中医药学。

《梦溪笔谈》中涉及医药学的记述有40多条，综合人们对《梦溪笔谈》医药学条目、沈括医方专著、《梦溪忘怀录》中有关条目的研究，认为沈括对中国传统医药学的主要贡献有四个方面：一是沈括提出的视疾医病的许多重要理论与观点，至今仍有十分重要的借鉴或应用价值；二是经沈括广为搜集、亲为应用、长期验证的很多医方，关于不同地域、不同时令、不同采制方法等对中医药材药用价值影响的见解与论述，至今仍为中医药界广为应用；四是沈括在中医药学方面多有“创获”，如：《良方》中详细记述了“秋石”的炼制方法，有论者认为这是世界上最早的“提取留体性激素”的制备法；《梦溪忘怀录》中关于“药石井”的记述，被认为是最早的磁化、矿化水制备法等。

（12）工程技术。

《梦溪笔谈》有30多个条目记述了古代水利、建筑工程等方面的技术创新与发明，诸如巧堵河堤决口、测量汴渠、制作木地图、修建船闸、梵天寺木塔、巧筑苏州至昆山长堤、统筹安排重修皇宫各工程环节、水运仪像台、毕昇发明活字印刷术、捕鼠木钟馗、嗓叫子、炼钢法、胆矾炼铜、铸造铜镜、维修盐井、巧建船坞等，经常出现于各种研究论述中。中国古代劳动人民的许多工程技术与科技发明，也正是由于《梦溪笔谈》的记述才得以保留与传承的。

（13）军事。

《梦溪笔谈》中有近20个条目与军事有关，研究者认为《梦溪笔谈》军事类条目的主要价值在于：一是记述了沈括亲历的一些战事，这是真实的军事史料；二是记述了古代部分名将的战例，可作为典型案例研究；三是记述了古代的一些战争攻防手段与策略，如“赫连城”特点介绍、战棚的作用分析等；四是记述了古代部分兵器的制造技术，如关于弩机、弓等的制作技术与方法等，为后人提供了珍贵的研究资料。沈括曾多次统军作战并取得胜利。胡道静在《沈括军事思想探源——论沈括与其舅父许洞的师承关系》一文中，对沈括军事思想的渊源与特点进行了研究，充分肯定了沈括在军事方面的杰出才干。

3．作品选诵读及理解

雁荡山

温州雁荡山天下奇秀，然自古图牒未尝有言者。祥符中因造玉清宫，伐山取材，方有人见之，此时尚未有名。按西域书，阿罗汉诺矩罗居震旦东南大海际雁荡山芙蓉峰龙湫。唐僧贯休为《诺矩罗赞》，有“雁荡经行云漠漠，龙湫宴坐雨濛濛”之句。此山南有芙蓉峰，下有芙蓉驿，前瞰大海，然未知雁荡、龙湫所在，后因伐木始见此山。山顶有大池，相传以为雁荡；下有二潭水，以为龙湫。又有经行峡、宴坐峰，皆后人以贯休诗名之也。谢灵运为永嘉守，凡永嘉山水游历殆遍，独不言此山，盖当时未有雁荡之名。

余观雁荡诸峰，皆峭拔险怪，上耸千尺，穹崖巨谷，不类他山，皆包在诸谷中，自岭外望之都无所见，至谷中则森然干霄。原其理，当是为谷中大水冲激，沙土尽去，唯巨石岿然挺立耳，如大小龙湫、水帘、初月谷之类，皆是水凿之穴。自下望之则高岩峭壁，从上观之适与地平，以至诸峰之顶，亦低于山顶之地面。世间沟壑中水凿之处皆有植土龛岩，亦此类耳。今成皋、陕西大涧中，立土动及百尺，迥然耸立，亦雁荡具体而微者，但此土彼石耳。既非挺出地上，则为深谷林莽所蔽，故古人未见，灵运所不至，理不足怪也。

（六）《天工开物》：中国17世纪工艺百科全书

1. 简 介

《天工开物》是世界上第一部关于农业和手工业生产的综合性著作，是中国古代一部综合性的科学技术著作，有人也称它是一部百科全书式的著作，作者是明朝科学家宋应星。外国学者称它为“中国17世纪的工艺百科全书”。

《天工开物》由宋应星初刊于明崇祯十年（1637），共3卷18篇，全书收录了农业、手工业，诸如机械、砖瓦、陶瓷、硫黄、烛、纸、兵器、火药、纺织、染色、制盐、采煤、榨油等生产技术。尤其是《机械》篇详细记述了包括立轴式风车、糖车、牛转绳轮汲卤等农业机械工具，具有极高的科学价值。

2. 科学成就

（1）《天工开物》全书详细叙述了各种农作物和手工业原料的种类、产地、生产技术和工艺装备以及一些生产组织经验。

上卷记载了谷物豆麻的栽培和加工方法，蚕丝棉苎的纺织和染色技术，以及制盐、制糖工艺。中卷内容包括砖瓦、陶瓷的制作，车船的建造，金属的铸锻，煤炭、石灰、硫黄、白矾的开采和烧制，以及榨油、造纸方法等。下卷记述金属矿物的开采和冶炼，兵器的制造，颜料、酒曲的生产，以及珠玉的采集加工等。

（2）《天工开物》分散体现了中国古代物理知识。如在提水工具（筒车、水滩、风车）、船舵、灌钢、泥型铸釜、失蜡铸造、排除煤矿瓦斯方法、盐井中的吸卤器（唧筒）、熔融、提取法等中都有许多力学、热学等物理知识。在《五金》篇中，明确指出，锌是一种新金属，并且首次记载了它的冶炼方法。

（3）《天工开物》记录了农民培育水稻、大麦新品种的事例，研究了土壤、气候、栽培方法对作物品种变化的影响，又注意到不同品种蚕蛾杂交引起变异的情况，说明通过人为的努力，可以改变动植物的品种特性，得出了“土脉历时代而异，种性随水土而分”的科学见解。

3. 作品选诵读及理解

杀 青

宋子曰：物象精华，乾坤微妙，古传今而华达夷，使后起含生，目授而心识之，承载者以何物哉？君与臣通，师将弟命，凭借咕咕口语，其与几何？持寸符，握半卷，终事诠旨，风行而冰释焉。覆载之间之借有楮先生也，圣顽咸嘉赖之矣。身为竹骨与木皮，杀其青而白乃见，万卷百家，基从此起。其精在此，而其粗效于障风护物之间。事已开于上古，而使汉、晋时人擅名记者，何其陋哉！

纸 料

凡纸质，用楮树（一名榖树）皮与桑穰、芙蓉膜等诸物者，为皮纸。用竹、麻者为竹纸。精者极其洁白，供书文印文柬、启用；粗者为火纸、包裹纸。所谓“杀青”，以斩竹得名，“汗青”以煮沥得名，简即已成纸名。乃煮竹成简。后人遂疑削竹片以纪事，而又误疑韦编为皮条穿竹札也。秦火未经时，书籍繁甚，削竹能藏几何？如西番用贝树造成纸叶，中华又疑以贝叶书经典。不知树叶离根即焦，与削竹同一可哂也。

造竹纸

凡造竹纸，事出南方，而闽省独专其盛。当笋生之后，看视山窝深浅，其竹以将生枝叶者为上料。节界芒种，则登山砍伐。截断五、七尺长，就于本山开塘一口，注水其中漂浸。恐塘水有涸时，则用竹枧通引，不断瀑流注入。浸至百日之外，加工槌洗，洗去粗壳与青皮（是名杀青），其中竹穰形同苎麻样。用上好石灰化汁涂浆，入楻桶下煮，火以八日八夜为率。

凡煮竹，下锅用径四尺者，锅上泥与石灰捏弦，高阔如广中煮盐牢盆样，中可载水十余石。上盖楻桶，其围丈五尺，其径四尺余。盖定受煮，八日已足。歇火一日，揭楻取出竹麻，入清水漂塘之内洗净。其塘底面、四维皆用木板合缝砌完，以防泥污（造粗纸者不须为此）。洗净，用柴灰浆过，再入釜中，其中按平，平铺稻草灰寸许。桶内水滚沸，即取出别桶之中，仍以灰汁淋下。倘水冷，烧滚再淋。如是十余日，自然臭烂。取出入臼受舂（山国皆有水碓），舂至形同泥面，倾入槽内。

凡抄纸槽，上合方斗，尺寸阔狭，槽视帘，帘视纸。竹麻已成，槽内清水浸浮其面三寸许。入纸药水汁于其中（形同桃竹叶，方语无定名），则水干自成洁白。凡抄纸帘，用刮磨绝细竹丝编成。展卷张开时，下有纵横架框。两手持帘入水，荡起竹麻入于帘内。厚薄由人手法，轻荡则薄，重荡则厚。竹料浮帘之顷，水从四际淋下槽内，然后覆帘，落纸于板上，叠积千万张。数满则上以板压，俏绳入棍，如榨酒法，使水气净尽流干。然后以轻细铜镊逐张揭起焙干。

凡焙纸，先以土砖砌成夹巷，下以砖盖。巷地面数块以往，即空一砖。火薪从头穴烧发，火气从砖隙透巷外。砖尽热，湿纸逐张贴上焙干，揭起成帙。

近世阔幅者，名大四连，一时书文贵重。其废纸洗去朱墨污秽，浸烂入槽再造，全省从前煮浸之力，依然成纸，耗亦不多。南方竹贱之国，不以为然。北方即寸条片角在地，随手拾取再造，名曰还魂纸。竹与皮，精与细，皆同之也。若火纸、糙纸，斩竹煮麻，灰浆水淋，皆同前法。唯脱帘之后，不用烘焙，压水去湿，日晒成干而已。

盛唐时，鬼神事繁，以纸钱代焚帛（北方用切条，名曰板钱），故造此者名曰火纸。荆楚近俗，有一焚侈至千斤者。此纸十七供冥烧，十三供日用，其最粗而厚者，名曰包裹纸，则竹麻和宿田晚稻稿所为也。若铅山诸邑所造柬纸，则全用细竹料厚质荡成。以射重价。最上者曰官柬，富贵之家，通刺用之。其纸敦厚而无筋膜，染红为吉柬，则先以白矾水染过，后上红花汁云。

（七）《本草纲目》：有世界影响的博物学巨著

1. 简　介

《本草纲目》，药学著作，五十二卷，明代李时珍撰。全书共 190 多万字，载有药物 1 892 种，收集医方 11 096 个，绘制精美插图 1 160 幅，分为 16 部、60 类。是作者在继承和总结以前本草学成就的基础上，结合作者长期学习、采访所积累的大量药学知识，经过实践和钻研，历时数十年而编成的一部巨著。书中不仅修正了过去本草学中的若干错误，综合了大量科学资料，提出了较科学的药物分类方法，融入先进的生物进化思想，还反映了丰富的临床实践，是中国古代汉族传统医学集大成者，也是一部具有世界性影响的博物学著作。

2. 科学成就

（1）药物学的贡献。

首先在药物分类上改变了原有上、中、下三品分类法，采取了“析族区类，振纲分目”的科学分类法。它把药物分矿物药、植物药、动物药。又将矿物药分为金部、玉部、石部、卤部四部。植物药一类，根据植物的性能、形态及其生长的环境，区别为草部、谷部、菜部、果部、木部等 5 部；草部又分为山草、芳草、醒草、毒草、水草、蔓草、石草等小类。动物一类，按低级向高级进化的顺序排列为虫部、鳞部、介部、禽部、兽部、人部等 6 部。本书 17 世纪末即向世界传播，有韩、日、英、法、德等多种文字的全译本或节译本，对世界自然科学产生了重要影响，被誉为“东方药物巨典”，对人类近代科学以及医学方面影响最大。

（2）其他学科的贡献。

《本草纲目》广泛涉及医学、药物学、生物学、矿物学、化学、环境与生物、遗传与变异等诸多科学领域，是一部具有世界性影响的博物学著作，被国外学者誉为中国之百科全书。它在化学史上，较早地记载了纯金属、金属、金属氯化物、硫化物等一系列的化学反应。同时又记载了蒸馏、结晶、升华、沉淀、干燥等现代化学中应用的一些操作方法。李时珍还指出，月球和地球一样，都是具有山河的天体，“窃谓月乃阴魂，其中婆娑者，山河之影尔”。正如李建元《进本草纲目疏》中所指出的："上自坟典、下至传奇，凡有相关，靡不收采，虽命医书，实该物理。"

3．作品选诵读及理解

火部·艾火

主治：艾火可灸治许多病。先点好麻油灯，取艾茎一条，沾油烧燃，在疮肿上方徐徐照射，有效。如治风湿痛，则取艾叶加少许硫磺，用纸包成捻子，沾油点燃，在患处照射。

火部·神针火

释名：把桃树枝削成针状，如鸡蛋大，长五六寸，放干待用。用时以棉纸三、五层衬于患处，将针蘸麻油点着，即刻吹熄，趁热针刺。

主治：心腹冷痛，风寒湿痹，附骨阻疽等。凡在筋骨隐痛者，针刺后，火气直达患处，疗效显著。

附方：雷火神针：用熟蕲艾末二两，乳香、没药、穿山甲、硫磺、雄黄、草乌头、川乌头、桃树皮各一钱，麝香五分，共研为末，放在纸里，卷成捻子，如指头粗细，长三四寸。蘸油点燃后，吹熄明火，隔纸十层，趁热触患处，热气直入内部，效果也很显著。所治病，如神针火。

金部·银

释名：亦名白金、鋈。

气味：银屑，辛、平、有毒；生银，辛、寒、无毒。

主治：妊妇腰痛。用银一两、水三升，煎成二升服之。

胎动欲坠。用银五两、根二两、清酒一碗、水一大碗，煎成一碗，湿服。

风牙疼痛。用文银一两，烧红渍入一碗烧酒中，趁热漱口。

口鼻疳蚀，穿唇透颊。用银屑一两，放入三升水中，在铜器内煎成一升，一天洗三、四次。身面赤疵。常用银块揩擦发热，慢慢自行消退。

（八）《周髀算经》：中国最早的一部算学天文名著

1．简　介

中国古代数学成就非常突出，中国人很早就掌握了数的概念，并且采用了十进位制。殷商时期已经有四则运算，春秋战国时期"九九歌"形成，三国时期的祖冲之可以精确计算圆周率，唐宋时期算盘等计算工具进入了广泛应用等。伴随着数学知识的丰富、研究的深入，古代出现了许多有关数学研究的著作，记录了中国数学成就。《周髀算经》是我国最早的一部算学天文著作，它总结了春秋战国时代的数学成就，其中的勾股术“折矩以为勾广三，股修四，径隅五”，比古希腊必达哥拉斯发现勾股定理早了 500 多年。

2．科学成就

（1）《周髀算经》在数学上的主要成就是介绍了勾股定理。《周髀算经》中明确记载了勾股定理的公式：“若求邪至日者，以日下为勾，日高为股，勾股各自乘，并而开方除之，得邪至日。”（《周髀算经》上卷二）。

（2）《周髀算经》对盖天说理论进行了扩张与完善。首先是在陈子模型的基本假设下，建立七衡六间的宇宙模型，并以术文的形式给出每日太阳运行轨道的计算方法，使七衡图成为一个可以操作的真正的活动式星盘。在此基础上，进一步引入新的天地形状的模式，给出了地理五带的划分、寒暑成因的解释、日出日落的方位，并建立了盖天说的天体测量学，引入了去极度的概念，制作了比较完整的《四分历》等。这些虽然大大地丰富了陈子模型的理论内涵，但同时也制造了盖天说系统内部的一些无法完全自洽的矛盾，成为后世学者批评的目标。这个部分的形成，意味着《周髀算经》作为一部论述盖天说理论的专著的完成。

（3）《周髀算经》采用最简便可行的方法确定天文历法，揭示日月星辰的运行规律，囊括四季更替、气候变化，包涵南北有极、昼夜相推的道理。给后来者生活作息提供有力的保障，自此以后历代数学家无不以《周髀算经》为参考，并在此基础上不断创新和发展。

（4）《周髀算经》被编进唐代国子监算学馆规定的《算经十书》，与《九章算术》《海岛算经》《孙子算经》《张丘建算经》《五经算术》《五曹算术》《辑古算术》《夏侯阳算经》《缀术》一起保存了中国从先秦到唐代的宝贵数学资料，是研究古代数学发展的珍贵资料。

3．作品选诵读及理解

周髀算经·序

夫高而大者，莫大于天；厚而广者，莫广于地。体恢洪而廓落，形修广而幽清，可以玄象课其进退，然而宏远不可指掌也。可以晷仪验其长短，然其巨阔不可度量也。虽穷神知化不能极其妙，探赜索隐不能尽其微，是以诡异之说出，则两端之理生，遂有浑天、盖天兼而并之。故能弥纶天地之道，有以见天地之赜，则浑天有《灵宪》之文，盖天有《周髀》之法，累代存之，官司是掌。所以钦若昊天，恭授民时。爽以暗蔽，才学浅昧，邻高山之仰止，慕景行之轨辙，负薪余日，聊观《周髀》。其旨约而远，其言曲而中，将恐废替，濡滞不通，使谈天者无所取则，辄依经为图，诚冀颓毁重仞之墙，披露堂室之奥，庶博物君子，时迴思焉。

卷上“七衡图”

凡为此图，以丈为尺，以尺为寸，以寸为分，分一千里。凡用缯方八尺一寸。今用缯方四尺五分，分为二千里。

吕氏曰：“凡四海之内，赤西二万八千里，南北二万六千里。”

凡为日月运行之圆周，七衡周而六间，以当六月节。六月为百八十二日八分日之五。故日夏至在东井，极内衡，日冬至在牵牛，极外衡也。衡复更终冬至。故曰：一岁三百六十五日、四分日之一，岁一内极，一外极。三十日十六分日之七，月一外极，一内极。是故一衡之间，万九千八百三十三里三分里之一，即为百步。欲知次衡径，倍而增内衡之径。二之以增内衡径得三衡径。次衡放此。

内一衡，径二十三万八千里，周七十一万四千里。分为三百六十五度四分度之一，度得一千九百五十四里二百四十七步千四百六十一分步之九百三十三。

次二衡，径二十七万七千六百六十六里二百步，周八十三万三千里。分里为度，度得二千二百八十里百八十八步千四百六十一分步之千三百三十二。

次三衡，径三十一万七千三百三十三里一百步，周九十五万二千里。分为度，度得二千六百六里百三十步千四百六十一分步之二百七十。

次四衡，径三十五万七千里，周一百七万一千里。分为度，度得二千九百三十二里七十一步千四百一十分步之六百六十九。

次五衡，径三十九万六千六百六十里二百步，周一百一十九万里。分为度，度得三千二百五十八里十二步千四百六十一分步之千六十八。

次六衡，径四十三万六千三百三十三里一百步，周一百三十万九千里。分为度。度得三千五百八十三里二百五十四步千四百六十一分步之六。

次七衡，径四十七万六千里，周一百四十二万八千里。分为度，度得三千九百九里一百九十五步千四百六十一分步之四百五。

其次日冬至所北照，过北衡十六万七千里。为径八十一万里，周二百四十三万里。分为三百六十五度四分度之一，度得六千六百五十二里二百九十三步千四百六十一分步之三百二十七。过此而往者，未之或知。或知者，或疑其可知，或疑其难知。此言上圣不学而知之。故冬至日晷丈三尺五寸，夏至日晷尺六寸。冬至日晷长，夏至日晷短。日晷损益，寸差千里。故冬至、夏至之日南北游十一万九千里，四极径八十一万里，周二百四十三万里。分为度，度得六千六百五十二里二百九十三步千四百六十一分步之三百二十七。此度之相去也。

其南北游，日六百五十一里一百八十二步一千四百六十一分步之七百九十八。

术曰：置十一万九千里为实，以半岁一百八十二日八分日之五为法，而通之，得九十五万二千为实。所得一千四百六十一为法，除之。实如法得一里。不满法者，三之，如法得百步。不满法者十之，如法得十步。不满法者十之，如法得一步。不满法者，以法命之。

二、生活与修身

1. 了解中医养生要求，自觉远离伪养生诱惑，科学饮食、睡眠、运动、劳作，提高生命质量。

2. 参加节假日生态游，了解农作物的特点与栽培方式，扩展视野，丰富有关农村、农业、农民的“三农”建设内涵，热爱农业科学。

3. 参观天文博物馆，或欣赏、观察大自然的奇观，培养科学志趣，提高自身的人文素养。

4. 阅读有关中国古代科学家张衡、袁天罡、僧一行、郭守敬、华佗、扁鹊、李时珍、祖冲之、 郦道元、沈括、蔡伦等的书籍，了解他们的事迹。

项目六

晖丽万有之东方意境——文学雅趣

文学是语言文字的艺术，是社会文化的一种重要表现形式，是对美的体现，代表一个民族的艺术和智慧。中华民族的文学是一个以汉民族文学为主并与各民族文学一起发展的共同体。中国文学历史悠久，以特殊的内容、形式和风格构成了自己的特色，有自己的审美理想，有自己的起支配作用的思想文化传统和理论批判体系。它以悠久的历史、多样的形式、众多的作家、丰富的作品、独特的风格、鲜明的个性、诱人的魅力而成为世界文学宝库中光彩夺目的瑰宝。

先秦文学是我国文学史上光辉灿烂的第一页，它为我国古代文学的长期发展打下了坚实的基础。先秦文学的巨大成就《诗经》和《楚辞》，开创了中华民族诗歌的现实主义和浪漫主义两大流派。而诸子百家的争鸣，又成就了散文的黄金时代 。

西汉帝国的建立，辞赋得以发展。同时，以司马迁的《史记》、班固的《汉书》为重大标志的历史散文得以继续发展达到高峰。南朝的《文心雕龙》《诗品》两部文学批评巨著的出现更是引得文学界百花争艳，万紫千红。

诗歌在继承《诗经》《楚辞》的基础上一路高歌猛进，到了唐朝达到顶峰，名家辈出，好诗如潮。初唐四杰标榜“风雅比兴”“汉魏风骨”；李白酒中诗情豪发，浪漫主义流派登峰造极；杜甫苦吟时势艰难，现实主义流派与之争锋。众多诗人众星拱月一般，造就了唐诗数量和质量都无与伦比的辉煌成就。

宋词继承晚唐五代婉约绮丽的词风成就了以李清照为代表的婉约派；苏轼娇首高歌，开创豪放一宗，两大词派并驾齐驱，大家辈出，在思想和艺术上都达到了词家的最高水平。

元代文学另辟蹊径，在北方戏曲的基础上发展起来的元杂剧，成就突出。以关汉卿为代表的剧作家为后人留下了诸如《窦娥冤》《救风尘》《单刀会》等著名的杂剧，成就了中国文学的又一奇葩。

明中叶后戏曲、小说等通俗文学的创作随着社会经济发展而繁荣，尤其是小说以前所未有的姿态独树一帜，最终汇流成以《水浒传》《三国演义》《西游记》《红楼梦》四大名著为代表的小说世界，极大地丰富了中国文学艺术的殿堂。

可见，中国文学因其5 000年深厚的历史背景及中国诗人、作家的卓越创作，魅力四射，唯我中华之独有，成为世界民族文化之林不可或缺的璀璨的艺术瑰宝，受到一代又一代中华子孙的热爱和发扬，也得到世界各地人民的追捧。

一、要义与选文

（一）唐诗：古代文学最耀眼的一颗珍珠

1．唐诗概况

唐诗，泛指唐朝诗人创作的诗。唐诗是中华民族珍贵的文化遗产之一，是中华文化宝库中的一颗明珠，同时也对世界上许多民族和国家的文化发展产生了很大影响，对于后人研究唐代的政治、民情、风俗、文化等都有重要的参考意义和价值。

唐诗的形式是多种多样的。唐代的古体诗，主要有五言和七言两种。近体诗也有两种，一种叫作绝句，一种叫作律诗。绝句和律诗又各有五言和七言之不同。所以唐诗的基本形式上有这样六种：五言古体诗，七言古体诗，五言绝句，七言绝句，五言律诗，七言律诗。古体诗对音韵格律的要求比较宽：一首之中，句数可多可少，篇章可长可短，韵脚可以转换。近体诗对音韵格律的要求比较严：一首诗的句数有限定，每句诗中用字的平仄，有一定的规律，一般情况下韵脚不能转换；律诗还要求中间四句对仗。古体诗的风格是前代流传下来的，所以又叫古风。近体诗有严整的格律，所以有人又称它为格律诗。

唐诗的形式和风格是丰富多彩的。它不仅继承了汉魏民歌、乐府传统，并且大大发展了歌行体的样式；不仅继承了前代的五、七言古诗，并且发展为叙事言情的长篇巨制；不仅扩展了五言、七言形式的运用，还创造了风格特别优美整齐的近体诗。近体诗是当时的新体诗，它的创造和成熟，是唐代诗歌发展史上的一件大事。它把我国古曲诗歌的音节和谐、文字精练的艺术特色，推到前所未有的高度，为古代抒情诗找到一个最典型的形式，至今还特别为人民所喜闻乐见。但是近体诗中的律诗，由于它有严格的格律的限制，容易使诗的内容受到束缚，不能自由创造和发挥，这是它的长处带来的一个很大的缺陷。

唐代不到三百年的时间中，遗留下来的诗歌就将近五万首，独具风格的著名诗人约有五六十个。而李白、杜甫的成就，达到诗歌创作的高峰。

2．流派特色、代表人物、代表作

唐诗名家辈出，流派争锋，主要有山水田园派、边塞诗派、浪漫诗派和现实诗派。

（1）浪漫诗派。

① 特色。

浪漫诗派是自楚辞发展而来的诗歌流派。既有奇幻的想象，又有奔放的笔调，融合继承了楚辞、乐府派浪漫传统，开创了奇险新创的艺术风格。他们崇尚自我，注重情感流泻，发挥想象。内容以抒发个人情怀为中心，咏唱对自由人生、个人价值的渴望与追求。诗词自由、奔放、顺畅、想象丰富、气势宏大。语言主张自然，反对雕琢。

② 代表人物。

李白（701—762），字太白，号青莲居士，又号“谪仙人”，是唐代伟大的浪漫主义诗人，被后人誉为“诗仙”，与杜甫并称为“李杜”。为了与另两位诗人李商隐与杜牧，即“小李杜”区别，李白与杜甫又合称“大李杜”。其人爽朗大方，爱饮酒作诗，喜交友。

李白的乐府、歌行及绝句成就最高。其歌行，完全打破诗歌创作的一切固有格式，空无依傍，笔法多样，达到了任随性情之所至而变幻莫测、摇曳多姿的神奇境界。李白的绝句自然明快，飘逸潇洒，能以简洁明快的语言表达出无尽的情思。在盛唐诗人中，王维、孟浩然长于五绝，王昌龄等七绝写得很好，兼长五绝与七绝而且同臻极境的，只有李白一人。

李白的诗雄奇飘逸，艺术成就极高。他讴歌祖国山河与美丽的自然风光，风格雄奇奔放，俊逸清新，富有浪漫主义精神，达到了内容与艺术的完美统一。他被贺知章称为“谪仙人”，其诗大多为描写山水和抒发内心的情感为主。李白的诗具有“笔落惊风雨，诗成泣鬼神”的艺术魅力，这也是他的诗歌中最鲜明的艺术特色。李白的诗富于主观抒情色彩，感情的表达具有一种排山倒海、一泻千里的气势。

李白诗中常将想象、夸张、比喻、拟人等手法综合运用，从而造成神奇异彩、瑰丽动人的意境，这就是李白的浪漫主义诗作给人以豪迈奔放、飘逸若仙的原因所在。

李白的诗歌对后代产生了极为深远的影响。中唐的韩愈、孟郊、李贺，宋代的苏轼、陆游、辛弃疾，明清的高启、杨慎、龚自珍等著名诗人，都受到李白诗歌的巨大影响。

③ 代表作。

李白有《李太白集》传世，代表作有《望庐山瀑布》《行路难》《蜀道难》《将进酒》《越女词》《早发白帝城》《梦游天姥吟留别》等多首，风格豪迈奔放，清新飘逸，意境奇妙。

（2）现实诗派。

① 特色。

诗歌艺术风格沉郁顿挫，多表现忧时伤世、悲天悯人的情怀。自中唐到宋代以来都继承了杜甫的写实风格。白居易在《与元九书》中提出了著名的“文章合为时而著，歌诗合为事而作”的现实主义诗歌创作原则。

② 代表人物

a. 杜甫。

杜甫（712—770），字子美，自号少陵野老。祖籍襄阳，河南巩县（今河南省巩义）人。唐代伟大的现实主义诗人，与李白合称“李杜”。

杜甫在中国古典诗歌中的影响非常深远，被后人称为“诗圣”，他的诗被称为“诗史”。后世称其杜拾遗、杜工部，也称他杜少陵、杜草堂。759 年杜甫弃官入川，虽然躲避了战乱，生活相对安定，但仍然心系苍生，胸怀国事。虽然杜甫是个现实主义诗人，但他也有狂放不羁的一面，从其名作《饮中八仙歌》不难看出杜甫的豪气干云。杜甫的思想核心是儒家的仁政思想，他有“致君尧舜上，再使风俗淳”的宏伟抱负。杜甫虽然在世时名声并不显赫，但后来声名远播，对中国文学产生了深远的影响。

b. 白居易。

白居易（772—846），字乐天，号香山居士，又号醉吟先生，祖籍太原，到其曾祖父时迁居下邽，生于河南新郑。是唐代伟大的现实主义诗人。白居易与元稹共同倡导新乐府运动，世称“元白”，与刘禹锡并称“刘白”。白居易的诗歌题材广泛，形式多样，语言平易通俗，有“诗魔”和“诗王”之称。

③ 代表作。

杜甫共有约 1 500 首诗歌被保留了下来，大多集于《杜工部集》。其中“三吏”（《石壕吏》《新安吏》《潼关吏》）、“三别”（《新婚别》《无家别》《垂老别》）尤其引人注目，对后世影响深远。杜甫作品被称为世上疮痍，诗中圣哲；民间疾苦，笔底波澜。白居易有《白氏长庆集》传世，代表诗作有《长恨歌》《卖炭翁》《琵琶行》等。

（3）山水田园派。

① 特色。

题材多青山白云、幽人隐士；风格多恬静雅淡，富于阴柔之美；形式多五言古诗、五绝、五律。王维具有多种才艺，不同艺术的相互渗透对其诗歌产生了深刻的影响。他以画入诗，使其山水诗形成了富有诗情画意的基本特征。孟浩然的诗歌主要表达隐居闲适、羁旅愁思，诗风清淡自然，以五言古诗见长。

② 代表人物。

a. 王维。

王维（701—761，一说 699—761），唐朝河东蒲州（今山西运城）人，祖籍山西祁县，唐朝著名诗人、画家，字摩诘，号摩诘居士。开元十九年（731），王维状元及第。历官右拾遗、监察御史、河西节度使判官。唐玄宗天宝年间，王维拜吏部郎中、给事中。安禄山攻陷长安时，王维被迫受伪职。长安收复后，被授太子中允。唐肃宗乾元年间任尚书右丞，故世称“王右丞”。

王维参禅悟理，学庄信道，精通诗、书、画、音乐等，以诗名盛于开元、天宝间，尤长五言，多咏山水田园，与孟浩然合称“王孟”，有“诗佛”之称。书画特臻其妙，后人推其为南宗山水画之祖。苏轼评价其：“味摩诘之诗，诗中有画；观摩诘之画，画中有诗。”王诗语言含蓄，清新明快，句式、节奏富于变化，音韵响亮、和谐，具有音乐美。总之，王维的山水诗无论从诗的题材内容，还是诗歌的艺术风采上都对后世诗歌产生了深远的影响。

b. 孟浩然。

孟浩然（689—740），名浩，字浩然，号孟山人，襄州襄阳（现湖北襄阳）人，世称孟襄阳。因他未曾入仕，又称之为孟山人，是唐代著名的山水田园派诗人。

孟浩然生当盛唐，早年有志用世，在仕途困顿、痛苦失望后，尚能自重，不媚俗世，以隐士终身。曾隐居鹿门山。40岁时，游长安，应进士举不第。曾在太学赋诗，名动公卿，一座倾服，为之搁笔。开元二十五年（737）张九龄招致幕府，后隐居。孟诗绝大部分为五言短篇，多写山水田园和隐居的逸兴以及羁旅行役的心情。其中虽不无愤世嫉俗之词，而更多属于诗人的自我表现。在诗歌创作的艺术形式方面，孟浩然也有其独特的见解。他主张诗歌要用形象思维，通过诗的语言塑造形象，通过形象显示诗歌的意旨。读者“弃象忘言”而得意。他在《本阇黎新亭作》诗中写道：“弃象玄应悟，忘言理必该。静中何所得？吟咏也徒哉!”孟浩然借用了佛学和道家哲学中的“弃象忘言”说，提倡诗歌创作的抒情言志、表情达意不必太直露，要有弦外之音，象外之旨。

孟浩然的诗虽不如王维诗境界广阔，但在艺术上有独特的造诣，故后人把孟浩然与王维并称为“王孟”。

③ 代表作。

王维存诗400余首，代表诗作有《相思》《山居秋暝》《九月九日忆山东兄弟》等。著作有《王右丞集》《画学秘诀》。孟浩然有《孟浩然集》三卷传世，是唐代王士源所编，该书共收藏了孟浩然218首诗，代表诗作有《春晓》《过故人庄》《送卢少府使入秦》等。

（4）边塞诗派。

① 特色。

描写战争与战场，或表现保家卫国的英勇精神，或描写雄浑壮美的边塞风光、奇异的风土人情，或描写战争的残酷、军中的黑暗、征戍的艰辛。“雄浑悲壮”是高适的边塞诗的突出特点；“雄奇瑰丽”的浪漫色彩是岑参边塞诗的主要风格；王昌龄诗歌意境开阔，语言圆润蕴藉，音调婉转和谐，耐人寻味，在发情、造景、写意等方面均有很高造诣。

② 代表人物。

a. 高适。

高适（约704—约765），字达夫、仲武，汉族，唐朝渤海郡（今河北景县）人，后迁居宋州宋城（今河南商丘睢阳）。唐代著名的边塞诗人，曾任刑部侍郎、散骑常侍、渤海县候，世称高常侍。高适诗笔力雄健，气势奔放，洋溢着盛唐时期所特有的奋发进取、蓬勃向上的时代精神。开封禹王台五贤祠即专为高适、李白、杜甫、何景明、李梦阳而立。后人又把高适、岑参、王昌龄、王之涣合称“边塞四诗人”。

b. 岑参。

岑参（约 715—770），荆州江陵（现湖北江陵）人，太宗时功臣岑文本重孙，后徙居江陵。岑参早岁孤贫，从兄就读，遍览史籍。唐玄宗天宝三年（744）考取进士，初为率府兵曹参军。后两次从军边塞，先在安西节度使高仙芝幕府掌书记；天宝末年，封常清为安西北庭节度使时，为其幕府判官。代宗时，曾官嘉州刺史（今四川乐山），世称“岑嘉州”。大历五年（770）卒于成都。岑参工诗，长于七言歌行。对边塞风光、军旅生活以及少数民族的文化风俗有亲切的感受，故其边塞诗尤多佳作。风格与高适相近，后人多并称“高岑”。

c. 王昌龄。

王昌龄（698—757），字少伯，河东晋阳（今山西太原）人，一说京兆长安人（今西安）人。盛唐著名边塞诗人，后人誉为“七绝圣手”。王昌龄早年贫苦，30 岁左右进士及第。初任秘书省校书郎，而后又担任博学宏辞、汜水尉，因事被贬岭南。王昌龄与李白、高适、王维、王之涣、岑参等人交往深厚。开元末返长安，改授江宁丞。被谤谪龙标尉。安史乱起，被刺史闾丘晓所杀。其诗以七绝见长，尤以登第之前赴西北边塞所作边塞诗最著，有“诗家夫子王江宁”之誉。

d. 王之涣。

王之涣（688—742），字季凌，绛州（今山西新绛县）人。豪放不羁，常击剑悲歌，其诗多被当时乐工制曲歌唱。名动一时，他常与高适、王昌龄等相唱和，以善于描写边塞风光著称。其代表作有《登鹳雀楼》《凉州词》等。王之涣“慷慨有大略，倜傥有异才”，早年精于文章，并善于写诗，多引为歌词。他尤善五言诗，以描写边塞风光为胜，是浪漫主义诗人。靳能《王之涣墓志铭》称其诗“尝或歌从军，吟出塞，曒兮极关山明月之思，萧兮得易水寒风之声，传乎乐章，布在人口”。

③ 代表作。

高适有《高常侍集》等传世，代表作有《别董大》《燕歌行》《同李员外贺哥舒大夫破九曲之作》等。岑参有《岑参集》十卷，已佚。今有《岑嘉州集》七卷（或为八卷）行世，《全唐诗》编诗四卷，现存诗 360 首。代表作有《白雪歌送武判官归京》《走马川行奉送封大夫出师西征》《轮台歌奉送封大夫出师西征》等。王昌龄有文集六卷，今编诗四卷，代表作有《从军行七首》《出塞》《闺怨》等。王之涣的作品现存仅有 6 首绝句，其中 3 首边塞诗，以《登鹳雀楼》《凉州词》为代表作。章太炎推《凉州词》为“绝句之最”。

3. 作品选诵读及理解

梦游天姥吟留别

李　白

海客谈瀛洲，烟涛微茫信难求。越人语天姥，云霞明灭或可睹。天姥连天向天横，势拔五岳掩赤城。天台四万八千丈，对此欲倒东南倾。我欲因之梦吴越，一夜飞度镜湖月。湖月照我影，送我至剡溪。谢公宿处今尚在，渌水荡漾清猿啼。脚著谢公屐，身登青云梯。半壁见海日，空中闻天鸡。千岩万转路不定，迷花倚石忽已暝。熊咆龙吟殷岩泉，栗深林兮惊层巅。云青青兮欲雨，水澹澹兮生烟。列缺霹雳，丘峦崩摧。洞天石扉，訇然中开。青冥浩荡不见底，日月照耀金银台。霓为衣兮风为马，云之君兮纷纷而来下。虎鼓瑟兮鸾回车，仙之人兮列如麻。忽魂悸以魄动，恍惊起而长嗟。惟觉时之枕席，失向来之烟霞。世间行乐亦如此，古来万事东流水。别君去兮何时还?且放白鹿青崖间，须行即骑访名山。安能摧眉折腰事权贵，使我不得开心颜!

茅屋为秋风所破歌

杜　甫

八月秋高风怒号，卷我屋上三重茅。茅飞渡江洒江郊，高者挂罥长林梢，下者飘转沉塘坳。南村群童欺我老无力，忍能对面为盗贼。公然抱茅入竹去，唇焦口燥呼不得，归来倚杖自叹息。俄顷风定云墨色，秋天漠漠向昏黑。布衾多年冷似铁，娇儿恶卧踏里裂。床头屋漏无干处，雨脚如麻未断绝。自经丧乱少睡眠，长夜沾湿何由彻！安得广厦千万间，大庇天下寒士俱欢颜！风雨不动安如山。呜呼！何时眼前突兀见此屋，吾庐独破受冻死亦足！

长恨歌

白居易

汉皇重色思倾国，御宇多年求不得。杨家有女初长成，养在深闺人未识。
天生丽质难自弃，一朝选在君王侧。回眸一笑百媚生，六宫粉黛无颜色。
春寒赐浴华清池，温泉水滑洗凝脂。侍儿扶起娇无力，始是新承恩泽时。
云鬓花颜金步摇，芙蓉帐暖度春宵。春宵苦短日高起，从此君王不早朝。
承欢侍宴无闲暇，春从春游夜专夜。后宫佳丽三千人，三千宠爱在一身。
金屋妆成娇侍夜，玉楼宴罢醉和春。姊妹弟兄皆列土，可怜光彩生门户。
遂令天下父母心，不重生男重生女。骊宫高处入青云，仙乐风飘处处闻。
缓歌慢舞凝丝竹，尽日君王看不足。渔阳鼙鼓动地来，惊破霓裳羽衣曲。
九重城阙烟尘生，千乘万骑西南行。翠华摇摇行复止，西出都门百余里。

六军不发无奈何，宛转蛾眉马前死。花钿委地无人收，翠翘金雀玉搔头。
君王掩面救不得，回看血泪相和流。黄埃散漫风萧索，云栈萦纡登剑阁。
峨眉山下少人行，旌旗无光日色薄。蜀江水碧蜀山青，圣主朝朝暮暮情。
行宫见月伤心色，夜雨闻铃肠断声。天旋地转回龙驭，到此踌躇不能去。
马嵬坡下泥土中，不见玉颜空死处。君臣相顾尽沾衣，东望都门信马归。
归来池苑皆依旧，太液芙蓉未央柳。芙蓉如面柳如眉，对此如何不泪垂。
春风桃李花开日，秋雨梧桐叶落时。西宫南苑多秋草，落叶满阶红不扫。
梨园弟子白发新，椒房阿监青娥老。夕殿萤飞思悄然，孤灯挑尽未成眠。
迟迟钟鼓初长夜，耿耿星河欲曙天。鸳鸯瓦冷霜华重，翡翠衾寒谁与共。
悠悠生死别经年，魂魄不曾来入梦。临邛道士鸿都客，能以精诚致魂魄。
为感君王辗转思，遂教方士殷勤觅。排空驭气奔如电，升天入地求之遍。
上穷碧落下黄泉，两处茫茫皆不见。忽闻海上有仙山，山在虚无缥渺间。
楼阁玲珑五云起，其中绰约多仙子。中有一人字太真，雪肤花貌参差是。
金阙西厢叩玉扃，转教小玉报双成。闻道汉家天子使，九华帐里梦魂惊。
揽衣推枕起徘徊，珠箔银屏迤逦开。云鬓半偏新睡觉，花冠不整下堂来。
风吹仙袂飘飖举，犹似霓裳羽衣舞。玉容寂寞泪阑干，梨花一枝春带雨。
含情凝睇谢君王，一别音容两渺茫。昭阳殿里恩爱绝，蓬莱宫中日月长。
回头下望人寰处，不见长安见尘雾。惟将旧物表深情，钿合金钗寄将去。
钗留一股合一扇，钗擘黄金合分钿。但教心似金钿坚，天上人间会相见。
临别殷勤重寄词，词中有誓两心知。七月七日长生殿，夜半无人私语时。
在天愿作比翼鸟，在地愿为连理枝。天长地久有时尽，此恨绵绵无绝期。

山居秋暝

王　维

空山新雨后，天气晚来秋。明月松间照，清泉石上流。
竹喧归浣女，莲动下渔舟。随意春芳歇，王孙自可留。

春　晓

孟浩然

春眠不觉晓，处处闻啼鸟。夜来风雨声，花落知多少。

别董大

高　适

千里黄云白日曛，北风吹雁雪纷纷。莫愁前路无知己，天下谁人不识君。

白雪歌送武判官归京

岑　参

北风卷地白草折，胡天八月即飞雪。忽如一夜春风来，千树万树梨花开。
散入珠帘湿罗幕，狐裘不暖锦衾薄。将军角弓不得控，都护铁衣冷难著。
瀚海阑干百丈冰，愁云惨淡万里凝。中军置酒饮归客，胡琴琵琶与羌笛。
纷纷暮雪下辕门，风掣红旗冻不翻。轮台东门送君去，去时雪满天山路。
山回路转不见君，雪上空留马行处。

出　塞

王昌龄

秦时明月汉时关，万里长征人未还。但使龙城飞将在，不教胡马度阴山。

凉州词

王之涣

黄河远上白云间，一片孤城万仞山。羌笛何须怨杨柳，春风不度玉门关。

（二）宋词：另辟蹊径最终媲美唐诗高境

1．宋词概况

宋词是中国宋代盛行的一种文学体裁，标志着宋代文学的最高成就。宋词句子有长有短，便于歌唱。因是合乐的歌词，故又称曲子词、乐府、乐章、长短句、诗余、琴趣等。

它始于南朝梁代，形成于唐代而极盛于宋代。据《旧唐书》上记载："自开元以来，歌者杂用胡夷里巷之曲。"宋词是中国古代文学皇冠上光辉夺目的明珠，在古代中国文学的阆苑里，她是一座芬芳绚丽的园圃。她以姹紫嫣红、千姿百态的神韵，与唐诗争奇，与元曲斗艳，历来与唐诗并称双绝，都代表一代文学之盛。

2．流派特色、代表人物、代表作

（1）婉约派。

① 特色。

婉约派词的内容侧重儿女风情。结构深细缜密，重视音律谐婉，语言圆润，清新绮丽，具有一种柔婉之美。内容比较窄狭。由于长期以来词多趋于宛转柔美，人们便形成了以婉约为正宗的观念。

② 代表人物。

a. 李煜。

李煜（937—978），南唐中主李璟第六子，初名从嘉，字重光，号钟隐、莲峰居士，祖籍彭城（今江苏徐州铜山区），南唐最后一位国君。北宋建隆二年（961），李煜继位，尊宋为正统，岁贡以保平安。开宝四年（971）十月，宋太祖灭南汉，李煜去除唐号，改称“江南国主”；并于次年贬损仪制，撤去金陵（今南京）台殿鸱吻，以示尊奉宋廷。开宝八年（975），宋军攻破金陵，李煜被迫降宋，被俘至汴京（今开封），封为右千牛卫上将军、违命侯。太平兴国三年（978）七月七日，李煜死于汴京，世称南唐后主、李后主。李煜精书法、工绘画、通音律，诗文均有一定造诣，尤以词的成就最高。李煜的词，继承了晚唐以来温庭筠、韦庄等花间派词人的传统，又受李璟、冯延巳等的影响，语言明快、形象生动、用情真挚、风格鲜明，其亡国后词作更是题材广阔，含意深沉，在晚唐五代词中别树一帜，对后世词坛影响深远。

b. 柳永。

柳永（约 984—约 1053），原名三变，字景庄，后改名柳永，字耆卿，因排行第七，又称柳七，福建崇安人，北宋著名词人，婉约派代表人物。柳永出身官宦世家，少时学习诗词，有功名用世之志。咸平五年（1002），柳永离开家乡，流寓杭州、苏州，沉醉于听歌买笑的生活之中。大中祥符元年（1008），柳永进京参加科举，屡试不中，遂一心填词。景祐元年（1034），柳永暮年及第，历任睦州团练推官、余杭县令、晓峰盐监、泗州判官等职，以屯田员外郎致仕，故世称柳屯田。柳永是第一位对宋词进行全面革新的词人，也是两宋词坛上创作词调最多的词人。柳永大力创作慢词，将敷陈其事的赋法移植于词，同时充分运用俚词俗语，以适俗的意象、淋漓尽致的铺叙、平淡无华的白描等独特的艺术手法进行词的创作，对宋词的发展产生了深远影响。

c. 李清照。

李清照（1084—1155），号易安居士，齐州章丘（今山东章丘）人。宋代女词人，婉约词派代表，有“千古第一才女”之称。李清照出身于书香门第，早期生活优裕，其父李格非藏书甚富，她小时候就在良好的家庭环境中打下了坚实的文学基础。出嫁后与夫赵明诚共同致力于书画金石的搜集整理。金兵入据中原时，流寓南方，境遇孤苦。所作词，前期多写其悠闲生活，后期多悲叹身世，情调感伤。形式上善用白描手法，自辟途径，语言清丽。论词强调协律，崇尚典雅，提出词“别是一家”之说，反对以作诗文之法作词。能诗，留存不多，部分篇章感时咏史，情辞慷慨，与其词风不同。

③ 代表作。

陈振孙《直斋书录解题》有《南唐二主词》1 卷，录李煜词 34 首，存世有明万历四十八年墨华斋本，清代邵长光又录得 1 首，近代王国维增加 9 首。李煜词集注本有清人刘继增《南唐二主词笺》，近人唐圭璋《南唐二主词汇笺》、王仲闻《南唐二主词校订》、詹安泰《李璟李煜词》等。代表作有《玉楼春》《乌夜啼》《浪淘沙》

《虞美人》等。柳永代表作有《雨霖铃·寒蝉凄切》《蝶恋花·伫倚危楼风细细》《少年游·长安古道马迟迟》《望海潮·东南形胜》等。李清照有《易安居士文集》《易安词》，已散佚。后人有《漱玉词》辑本，今有《李清照集校注》。代表作有《一剪梅·红藕香残玉簟秋》《声声慢·寻寻觅觅》等。

（2）豪放派。

① 特色。

豪放派的特点，大体是创作视野较为广阔，气象恢宏雄放，喜用诗文的手法、句法和字法写词，语词宏博，用事较多，不拘守音律，北宋黄庭坚、晁补之、贺铸等人都有这类风格的作品。南渡以后，由于时代巨变，悲壮慷慨的高亢之调，蔚然成风，辛弃疾更成为创作豪放词的一代巨擘。豪放词派不但屹然别立一宗，震烁宋代词坛，而且广泛地沾溉词林后学，从宋、金直到清代，历来都有标举豪放旗帜，学习苏东坡、辛弃疾的词人。

② 代表人物。

a. 苏轼。

苏轼（1037—1101），字子瞻，又字和仲，号东坡居士，世称苏东坡、苏仙。北宋眉州眉山（今属四川省眉山市）人，祖籍河北栾城，北宋著名文学家、书法家、画家。苏轼是宋代文学最高成就的代表，并在诗、词、散文、书、画等方面取得了很高的成就。其诗题材广阔，清新豪健，善用夸张比喻，独具风格，与黄庭坚并称“苏黄”；其词开豪放一派，与辛弃疾同是豪放派代表，并称“苏辛”；其散文著述宏富，豪放自如，与欧阳修并称“欧苏”，为“唐宋八大家”之一。苏轼亦善书，为“宋四家”之一；工于画，尤擅墨竹、怪石、枯木等。

b. 辛弃疾。

辛弃疾（1140—1207），原字坦夫，后改字幼安，号稼轩，山东东路济南府历城县（今济南市历城区遥墙镇四凤闸村）人。南宋豪放派词人、将领，有“词中之龙”之称。与苏轼合称“苏辛”，与李清照并称“济南二安”。辛弃疾少年抗金归宋，曾任江西安抚使、福建安抚使等职。著有《美芹十论》《九议》，条陈战守之策。由于与当政的主和派政见不合，后被弹劾落职，退隐山居。开禧北伐前后，相继被起用为绍兴知府、镇江知府、枢密都承旨等职。开禧三年（1207），辛弃疾病逝，年六十八。后赠少师，谥号“忠敏”。辛弃疾一生以恢复为志，却命运多舛、备受排挤、壮志难酬。但他恢复中原的爱国信念始终没有动摇，而是把满腔激情和对国家兴亡、民族命运的关切、忧虑，全部寄寓于词作之中。其词艺术风格多样，以豪放为主，风格沉雄豪迈又不乏细腻柔媚之处。其词题材广阔又善化用典故入词，抒写力图恢复国家统一的爱国热情，倾诉壮志难酬的悲愤，对当时执政者的屈辱求和颇多谴责；也有不少吟咏祖国河山的作品。

③ 代表作。

苏东坡有《东坡七集》《东坡易传》《东坡乐府》等传世，词作代表有《江城子·密州出猎》《江城子·十年生死两茫茫》《水调歌头·明月几时有》《念奴娇·赤壁怀古》等。辛弃疾有词集《稼轩长短句》等传世，现存词600多首，其词多以国家、民族的现实问题为题材，抒发慷慨激昂的爱国之情。如《水龙吟·渡江天马南来》《水调歌头·千里渥洼种》《满江红·鹏翼垂空》等，表现了恢复祖国统一的豪情壮志；《贺新郎·细把君诗说》《菩萨蛮·郁孤台下清江水》《破阵子·为陈同甫赋壮词以寄》等，表现对北方地区的怀念和对抗金斗争的赞扬。《水龙吟·楚天千里清秋》《摸鱼儿·更能消几番风雨》《贺新郎·老大那堪说》《鹧鸪天·壮岁旌旗拥万夫》《永遇乐·千古江山》等，表现对南宋朝廷屈辱苟安的不满和壮志难酬的忧愤。

3．作品选诵读及理解

望海潮·东南形胜

柳　永

东南形胜，三吴都会，钱塘自古繁华。烟柳画桥，风帘翠幕，参差十万人家。云树绕堤沙，怒涛卷霜雪，天堑无涯。市列珠玑，户盈罗绮，竞豪奢。

重湖叠巘清嘉。有三秋桂子，十里荷花。羌管弄晴，菱歌泛夜，嬉嬉钓叟莲娃。千骑拥高牙。乘醉听箫鼓，吟赏烟霞。异日图将好景，归去凤池夸。

一剪梅

李清照

红藕香残玉簟秋。轻解罗裳，独上兰舟。云中谁寄锦书来，雁字回时，月满西楼。花自飘零水自流。一种相思，两处闲愁。此情无计可消除，才下眉头，却上心头。

虞美人·春花秋月何时了

李　煜

春花秋月何时了？往事知多少。小楼昨夜又东风，故国不堪回首月明中。

雕栏玉砌应犹在，只是朱颜改。问君能有几多愁？恰似一江春水向东流。

江城子·密州出猎

苏　轼

老夫聊发少年狂，左牵黄，右擎苍，锦帽貂裘，千骑卷平冈。为报倾城随太守，亲射虎，看孙郎。

酒酣胸胆尚开张。鬓微霜，又何妨！持节云中，何日遣冯唐？会挽雕弓如满月，西北望，射天狼。

破阵子·为陈同甫赋壮词以寄之

辛弃疾

醉里挑灯看剑，梦回吹角连营。八百里分麾下炙，五十弦翻塞外声，沙场秋点兵。马作的卢飞快，弓如霹雳弦惊。了却君王天下事，赢得生前身后名。可怜白发生！

满江红

岳　飞

怒发冲冠，凭栏处，潇潇雨歇。抬望眼、仰天长啸，壮怀激烈。三十功名尘与土，八千里路云和月。莫等闲，白了少年头，空悲切。

靖康耻，犹未雪；臣子恨，何时灭。驾长车，踏破贺兰山缺。壮志饥餐胡虏肉，笑谈渴饮匈奴血。待从头，收拾旧山河，朝天阙。

（三）元曲：中华文化宝库中的一朵奇葩

1. 元曲概况

元杂剧的形成是中国历史上各种表演艺术发展的结果，同时也是时代的产物。元杂剧又称北杂剧、北曲、元曲。元杂剧是在金院本和诸宫调的直接影响之下，融合各种表演艺术形式而成的一种完整的戏剧形式。并在唐宋以来话本、词曲、讲唱文学的基础上创造了成熟的文学剧本。这比之以滑稽取笑为主的参军戏、宋杂剧可说已有了质的变化。作为一种成熟的戏剧，元杂剧在内容上不仅丰富了久已在传统民间传唱的故事，而且广泛地反映了当时的社会现实，成为广大人民群众最喜爱的文艺形式之一。

其内容以揭露社会黑暗，反映人民疾苦为主，现实主义与浪漫主义相结合，主线明确，人物鲜明。其结构上最显著的特色是，四折一楔子和“一人主唱”。杂剧角色分为旦、末、净、杂。旦包括正旦、外旦、小旦、大旦、老旦、搽旦；正旦是歌唱的主要女演员，外旦、贴旦为次要女演员。末包括正末、小末、冲末、副末；正末是歌唱的主要男演员，外末、副末是次要的男演员，冲末是首次上场的男演员。净是性格暴烈的男演员。杂是除以上三类外的演员，有孤（当官）、驾（皇帝）、卜儿（老妇人）、徕儿（小厮）、细酸（读书人）等。主唱元杂剧一般是一人主唱或男、女主角唱，主唱的角色不是正末，就是正旦，正旦主唱称旦本。杂剧的剧本主要由曲词和宾白组成；剧本还规定了主要动作表情和舞台效果，叫作科范，简称为“科”。

2．艺术特色

现实主义与浪漫主义相结合；矛盾集中，情节紧凑，主线突出；人物性格刻画鲜明；语言丰富多彩，具有很强的表现力。

3．代表人物及作品

（1）关汉卿与《窦娥冤》。

关汉卿（约 1234—约 1300），原名不详，字汉卿，号已斋（又作一斋、已斋叟），解州（今山西省运城）人。关汉卿是元杂剧的奠基人，与白朴、马致远、郑光祖并称为“元曲四大家”，关汉卿居四大家之首。关汉卿杂剧不论是取材于现实生活还是取材于历史故事，都热情地歌颂被压迫人民的斗争，多方面揭露了封建社会的黑暗和残酷，使他成为我国戏剧史上伟大的作家。关汉卿现存的杂剧，从思想内容看，大致可分为三类：第一类是歌颂人民的反抗斗争，揭露社会黑暗和统治者的残暴，反映了当时尖锐的阶级矛盾；第二类主要是描写下层妇女的生活和斗争，突出她们在斗争中的勇敢和机智；第三类是歌颂历史英雄。关汉卿杂剧思想内容上的共同特点是对压迫者的深恶痛绝和对被迫害者的深切同情，并通过他们之间的矛盾斗争，突出了人物的坚强性格和战斗精神。关汉卿的代表作品有：《窦娥冤》《单刀会》《拜月亭》《救风尘》《蝴蝶梦》《金线池》《望江亭》《玉镜台》《谢天香》《鲁斋郎》等。其中影响最广泛的是《窦娥冤》。

《窦娥冤》全名《感天动地窦娥冤》，是关汉卿的元杂剧代表作，也是元杂剧悲剧的典范，该剧剧情取材自东汉“东海孝妇”的民间故事。讲述了一位穷书生窦天章为还蔡婆婆借他的银子，不得已将女儿窦娥抵给蔡婆婆做童养媳，没过几年窦娥的夫君早死。适逢蔡婆婆要赛卢医还钱，却险些被赛卢医害死。幸得张驴儿父子相救。那张驴儿要蔡婆婆将窦娥许配给他，窦娥始终未同意。张驴儿就将毒药下在羊肚汤中要毒死蔡婆婆，结果却毒死了其父。张驴儿反咬一口诬告窦娥毒死了其父，昏官桃杌最后做成冤案将窦娥处斩，窦娥临终发下“血染白绫、天降大雪、大旱三年”的誓愿。窦天章最后科场中第荣任高官，回到楚州睡觉时窦娥托梦与他，诉说自己的冤情。最终窦天章为窦娥平冤昭雪。《窦娥冤》是中国著名悲剧之一，是一出具有较高文化价值、广泛群众基础的传统名剧，约有 86 个剧种都改编、演出过此剧。

（2）王实甫和《西厢记》。

王实甫（1260—1336），名德信，大都（今北京）人，祖籍河北保定定兴（今定兴县）。元代著名杂剧作家。王实甫与关汉卿、白朴、马致远齐名，其作品全面地继承了唐诗宋词精美的语言艺术，又吸收了元代民间生动活泼的口头语言，创造了文采璀璨的元曲词汇，成为中国戏曲史上“文采派”的杰出代表。

王实甫著有杂剧十四种，现存《西厢记》《丽春堂》《破窑记》三种。五本二十一折的《西厢记》不仅是他的代表作，而且是元代杂剧创作中优秀的作品之一。

《西厢记》是我国较早的一部以多本杂剧连演一个故事的剧本，描写书生张生在寺庙中遇见崔相国之女崔莺莺，两人产生爱情，通过婢女红娘的帮助，历经坎坷，终于冲破封建礼教束缚而结合的故事，明确地体现了“愿普天下有情的都成了眷属”的主题思想。同情封建叛逆者，揭露了封建礼教对青年自由幸福的摧残，通过他们的美满结合，歌颂了青年男女对爱情的追求以及他们的斗争和胜利。

《西厢记》在艺术上也取得了卓越的成就，它是我国古典戏剧的现实主义杰作，为明清以来的戏剧创作提供了宝贵的经验。在艺术上最突出的成就是根据人物的性格特征，展开了错综复杂的戏剧冲突，完成了莺莺、张生、红娘等艺术形象的塑造。作者善于描摹景物、酝酿气氛，衬托人物的内心活动。通过选择和融化古代诗词里优美的词句和提炼民间生动活泼的口语，熔铸成自然而华美的曲词。《西厢记》中体现出了素朴之美、追求自由的思想，它的曲词华艳优美，富于诗的意境；是我国古典戏剧的现实主义杰作，对后来以爱情为题材的小说、戏剧创作影响很大。

（3）马致远和《汉宫秋》。

马致远（约 1251—约 1321），字千里，晚号东篱，大都（今北京）人，原籍河北省东光县马祠堂村，著名戏曲家、杂剧家，被后人誉为“马神仙”，与关汉卿、郑光祖、白朴并称“元曲四大家”。

马致远从事杂剧创作的时间很长，擅长用叹世超世的形式，虚掩其外，而愤世抗世的内容，则深寓其中。元末明初贾仲明在诗中说：“万花丛中马神仙，百世集中说致远”，“姓名香贯满梨园”。

马致远是元代散曲大家，有“曲状元”之称。其散曲题材领域广、艺术意境高、声调和谐优美、语言疏宕豪爽、词采清朗俊雅而不浓艳，《太和正音谱》评为“马东篱之词，如朝阳鸣凤。其词典雅清丽，可与灵光、景福两相颉颃，有振鬣长鸣、万马皆喑之意。又若神凤飞鸣于九霄，岂可与凡鸟共语哉!宜列群英之上”。

马致远从事杂剧、散曲创作，亦雅亦俗，所作杂剧 15 种，现存 7 种。代表作有：《汉宫秋》《陈抟高卧》《任风子》《荐福碑》《青衫泪》《岳阳楼》《黄粱梦》等，最著名的是《汉宫秋》。

《汉宫秋》全名《破幽梦孤雁汉宫秋》，全剧四折一楔子，为元曲四大悲剧之一。剧本以昭君出塞故事为题材。写西汉元帝受匈奴威胁，被迫送王昭君出塞和亲的故事。汉元帝因后宫寂寞，听从毛延寿建议，让他到民间选美。王昭君美貌异常，但因不肯贿赂毛延寿，被他在美人图上点上破绽，因此入宫后独处冷宫。汉元帝深夜偶然听到昭君弹琵琶，爱其美色，将她封为明妃，又要将毛延寿斩首。毛延寿逃至匈奴，将昭君画像献给呼韩邪单于，让他向汉王索要昭君为妻。元帝舍不得昭君和番，但满朝文武怯懦自私，无力抵挡匈奴大军入侵，昭君为免刀兵之灾自愿前往，元帝忍痛送行。单于得到昭君后大喜，率兵北去，昭君不舍故国，在汉番交界投水而死。单于为避免汉朝寻事，将毛延寿送还汉朝处治。汉元帝夜间梦见昭君而惊醒，又听到孤雁哀鸣，伤痛不已，后将毛延寿斩首以祭奠昭君。作品通过汉元帝对文武大臣的谴责和自我叹息来剖析这次事件。作为一国之主，他连自己的妃子也不能保护，以致演成一幕生离死别的悲剧。

作者虽然写到君臣、民族之间的矛盾，但着重抒写的，却是家国衰败之痛，是在乱世中失去美好生活而生发的那种困惑、悲凉的人生感受，表现了爱国主义的思想倾向。

（4）郑光祖和《倩女离魂》。

郑光祖（1264—?），字德辉，元代著名的杂剧家和散曲家，平阳襄陵（今山西临汾市襄汾县）人。郑光祖从小就受到戏剧艺术的熏陶，青年时期置身于杂剧活动，享有盛誉。但他做过杭州的小吏，主要活动在南方，成为南方戏剧圈中的巨擘。所作杂剧在当时“名闻天下，声振闺阁”。元代周德清在《中原音韵》中激赏郑光祖的文词，将他与关汉卿、马致远、白朴并列，后人合称为“元曲四大家”。所作杂剧可考者 18 种，现存《周公摄政》《王粲登楼》《翰林风月》《倩女离魂》《无盐破连环》《伊尹扶汤》《老君堂》《三战吕布》等 8 种。其中，《倩女离魂》最著名。

《倩女离魂》是郑光祖的代表作。剧本以唐朝陈玄祐的《离魂记》小说为素材。秀才王文举与倩女指腹为婚，王文举不幸父母早亡，倩女之母遂有悔约的打算，借口只有王文举得了进士之后才能成婚，想赖掉这门婚事。不料倩女却十分忠实于爱情，就在王文举赴京应试，与倩女柳亭相别之后，由于思念王文举，倩女的魂魄便离了原身，追随王文举一起奔赴京城。而王文举却不知是倩女的魂魄与他在一起，还以为倩女本人同他一起赴京。因此，当他状元及第三年后，准备从京城启程赴官，顺便打道去探望岳母，便先修书一封告知倩女的父母，王文举偕同倩女魂魄来到了倩女身边，魂魄与身体又合一，一对恩爱夫妻得到团圆。全剧集中刻画了倩女追求婚姻自主、忠贞于爱情的形象和性格。在婚姻上，决不轻易任人摆布。当她的母亲想要悔约，要她与王文举兄妹相称时，她便一眼看穿了母亲的用意，表示了坚决的反对。当倩女的魂魄离开真身，追随王文举一起赴京路上，王文举以为倩女本人奔来，先是说怕倩女的母亲知道，劝她回去，倩女果敢地说：“他若是赶上咱，待怎样？常言道，做着不怕!”王文举劝阻行不通，使用礼教来教训她，说什么“聘则为妻，奔则为妾”，说她“私自赶来，有玷风化”。倩女更坚定地说：“你振色怒增加，我凝睇不归家。我本真情，非为相谑，已主定心猿意马。”表现了她对封建礼教的反抗和鄙视。郑光祖在《倩女离魂》一剧中，成功地塑造了一个对爱情忠贞不渝、感情真挚热烈的少女形象，因而使这一剧堪与《西厢记》相媲美。也正因此，郑光祖得以“名香天下，声振闺阁”。

（5）白朴和《梧桐雨》。

白朴（1226—约1306），原名恒，字仁甫，后改名朴，字太素，号兰谷。祖籍隩州（今山西河曲），汴梁（今河南开封）人，晚岁寓居金陵（今江苏南京），终身未仕。他是元代著名的杂剧作家，与关汉卿、马致远、郑光祖并称为“元曲四大家”。代表作主要有《梧桐雨》《墙头马上》《东墙记》等，最著名的是《梧桐雨》。

《梧桐雨》，全名《唐明皇秋夜梧桐雨》，是中国十大古典悲剧之一，白朴杂剧代表作。取材于唐人陈鸿《长恨歌传》，剧名取自白居易《长恨歌》“秋雨梧桐叶落时”诗句。

剧写唐明皇李隆基与杨贵妃的故事，描写安史之乱前后唐明皇与杨贵妃爱情的悲欢离合。共四折一楔子。安禄山有一次未能完成军令，幽州节度使张守圭本欲将他斩首，惜其骁勇，将他押至京城问罪。丞相张九龄奏请明皇杀掉安禄山，明皇不从，反而召见授官。此时贵妃正受宠幸，奉明皇命收安禄山为义子，赐洗儿钱。后来安禄山因与杨国忠不和，出京任范阳节度使。七月七日，贵妃与明皇在长生殿欢宴。明皇将金钗钿盒赐给贵妃，酒酣之际，二人深感牛郎织女的坚贞，对星盟誓，愿生生世世为夫妇。好景不长，天宝十四年（755），贵妃正在品尝她喜爱的荔枝，安禄山谋反的消息传到，明皇携贵妃仓皇入蜀。驻扎马嵬驿时，军队起了骚乱。龙武将军陈玄礼请明皇诛杀祸国殃民的杨国忠，明皇依言而行。但军队仍不肯前进，陈玄礼又请诛媚惑君王的杨贵妃。明皇无奈，令高力士将杨贵妃带到佛堂中，由她自尽。这样，军队得到了安抚，继续保护明皇逃亡。肃宗收复京都后，太上皇（明皇）闲居西宫，与悬挂的贵妃像朝夕相对，追念不已。一夜，明皇正在梦中与贵妃相见，却被梧桐雨惊醒。他追思往日与贵妃欢爱情景，惆怅万分。全剧结构层次井然，诗意浓厚。

4. 作品选诵读及理解

窦娥冤（第三折）

（外扮监斩官上，云）下官监斩官是也。今日处决犯人，着做公的把住巷口，休放往来人闲走。（净扮公人鼓三通、锣三下科，刽子磨旗、提刀，押正旦带枷上）（刽子云）行动些，行动些，监斩官去法场上多时了！（旦唱）

【正宫·端正好】没来由犯王法，不提防遭刑宪，叫声屈动地惊天。顷刻间游魂先赴森罗殿，怎不将天地也生埋怨？

【滚绣球】有日月朝暮悬，有鬼神掌着生死权。天地也，只合把清浊分辨，可怎生糊涂了盗跖、颜渊？为善的受贫穷更命短，造恶的享富贵又寿延。天地也！做得个怕硬欺软，却原来也这般顺水推船。地也，你不分好歹何为地？天也，你错勘贤愚枉做天！哎，只落得两泪涟涟。

（刽子云）快行动些，误了时辰也。（旦唱）

【倘秀才】则被这枷扭的我左侧右偏，人拥的我前合后偃，我窦娥向哥哥行有句言。（剑子）你有甚么话说？（正旦唱）前街里去心怀恨，后街里去死无冤，休推辞路远。

（剑子）你如今到法场上面，有甚么亲眷要见的。可教他过来，见你一面也好。（旦唱）

【叨叨令】可怜我孤身只影无亲眷，则落的吞声忍气空嗟怨。（剑子云）难道你爷娘家也没的？（正旦云）止有个爹爹，十三年前上朝取应去了，至今杳无音信。（唱）早已是十年多不睹爹爹面。（剑子云）你适才要我往后街里去，是甚么主意？（正旦唱）怕则怕前街里被我婆婆见。（剑子云）你的性命也顾不得，怕他见怎的？（正旦云）俺婆婆若见我披枷带锁赴法场餐刀去呵，（唱）枉将他气杀也么哥，枉将他气杀也么哥！告哥哥，临危好与人行方便。

（卜儿哭上科，云）天那，兀的不是我媳妇儿！（剑子云）婆子靠后！（正旦云）既是俺婆婆来了，叫他来，待我嘱付他几句话咱。（剑子云）那婆子，近前来，你媳妇要嘱付你话哩。（卜儿云）孩儿，痛杀我也！（正旦云）婆婆，那张驴儿把毒药在羊肚儿汤里，实指望药死了你。要霸占我为妻。不想婆婆让与他老子吃，倒把他老子药死了。我怕连累婆婆，屈招了药死公公，今日赴法场典刑。婆婆，此后遇着冬时年节，月一十五，有瀽不了的浆水饭，瀽半碗儿与我吃；烧不了的纸钱，与窦娥烧一陌儿。则是看你死的孩儿面上！（唱）

【快活三】念窦娥葫芦提当罪愆，念窦娥身首不完全，念窦娥从前已往干家缘。婆婆也，你只看窦娥少爷无娘面。

【鲍老儿】念窦娥伏侍婆婆这几年，遇时节将碗凉浆奠；你去那受刑法尸骸上烈些纸钱，只当把你亡化的孩儿荐。（卜儿哭科，云）孩儿放心，这个老身都记得。天那，兀的不痛杀我也！（正旦唱）婆婆也，再也不要啼啼哭哭，烦烦恼恼，怨气冲天。这都是我做窦娥的没时没运，不明不暗，负屈衔冤。

（剑子做喝科，云）兀那婆子靠后，时辰到了也。（正旦跪科）（剑子开枷科）（正旦云）窦娥告监斩大人，有一事肯依窦娥，便死而无怨。（监斩官云）你有甚么事？你说。（正旦云）要一领净席，等我窦娥站立；又要丈二白练，挂在旗枪上：若是我窦娥委实冤枉，刀过处头落，一腔热血休半点儿沾在地下，都飞在白练上者。（监斩官云）这个就依你，打甚么不紧。（剑子做取席站科，又取白练挂旗上科）（正旦唱）

【耍孩儿】不是我窦娥罚下这等无头愿，委实的冤情不浅；若没些儿灵圣与世人传，也不见得湛湛青天。我不要半星热血红尘洒，都只在八尺旗枪素练悬。等他四下里皆瞧见，这就是咱苌弘化碧，望帝啼鹃。

（剑子云）你还有甚的说话，此时不对监斩大人说，几时说那？（正旦再跪科，云）大人，如今是三伏天道，若窦娥委实冤枉，身死之后，天降三尺瑞雪，遮掩了窦娥尸首。（监斩官云）这等三伏天道，你便有冲天的怨气，也召不得一片雪来，可不胡说！（正旦唱）

【二煞】你道是暑气暄，不是那下雪天；岂不闻飞霜六月因邹衍？若果有一腔怨气喷如火，定要感的六出冰花滚似锦，免着我尸骸现；要什么素车白马，断送出古陌荒阡？

（正旦再跪科，云）大人，我窦娥死的委实冤枉，从今以后，着这楚州亢旱三年！（监斩官云）打嘴！那有这等说话！（正旦唱）

【一煞】你道是天公不可期，人心不可怜，不知皇天也肯从人愿。做甚么三年不见甘霖降？也只为东海曾经孝妇冤。如今轮到你山阳县。这都是官吏每无心正法，使百姓有口难言！

（刽子做磨旗科，云）怎么这一会儿天色阴了也？（内做风科，刽子云）好冷风也！（正旦唱）

【煞尾】浮云为我阴，悲风为我旋，三桩儿誓愿明题遍。（做哭科，云）婆婆也，直等待雪飞六月，亢旱三年呵，（唱）那其间才把你屈死的冤魂这窦娥显！

（刽子做开刀，正旦倒科）（监斩官惊云）呀，真个下雪了，有这等异事！（刽子云）我也道平日杀人，满地都是鲜血，这个窦娥的血都飞在那丈二白练上，并无半点落地，委实奇怪。（监斩官云）这死罪必有冤枉。早两桩儿应验了。不知亢旱三年的说话，准也不准？且看后来如何。左右，也不必等待雪晴，便与我抬他尸首，还了那蔡婆婆去罢。（众应科，抬尸下）

草桥店梦莺莺（第四本）第三折

（夫人、长老上，云）今日送张生赴京，十里长亭，安排下筵席。我和长老先行，不见张生、小姐来到。（旦、末、红同上）（旦云）今日送张生上朝取应，早是离人伤感，况值那暮秋天气，好烦恼人也呵！悲欢聚散一杯酒，南北东西万里程。

【正宫】【端正好】碧云天，黄花地，西风紧，北雁南飞。晓来谁染霜林醉？总是离人泪。

【滚绣球】恨相见得迟，怨归去得疾。柳丝长玉骢难系，恨不倩疏林挂住斜晖。马儿迍迍的行，车儿快快的随，却告了相思回避，破题儿又早别离。听得道一声去也，松了金钏；遥望见十里长亭，减了玉肌：此恨谁知？

（红云）姐姐今日怎么不打扮？（旦云）你那知我的心里呵？

【叨叨令】见安排着车儿、马儿，不由人熬熬煎煎的气；有甚么心情花儿、靥儿，打扮得娇娇滴滴的媚；准备着被儿、枕儿，只索昏昏沉沉的睡；从今后衫儿、袖儿，都揾做重重叠叠的泪。兀的不闷杀人也么哥！兀的不闷杀人也么哥！久已后书儿、信儿，索与我凄凄惶惶的寄。

（做到）（见夫人科）（夫人云）张生和长老坐，小姐这壁坐，红娘将酒来。张生，你向前来，是自家亲眷，不要回避。俺今日将莺莺与你，到京师休辱没了俺孩儿，挣揣一个状元回来者。（末云）小生托夫人余荫，凭着胸

中之才，视官如拾芥耳。（洁云）夫人主见不差，张生不是落后的人。（把酒了，坐）（旦长吁科）

【脱布衫】下西风黄叶纷飞，染寒烟衰草萋迷。酒席上斜签着坐的，蹙愁眉死临侵地。

【小梁州】我见他阁泪汪汪不敢垂，恐怕人知；猛然见了把头低，长呼气，推整素罗衣。

【么篇】虽然久后成佳配，奈时间怎不悲啼。意似痴，心如醉，昨宵今日，清减了小腰围。

（夫人云）小姐把盏者！（红递酒，旦把盏长呼科，云）请吃酒！

【上小楼】合欢未已，离愁相继。想着俺前暮私情。昨夜成亲，今日别离。我谂知这几日相思滋味，却原来比别离情更增十倍。

【么篇】年少呵轻远别，情薄呵易弃掷。全不想腿儿相挨，脸儿相偎，手儿相携。你与俺崔相国做女婿，妻荣夫贵，但得一个并头莲，煞强如状元及第。

（夫人云）红娘把盏者！（红把酒科）（旦唱）

【满庭芳】供食太急，须臾对面，顷刻别离。若不是酒席间子母每当回避，有心待与他举案齐眉。虽然是厮守得一时半刻，也合着俺夫妻每共桌而食。眼底空留意，寻思起就里，险化做望夫石。

（红云）姐姐不曾吃早饭，饮一口儿汤水。（旦云）红娘，甚么汤水咽得下！

【快活三】将来的酒共食，尝着似土和泥。假若便是土和泥，也有些土气息，泥滋味。

【朝天子】暖溶溶玉醅，白泠泠似水，多半是相思泪。眼面前茶饭怕不待要吃，恨塞满愁肠胃。“蜗角虚名，蝇头微利”，拆鸳鸯在两下里。一个这壁，一个那壁，一递一声长吁气。

（大人云）辆起车儿，俺先回去，小姐随后和红娘来。（下）

（末辞洁科）（洁云）此一行别无话儿，贫僧准备买登科录看，做亲的茶饭少不得贫僧的。先生在意，鞍马上保重者！从今经忏无心礼，专听春雷第一声。（下）（旦唱）

【四边静】霎时间杯盘狼藉，车儿投东，马儿向西，两意徘徊，落日山横翠。知他今宵宿在那里？有梦也难寻觅。

张生，此一行得官不得官，疾便回来。（末云）小生这一去白夺一个状元，正是“青霄有路终须到，金榜无名誓不归”。（旦云）君行别无所赠，口占一绝，为君送行：“弃掷今何在，当时且自亲。还将旧来意，怜取眼前人。”（末云）小姐之意差矣，张珙更敢怜谁？谨赓一绝，以剖寸心：“人生长远别，孰与最关亲？不遇知音者，谁怜长叹人？”（旦唱）

【耍孩儿】淋漓襟袖啼红泪，比司马青衫更湿。伯劳东去燕西飞，未登程先问归期。虽然眼底人千里，且尽生前酒一杯。未饮心先醉，眼中流血，心里成灰。

【五煞】到京师服水土，趁程途节饮食，顺时自保揣身体。荒村雨露宜眠早，野店风霜要起迟!鞍马秋风里，最难调护，最要扶持。

【四煞】这忧愁诉与谁?相思只自知，老天不管人憔悴。泪添九曲黄河溢，恨压三峰华岳低。到晚来闷把西楼倚，见了些夕阳古道，衰柳长堤。

【三煞】笑吟吟一处来，哭啼啼独自归。归家若到罗帏里，昨宵个绣衾香暖留春住，今夜个翠被生寒有梦知。留恋你别无意，见据鞍上马，阁不住泪眼愁眉。

（末云）有甚言语嘱咐小生咱?（旦唱）

【二煞】你休忧“文齐福不齐”，我则怕你“停妻再娶妻”。休要“一春鱼雁无消息”!我这里青鸾有信频须寄，你却休“金榜无名誓不归”。此一节君须记，若见了那异乡花草，再休似此处栖迟。

（末云）再谁似小姐？小生又生此念。（旦唱）

【一煞】青山隔送行，疏林不做美，淡烟暮霭相遮蔽。夕阳古道无人语，禾黍秋风听马嘶。我为甚么懒上车儿内，来时甚急，去后何迟?

（红云）夫人去好一会，姐姐，咱家去!（旦唱）

【收尾】四围山色中，一鞭残照里。遍人间烦恼填胸臆，量这些大小车儿如何载得起?

（旦、红下）（末云）仆童赶早行一程儿，早寻个宿处。泪随流水急，愁逐野云飞。（下）

（四）明清小说：让传统文化走进了千家万户

1. 明清小说概况

明清是中国小说的繁荣时期。从明代开始，小说这种文学形式充分显示出其社会作用和文学价值，打破了正统诗文的垄断，在文学史上，取得与唐诗、宋词、元曲并列的地位。这个时代的小说从思想内涵和题材表现上来说，最大限度地包容了传统文化的精华，而且经过世俗化的图解后，传统文化竟以可感的形象和动人的故事走进了千家万户。

小说是伴随城市商业经济的繁荣而发展起来的。宋代前后，手工业和商业的发展带来了都市的繁荣，为民间说唱艺术的发展提供了场所和观众，不断扩大的市民阶层对文化娱乐的需求又大大地刺激了这种发展，从而产生出新的文学样式——话本。话本是说话人所用的底本，有讲史、小说、公案、灵怪等不同家数，已初具小说规模，在以后的流传过程中又不断加入新的创作，逐渐成熟。明代经济的发展和印刷业的发达，为小说脱离民间口头创作进入文人书面创作，提供了物质条件。明代中叶，白话小说作为成熟的文学形式正式登上文坛。

2. 长篇小说的类型

长篇小说按题材和思想内容，又可概分为五类，即历史演义小说、英雄传奇小说、神魔小说、世情小说和公案小说等。

（1）历史演义小说。

它是由宋元说话艺术中的讲史一类发展而来的。历史演义以一朝一代的历史事实作基础，吸取野史杂说和民间传说的内容，敷演扩大而成。“七分事实，三分虚构”是其特点。元末明初罗贯中的《三国演义》是最典型的历史演义小说，也是中国的第一部历史演义小说，代表了历史演义小说的辉煌成就。在它的影响下，历史演义大量出现，内容差不多从远古传说时代到汉晋唐宋。较著名的有《列国志传》《全汉志传》《唐书志传通俗演义》等，其中以冯梦龙改编的《新列国志》成就较高，影响也较大。

（2）英雄传奇小说。

它也是在宋元讲史的基础上发展起来的，它与历史演义小说的不同之处在于它不拘泥于一朝一代的历史事件的演变，而是以描写理想化的传奇式英雄人物为主，虚构的成分较多。明初施耐庵《水浒传》是代表作品，标志着中国古典小说现实主义艺术趋于成熟。明中叶以后，产生了不少英雄传奇小说，较著名的是万历年间熊大木所著的《北宋志传》和无名氏所作的《杨家府演义》。此外，郭勋的《皇明英烈传》和袁于令的《隋史遗文》也是明后期影响较大的英雄传奇作品。

（3）神魔小说。

这类小说在不同程度上受到宗教的影响，内容涉及鬼神魔怪，充满奇异的幻想。吴承恩的《西游记》是神魔小说中最优秀的一部。《西游记》也是在宋元说话艺术和民间传说的基础上由文人作家加工创作而成的。此外，许仲琳所著的《封神演义》是影响较大的一部。罗懋登的《三宝太监西洋记通俗演义》、董说的《西游补》等也流传较广。

（4）世情小说。

它是以社会现实生活，尤其是家庭生活为题材，刻画种种世态人情的小说。以《金瓶梅》为代表。《金瓶梅》是中国第一部文人独立创作的长篇小说，它开始摆脱了历史故事、历史传说对小说创作的束缚，转向现实题材，开始对日常生活做细致的描写，这在中国小说发展史上有着重要的意义。《金瓶梅》之后，世情小说表现出两种倾向：一种是在世情描绘中宣扬因果报应思想，如成书于明末西周生所著的《醒世姻缘传》等。另一种则演化为才子佳人小说，如成书于明末清初的《玉娇梨》《好逑传》等。到了清朝乾隆年间产生的《红楼梦》，把世情小说的创作推向顶峰。

（5）公案小说。

明后期描写冤狱诉讼的公案小说兴起，是社会黑暗、政治腐败的反映。较著名的公案小说有李春芳的《海刚峰先生居官公案传》和无名氏的《包孝肃公百家公案演义》等。这类小说在歌颂清官的同时，也在一定程度上反映了当时社会政治的黑暗和阶级矛盾的尖锐。这一时期的公案小说一般都追求故事情节的离奇曲折而忽视人物性格的着力刻画，艺术上显得粗糙。

3. 代表人物与作品

（1）罗贯中与《三国演义》。

罗贯中（约1330—约1400），名本，字贯中，号湖海散人，山西并州太原人，元末明初著名小说家、戏曲家，是中国章回小说的鼻祖，代表作《三国志通俗演义》（简称《三国演义》）。其他主要作品有《隋唐两朝志传》《残唐五代史演义》《三遂平妖传》。《三国演义》是罗贯中的力作，这部长篇小说对后世文学创作影响深远。除小说创作外，尚存杂剧《赵太祖龙虎风云会》。罗贯中十四岁时母亲病故，于是辍学随父亲去苏州、杭州一带做生意。元朝末年，天下大乱，群雄并起，他也曾参与其中。“有志图王”的罗贯中在苏州结识施耐庵，以师徒相称，两人一同参加位于平江（即苏州）的张士诚反元起义政权，做过一段时间幕僚后离开。曾与朱元璋为敌，在明朝建立之后，罗贯中放弃读书人步入官场的机会，创作《残唐五代史演义传》《隋唐两朝志传》等著作。

罗贯中被称为中国章回小说的鼻祖，他的章回小说特色是分章叙事，分回标目，每回故事相对独立，段落整齐，但又前后勾连、首尾相接，将全书构成统一的整体。且已经分卷分目，目录文字也很讲究。他的作品文学特点主要表现在：成书过程从历代集体编著过渡到个人独创；创作意识从借史演义、寓言寄托到面对现实、关注人生；表现题材从着眼于兴废争战等国家大事到注目于日常生活、家庭琐事；描写的人物从非凡的英雄怪杰到寻常的平民百姓；塑造的典型从突出特征性的性格到用多色、动感的笔触去刻画人物的个性；情节结构从线性的流动到网状的交叉；小说的语言从半文半白，到口语化、方言化……都足以说明罗贯中的章回小说在中国的小说史上所取得的巨大成就。这也为明代中后期的白话短篇小说出现鼎盛的局面、发展得更为精致奠定了厚实的基础。《三国演义》的出现，标志着中国古代小说从“话本”阶段向长篇章回体过渡的完成，揭开了中国小说发展历史崭新的一页。

《三国演义》描写了从东汉末年到西晋初年之间近105年的历史风云，以描写战争为主，反映了东汉末年的群雄割据混战和魏、蜀、吴三国之间的政治和军事斗争以及最终司马炎一统三国、建立晋朝的故事，反映了三国时代各类社会斗争与矛盾的转化，并概括了这一时代的历史巨变，并且通过情节曲折而新奇、语言个性化而凝练、矛盾冲突峰回路转等艺术手段塑造了一批叱咤风云的三国英雄人物。这些光芒四射的典型人物，几百年来都活跃在中国的舞台上，印在中国老百姓的心坎里。

罗贯中的艺术造诣，首先得益于他对历史资料的谙熟、对历史人物的深刻了解。

他吸收了陈寿《三国志》的长处，提炼了民间话本《说三分》的精华，收集了数以百计的大小故事。他对成百上千的帝王将相谋臣武夫的姓名、性格特征，甚至不少人物的社会关系、历史命运和仕途风云，都了如指掌。这一翻广采博纳、熟记活用的功夫，是罗贯中将一百年历史尽收眼底、聚整世纪风云于笔端的底气所在。

罗贯中最善于写战争，《三国演义》中的上百场战争都写得各具特色，无一重复。赤壁之战，尤其写得精彩。赤壁之战的第一个特色是两国开战，三方参与；既有大量的军事活动，又有大量的外交活动，将三国时期的主要谋臣战将都引入这些活动之中。第二个特色是推进和解决矛盾的方法是以斗智、伐谋为主，而不是以交锋为主。作品中大量描写和记叙的是文战而不是武战。第三个特色是时代特征，赤壁之战之前是诸多军阀混战时期，而赤壁之战的一把火，烧出了半个世纪的三国鼎立的历史。第四个特色是地理特征，曹操、孙权双方，中间横着一条长江，这条长江上垂高天，下接厚地，渺乎苍苍，浩乎无际，或大雾迷天，或惊涛拍岸。于是作战双方，都围绕这一条大江大做文章。这条大江的阴晴变化，时刻都影响着作战双方的战略战术。第五个特色是多重矛盾相互交叉，既有敌我之间的矛盾如曹操要灭孙权，又有盟军内部的矛盾如周瑜要杀诸葛亮。第六个特征是：矛盾斗争的结果出人意料：最强者败，最弱者胜；兵最多者败得最惨，兵最少者获利最大。

正是历史风云的壮阔使命及人物在风云突变的战争中的英雄气概深深吸引着古今众多读者，激励着一代又一代的中华儿女建功立业，为中华民族的繁荣昌盛而奋不顾身。

《三国演义》是一部历史小说，作品吸收了传记文学的语言成就，并加以适当的通俗化，“文不甚深，言不甚俗”，雅俗共赏，具有简洁、明快而又生动的特色。它在中国文学史、特别是小说发展史上是一个重要的里程碑。

（2）施耐庵与《水浒传》。

施耐庵（约 1296—约 1370），原名彦端，字肇瑞，号子安，别号耐庵。泰州兴化人，祖籍苏州，舟人之子，生于兴化白驹镇（今盐城市大丰区），13 岁入私塾，19 岁中秀才，29 岁中举人，36 岁中进士。36 岁至 40 岁之间官钱塘二载，后与当道不合，复归苏州。至正十六年（1356）六十岁，张士诚据苏，征聘不应；与张士诚部将卞元亨相友善，后流寓江阴，在祝塘镇教书。71 岁或 72 岁迁兴化，旋迁白驹场、施家桥。朱元璋屡征不应，最后居淮安卒，终年 74 岁。

《水浒传》是一部以北宋末年宋江起义为主要故事背景，类型上属于英雄传奇的章回体长篇小说。全书通过描写梁山好汉反抗欺压、水泊梁山壮大和投降朝廷以及投降朝廷后镇压田虎、王庆、方腊等各路反抗宋朝政府的政治势力，最终走向悲惨失败的宏大故事，艺术地反映了中国历史上宋江起义从发生、发展直至失败的全过程，深刻揭示了起义的社会根源，满腔热情地歌颂了起义英雄的反抗斗争和他们的社会理想，也具体揭示了起义失败的内在历史原因。

《水浒传》的艺术成就，最突出地显示在英雄人物的塑造上。全书宏大的历史主题，主要是通过对起义英雄的歌颂和对他们斗争的描绘来表现的。因而英雄形象塑造的成功，是作品具有光辉艺术生命的重要因素。在《水浒传》中，至少出现了一二十个个性鲜明的典型形象，这些形象有血有肉，栩栩如生，跃然纸上。

（3）吴承恩与《西游记》。

吴承恩（约1500—1583），男，字汝忠，号射阳。汉族，淮安府山阳县人。祖籍安徽，以祖先聚居枞阳高甸，故称高甸吴氏。中国明代杰出的小说家，是《西游记》的作者。自幼敏慧，博览群书，尤喜爱神话故事。吴承恩喜读稗官野史、志怪小说，"尝爱唐人如牛奇章、段柯古辈所著传记，善模写物情，每欲作一书对之"，爱看神仙鬼怪、狐妖猴精之类的书籍，如《百怪录》《酉阳杂俎》之类的小说或野史。官场的失意、生活的困顿，加深了他对封建科举制度、黑暗社会现实的认识，促使他运用志怪小说的形式来表达内心的不满和愤懑。他自言："虽然吾书名为志怪，盖不专明鬼，实记人间变异，亦微有鉴戒寓焉。"30岁后，他搜求的奇闻已"贮满胸中"，并且有了创作的打算。宦海沉浮，看不惯官场的黑暗，不久愤而辞官，50岁左右，他写了《西游记》的前十几回，后来因故中断了多年，直到晚年辞官离任回到故里，才得以正式创作《西游记》。

《西游记》取材于《大唐西域记》和民间传说、元杂剧。宋代《大唐三藏取经诗话》（本名《大唐三藏取经记》）是西游记故事见于说话文字的雏形，其中，唐僧就是以玄奘法师为原型的。作为中国古代第一部浪漫主义长篇神魔小说，是魔幻现实主义的开创作品。先写了孙悟空出世，然后遇见了唐僧、猪八戒和沙和尚三人，唐僧从投胎到取经受了九九八十一难，终于到达西天见到如来佛祖，最终五圣成真。《西游记》以整整七回"大闹天宫"的故事开始，突出了全书战斗性的主题，同时把孙悟空的形象提到全书首要的地位。孙悟空是全书中最光辉的形象，"大闹天宫"突出他热爱自由、勇于反抗的品格，"西天取经"彰显他见恶必除、除恶务尽的精神。《西游记》所描写的幻想世界和神话人物，大都有现实生活作基础，同时在神奇的形态下体现了作家与人民的某些美好愿望，寄寓了广大人民反抗恶势力，要求战胜自然、克服困难的乐观精神，相当曲折地反映了封建时代的社会现实。

《西游记》是我国文学史上一部最杰出的充满奇思异想的神魔小说。作者吴承恩运用浪漫主义手法，插上无比丰富的想象的翅膀，描绘了一个色彩缤纷、神奇瑰丽的幻想世界，创造了一系列妙趣横生、引人入胜的神话故事，成功地塑造了孙悟空这个超凡入圣的理想化的英雄形象。在奇幻世界中曲折地反映出世态人情和世俗情怀，表现了鲜活的人间智慧，具有丰满的现实血肉和浓郁的生活气息。《西游记》以它独特的思想和艺术魅力，把读者带进了美丽的艺术殿堂，让读者感受其艺术魅力。

（4）曹雪芹与《红楼梦》。

曹雪芹（约1715—约1763），名沾，字梦阮，号雪芹，又号芹溪、芹圃，祖籍辽宁铁岭，生于江宁（今南京），曹雪芹出身清代内务府正白旗包衣世家，他是江宁织造曹寅之孙，曹頫之子（一说曹颙之子）。

曹雪芹早年在南京江宁织造府亲历了一段锦衣纨绔、富贵风流的生活。曾祖父曹玺任江宁织造；曾祖母孙氏做过康熙帝的保姆；祖父曹寅做过康熙帝的伴读和御前侍卫，后任江宁织造，兼任两淮巡盐监察御史，极受康熙宠信。雍正六年（1728），曹家因亏空获罪被抄家，曹雪芹随家人迁回北京老宅。曹家从此一蹶不振，日渐衰微。经历了生活中的重大转折，曹雪芹深感世态炎凉，对封建社会有了更清醒、更深刻的认识。他蔑视权贵，远离官场，过着贫困如洗的艰难日子。曹雪芹素性放达，爱好广泛，对金石、诗书、绘画、园林、中医、织补、工艺、饮食等均有研究。他以坚韧不拔的毅力，历经多年艰辛，终于创作出极具思想性、艺术性的伟大作品——《红楼梦》。晚年，曹雪芹移居北京西郊。生活更加穷苦，"满径蓬蒿"，"举家食粥酒常赊"。乾隆二十七年（1762），幼子夭亡，他陷于过度的忧伤和悲痛，卧床不起。乾隆二十八年（1763），因贫病无医而逝。

曹雪芹创作的《红楼梦》通过对"贾、史、王、薛"四大家族的繁荣与衰败的描写，展示了广阔的社会生活视野，囊括了多姿多彩的世俗人情，规模宏大、结构严谨、情节复杂、描写生动，塑造了480多个具有典型性格的艺术形象，堪称中国古代长篇小说的高峰，在世界文学史上占有重要地位。曹雪芹为中华民族、为世界人民留下了宝贵的文化遗产和精神财富，不仅对后世作家的创作影响深远，而且在绘画、影视、动漫、网游等领域产生了大量优秀衍生作品，学术界、社会上围绕《红楼梦》作者、版本、文本、本事等方面的研究与谈论甚至形成了一种专门的学问——红学。

4．作品选诵读及理解

曹操煮酒论英雄（节选自《三国演义》第21回）

却说董承等问马腾曰："公欲用何人？"马腾曰："见有豫州牧刘玄德在此，何不求之？"承曰："此人虽系皇叔，今正依附曹操，安肯行此事耶？"腾曰："吾观前日围场之中，曹操迎受众贺之时，云长在玄德背后，挺刀欲杀操，玄德以目视之而止。玄德非不欲图操，恨操牙爪多，恐力不及耳。公试求之，当必应允。"吴硕曰："此事不宜太速，当从容商议。"众皆散去。次日黑夜里，董承怀诏，径往玄德公馆中来。门吏入报，玄德迎出，请入小阁坐定。关、张侍立于侧。玄德曰："国舅夤夜至此，必有事故。"承曰："白日乘马相访，恐操见疑，故黑夜相见。"玄德命取酒相待。承曰："前日围场之中，云长欲杀曹操，将军动目摇头而退之，何也？"玄德失惊曰："公何以知之？"承曰："人皆不见，某独见之。"玄德不能隐讳，遂曰："舍弟见操僭越，故不觉发怒耳。"承掩面而哭曰："朝廷臣子，若尽如云长，何忧不太平哉！"玄德恐是曹操使他来试探，乃佯言曰："曹丞相治国，为何忧不太平？"承变色而起曰："公乃汉朝皇叔，故剖肝沥胆以相告，公何诈也？"玄德曰："恐国舅有诈，故相试耳。"于是董承取衣带诏令观之，玄德不胜悲愤。又将义状出示，上止有六位：一，车骑将军董承；二，工部侍郎王子服；三，长水校尉种辑；四，议郎吴硕；五，昭信将军吴子兰；六，西凉太守马腾。玄德曰：“公既奉诏讨贼，备敢不效犬马之劳。”承拜谢，便请书名。玄德亦书“左将军刘备”，押了字，付承收讫。承曰：“尚容再请三人，共聚十义，以图国贼。”玄德曰：“切宜缓缓施行，不可轻泄。”共议到五更，相别去了。

玄德也防曹操谋害，就下处后园种菜，亲自浇灌，以为韬晦之计。关、张二人曰：“兄不留心天下大事，而学小人之事，何也？”玄德曰：“此非二弟所知也。”二人乃不复言。

一日，关、张不在，玄德正在后园浇菜，许褚、张辽引数十人入园中曰：“丞相有命，请使君便行。”玄德惊问曰：“有甚紧事？”许褚曰：“不知。只教我来相请。”玄德只得随二人入府见操。操笑曰：“在家做得好大事！”唬得玄德面如土色。操执玄德手，直至后园，曰：“玄德学圃不易！”玄德方才放心，答曰：“无事消遣耳。”操曰：“适见枝头梅子青青，忽感去年征张绣时，道上缺水，将士皆渴；吾心生一计，以鞭虚指曰：‘前面有梅林。’军士闻之，口皆生唾，由是不渴。今见此梅，不可不赏。又值煮酒正熟，故邀使君小亭一会。”玄德心神方定。随至小亭，已设樽俎：盘置青梅，一樽煮酒。二人对坐，开怀畅饮。

酒至半酣，忽阴云漠漠，骤雨将至。从人遥指天外龙挂，操与玄德凭栏观之。操曰：“使君知龙之变化否？”玄德曰：“未知其详。”操曰：“龙能大能小，能升能隐；大则兴云吐雾，小则隐介藏形；升则飞腾于宇宙之间，隐则潜伏于波涛之内。方今春深，龙乘时变化，犹人得志而纵横四海。龙之为物，可比世之英雄。玄德久历四方，必知当世英雄。请试指言之。”玄德曰：“备肉眼安识英雄？”操曰：“休得过谦。”玄德曰：“备叨恩庇，得仕于朝。天下英雄，实有未知。”操曰：“既不识其面，亦闻其名。”玄德曰：“淮南袁术，兵粮足备，可谓英雄？”操笑曰：“冢中枯骨，吾早晚必擒之！”玄德曰：“河北袁绍，四世三公，门多故吏；今虎踞冀州之地，部下能事者极多，可谓英雄？”操笑曰：“袁绍色厉胆薄，好谋无断；干大事而惜身，见小利而忘命：非英雄也。”玄德曰：“有一人名称八俊，威镇九州：刘景升可为英雄？”操曰：“刘表虚名无实，非英雄也。”玄德曰：“有一人血气方刚，江东领袖——孙伯符乃英雄也？”操曰：“孙策藉父之名，非英雄也。”玄德曰：“益州刘季玉，可为英雄乎？”操曰：“刘璋虽系宗室，乃守户之犬耳，何足为英雄！”玄德曰：“如张绣、张鲁、韩遂等辈皆何如？”操鼓掌大笑曰：“此等碌碌小人，何足挂齿！”玄德曰：“舍此之外，备实不知。”操曰：“夫英雄者，胸怀大志，腹有良谋，有包藏宇宙之机，吞吐天地之志者也。”玄德曰：“谁能当之？”操以手指玄德，后自指，曰：“今天下英雄，惟使君与操耳！”玄德闻言，吃了一惊，手中所执匙箸，不觉落于地下。时正值天雨将至，雷声大作。玄德乃从容俯首拾箸曰：“一震之威，乃至于此。”操笑曰：“丈夫亦畏雷乎？”玄德曰：“圣人云：‘迅雷风烈必变。’安得不畏？”将闻言失箸缘故，轻轻掩饰过了。操遂不疑玄德。后人有诗赞曰：

勉从虎穴暂趋身，说破英雄惊杀人。

巧借闻雷来掩饰，随机应变信如神。

大雨方住，见两个人撞入后园，手提宝剑，突至亭前，左右拦挡不住。操视之，乃关、张二人也。原来二人从城外射箭方回，听得玄德被许褚、张辽请将去了，慌忙来相府打听；闻说在后园，只恐有失，故冲突而入。却见玄德与操对坐饮酒。二人按剑而立。操问二人何来。云长曰："听知丞相和兄饮酒，特来舞剑，以助一笑。"操笑曰："此非'鸿门会'，安用项庄、项伯乎？"玄德亦笑。操命："取酒与二'樊哙'压惊。"关、张拜谢。须臾席散，玄德辞操而归。云长曰："险些惊杀我两个！"玄德以落箸事说与关、张。关、张问是何意。玄德曰："吾之学圃，正欲使操知我无大志；不意操竟指我为英雄，我故失惊落箸。又恐操生疑，故借惧雷以掩饰之耳。"关、张曰："兄真高见！"

林教头风雪山神庙（选自《水浒传》第十回）

话说当日林冲正闲走间，忽然背后人叫，回头看时，却认得是酒生儿李小二。这李小二先前在东京时，不合偷了店主人家财，被捉住了。却得林冲主张陪话，救了他免送官司。林冲道："小二哥，你如何也在这里?"李小二便拜道："自从得恩人救济，一地里投奔人不着，迤逦不想来到沧州，投托一个酒店里，姓王，留小人在店中做过卖。因见小人勤谨，以此买卖顺当。主人家有个女儿，就招了小人做女婿。如今丈人丈母都死了，只剩得小人夫妻两个，权在营前开了个茶酒店。因讨钱过来，遇见恩人。恩人不知为何事在这里?"林冲指着脸上道："我因恶了高太尉，生事陷害，受了一场官司，刺配到这里。如今叫我管天王堂，不想今日到此遇见。"

李小二就请林冲到家里面坐定，叫妻子出来拜了恩人。当时管待林冲酒食，至晚送回天王堂。次日，又来相请。林冲因见他两口儿恭勤孝顺，常把些银两与他做本钱。

迅速光阴，却早冬来。忽一日，李小二正在门前安排菜蔬下饭，只见一个人闪将进来，随后又一人入来。只见那个人将出一两银子与小二道："且收放柜上，取三四瓶好酒来。客到时，果品酒馔只顾将来，不必要问。"李小二道："官人请甚客?"那人道："烦你与我去营里请管营、差拨两个来说话。"李小二应承了，来到牢城里，先请了差拨，同到管营家里，请了管营，都到酒店里。只见那个官人和管营、差拨两个讲了礼。李小二连忙开了酒，一面铺下菜蔬果酒馔，撺梭也似伏侍不暇。约计吃过十数杯，再讨了按酒，铺放桌上。只见那人说道："我自有伴当烫酒，不叫你休来，我等自要说话。"

李小二应了，自来门首叫老婆道："这两个人语言声音是东京人，初时又不认得管营，向后我将按酒入去，只听得差拨口里讷出一句'高太尉'三个字来。这人莫不与林教头身上有些干碍?你且去阁子背后，听说甚么。"老婆道："说的是。"便入去听了一个时辰，出来说道："他那三四个交头接耳说话，正不听得说甚么。只见那一个军官模样的人，去伴当怀里取出一帕子物事，递与管营和差拨。帕子里面的莫不是金银?只听差拨口里说道：‘都在我身上，好歹要结果了他性命。’”正说之间，阁子里叫：“将汤来。”小二换了汤，添些下饭。又吃了半个时辰，算还了酒钱，管营、差拨先去了。次后，那两个低着头也去了。转背没多时，只见林冲走将入店里来，说道：“小二哥，连日好买卖。”李小二慌忙道：“恩人请坐，小人却待正要寻恩人。”

当下林冲问道：“甚么要紧的事?”小二哥请林冲到里面坐下，说道：“却才有个东京来的尴尬人，在我这里请管营、差拨吃了半日酒。差拨口里讷出‘高太尉’三个字来，只怕恩人身上有些妨碍。”林冲道：“那人生得甚么模样?”李小二道：“五短身材，白净面皮，约有三十余岁。那跟的也不长大，紫棠色面皮。”林冲听了大惊道：“这三十岁的正是陆虞候。那泼贱贼也敢来这里害我!”李小二道：“只要提防他便了，岂不闻古人言：吃饭防噎，走路防跌。”林冲大怒，先去街上买把解腕尖刀，带在身上，前街后巷一地里去寻。李小二夫妻两个，捏着两把汗。

当晚无事，次日天明起来，带了刀又去沧州城里城外团团寻了一日。牢城营里都没动静。到第六日，只见管营叫唤林冲到点视厅上，说道：“你来这里许多时，柴大官人面皮不曾抬举的你。此间东门外十五里，有座大军草场，每月但是纳草纳料的，有些常例钱取觅，原是一个老军看管。我如今抬举你去替那老军来守天王堂，你在那里寻几贯盘缠。你可和差拨便去那里交割。”林冲应道：“小人便去。”

林冲和差拨两个早来到草料场外。到那厅里，只见那老军在里面向火。差拨说道：“管营差这个林冲来替你回天王堂看守，你可即便交割。”老军拿了钥匙，引着林冲，分付道：“仓廒内自有官司封记，这几堆草一堆堆都有数目。”又引林冲到草厅上，指壁上挂一个大葫芦，说道：“你若买酒吃时，只出草场，投东大路去三二里，便有市井。”老军自和差拨回营里来。

只说林冲就床上放了包裹被卧，就坐下生些焰火起来。向了一回火，觉得身上寒冷，便去包里取些碎银子，把花枪挑了酒葫芦，迤逦背着北风而行。行不上半里多路，看见一所古庙。林冲顶礼道：“神明庇佑，改日来烧钱纸。”又行了一回，望见一簇人家。林冲住脚看时，见篱笆中挑着一个草帚儿在露天里。林冲径到店里，主人道：“客人那里来?”林冲道：“你认得这葫芦么?”主人看了道：“这葫芦是草料场老军的。既是草料场看守大哥，且请少坐。天气寒冷，且酌三杯权当接风。”店家切一盘熟牛肉，烫一壶热酒，请林冲吃。又自买了些牛肉，又吃了数杯，就又买了一葫芦酒，包了那两块牛肉，留下碎银子，便出篱笆门，依旧迎着朔风回来。看那雪，到晚越下的紧了。

再说林冲飞也似奔到草场门口，开了锁，入内看时，只叫得苦。原来天理昭然，佑护善人义士。因这场大雪，救了林冲的性命。那两间草厅已被雪压倒了。林冲搬开破壁子，把手床上摸时，只拽得一条絮被。林冲钻将出来，见天色黑了，把被卷了，花枪挑着酒葫芦，依旧把门拽上锁了，望那庙里来。入的庙门，再把门掩上，傍边止有一块大石头，掇将过来，靠了门。林冲把被扯来盖了半截下身。却把葫芦冷酒提来便吃，就将怀中牛肉下酒。正吃时，只听得外面必必剥剥地爆响。林冲跳起身来，就壁缝里看时，只见草料场里火起，刮刮杂杂烧着。

当时林冲便拿枪，却待开门来救火，只听得前面有人说将话来。林冲就伏在庙听时，是三个人脚步响，直奔庙里来。用手推门，却被石头靠住了。三人在庙檐下立地看火，数内一个道："这条计好么？"一个应道："端的亏管营、差拨两位用心。回到京师，下官禀过太尉，都保你二位做大官。这番教张教头没的推故。"又一个道："小人直爬入墙里去，四下草堆上点了十来个火把，待走那里去!"又听一个道："便逃得性命时，烧了大军草料场，也得个死罪。"

林冲听那三个人时，一个是差拨，一个是陆虞候，一个是富安。林冲道："天可怜见林冲，若不是倒了草厅，我准定被这厮们烧死。"轻轻把石头掇开，挺着花枪，一手拽开庙门，大喝一声："泼贼那里去!"三个人急要走时，惊得呆了。林冲举手肐察的一枪，先戳倒差拨。陆虞候叫声："饶命!"吓的慌了手脚。那富安走不到十来步，被林冲赶上，后心只一枪，又戳倒了。翻身回来，陆虞候却才行的三四步，林冲喝声道："奸贼!你待那里去!"批胸只一提，丢翻在雪地上，用脚踏住胸脯，身边取出那口刀来，便去陆谦脸上阁着，喝道："泼贼!我自来又甚么冤仇，你如何这等害我!"陆虞候告道："不干小人事，太尉差遣，不敢不来。"林冲骂道："我与你自幼相交，今日倒来害我!且吃我一刀。"把陆谦上身衣服扯开，把尖刀向心窝里只一剜，将心肝提在手里。回头看时，差拨正爬将起来要走。林冲按住喝道："你这厮原来也恁的歹!且吃我一刀。"又早把头割下来，挑在枪上。回来把富安、陆谦头都割下来，将三个结做一处，提入庙里来，都摆在山神面前供桌上。再穿了白布衫，把毡笠子戴上，将葫芦酒都吃尽了。被与葫芦都丢了不要，提了枪，便出庙门投东去。

林冲投东去了两个更次，身上单寒。在雪地里看时，离的草场远了。只见前面疏林深处，远远地数间草屋，破壁缝里透出火光来。林冲径投那草屋来，只见那中间坐着一个老庄家，周围坐着四五个小庄家向火，地炉里面焰焰地烧着柴火。林冲走到面前，叫道："众位拜揖，小人是牢城营差使人，被雪打湿了衣裳，借此火烘一烘，望乞方便。"庄客道："你自烘便了，何妨碍。"林冲烘着身上湿衣服，略有些干，只见火炭边煨着一个瓮儿，里面透出酒香。林冲便道："小人身边有些碎银子，望烦回些酒吃。"众庄客道："好意着你烘衣裳向火，便来要酒吃，去便去，不去时将来吊在这里。"林冲怒道："这厮们好无道理。"把手中枪看着块焰焰着火柴头，望老庄家脸上只一挑将起来，又把枪去火炉里只一搅，那老庄家的髭须焰焰的烧着。众庄客都跳将起来，林冲把枪杆乱打。老庄家先走了。庄家们都动弹不得，被林冲赶打一顿，都走了。林冲道："都走了，老爷快活吃酒。"土炕上却有两个椰瓢，取一个下来，倾那瓮酒来吃了一会，剩了一半，提了枪出门便走。踉踉跄跄捉脚不住，走不过一里路，被朔风一掉，随着那山涧边倒了，那里挣得起来。凡醉人一倒，便起不得。醉倒在雪地上。

乱蟠桃大圣偷丹（选自《西游记》第5回）

话表齐天大圣到底是个妖猴，更不知官衔品从，也不较俸禄高低，但只注名便了。那齐天府下二司仙吏，早晚伏侍，只知日食三餐，夜眠一榻，无事牵萦，自由自在。闲时节会友游宫，交朋结义。见三清，称个“老”字；逢四帝，道个“陛下”。与那九曜星、五方将、二十八宿、四大天王、十二元辰、五方五老、普天星相、河汉群神，俱只以弟兄相待，彼此称呼。今日东游，明日西荡，云去云来，行踪不定。

一日，玉帝早朝，班部中闪出许旌阳真人，俯囟启奏道：“今有齐天大圣，无事闲游，结交天上众星宿，不论高低，俱称朋友。恐后闲中生事，不若与他一件事管，庶免别生事端。”玉帝闻言，即时宣诏。那猴王欣欣然而至，道“陛下，诏老孙有何升赏？”玉帝道：“朕见你身闲无事，与你件执事。你且权管那蟠桃园，早晚好生在意。”大圣欢喜谢恩，朝上唱喏而退。

他等不得穷忙，即入蟠桃园内查勘。本园中有个土地拦住，问道：“大圣何往？”大圣道：“吾奉玉帝点差，代管蟠桃园，今来查勘也。”那土地连忙施礼，即呼那一班锄树力士、运水力士、修桃力士、打扫力士都来见大圣磕头，引他进去。但见那：

夭夭灼灼，颗颗株株。夭夭灼灼花盈树，颗颗株株果压枝。果压枝头垂锦弹，花盈树上簇胭脂。时开时结千年熟，无夏无冬万载迟。先熟的，酡颜醉脸；还生的，带蒂青皮。凝烟肌带绿，映日显丹姿。树下奇葩并异卉，四时不谢色齐齐。左右楼台并馆舍，盈空常见罩云霓。

不是玄都凡俗种，瑶池王母自栽培。大圣看玩多时，问土地道。“此树有多少株数？”土地道：“有三千六百株。前面一千二百株，花微果小，三千年一熟，人吃了成仙了道，体健身轻。中间一千二百株，层花甘实，六千年一熟，人吃了霞举飞升，长生不老。后面一千二百株，紫纹缃核，九千年一熟，人吃了与天地齐寿，日月同庚。”大圣闻言，欢喜无任，当日查明了株数，点看了亭阁，回府。自此后，三五日一次赏玩，也不交友，也不他游。

一日，见那老树枝头，桃熟大半，他心里要吃个尝新。奈何本园土地、力士并齐天府仙吏紧随不便。忽设一计道，“汝等且出门外伺候，让我在这亭上少憩片时。”那众仙果退。只见那猴王脱了冠着服，爬上大树，拣那熟透的大桃，摘了许多，就在树枝上自在受用。吃了一饱，却跳下来，冠著服，唤众等仪从回府。迟三二日，又去设法偷桃，尽他享用。

一朝，王母娘娘设宴，大开宝阁，瑶池中做蟠桃胜会，即着那红衣仙女、素衣仙女、青衣仙女、皂衣仙女、紫衣仙女、黄衣仙女、绿衣仙女，各顶花篮，去蟠桃园摘桃建会。七衣仙女直至园门首，只见蟠桃园土地、力士同齐天府二司仙吏，都在那里把门。仙女近前道：“我等奉王母懿旨，到此摘桃设宴。”土地道：“仙娥且住。今岁不比往年了，玉帝点差齐天大圣在此督理，须是报大圣得知，方敢开园。”仙女道：“大圣何在？”土地道：“大圣在园内，因困倦，自家在亭上睡哩。”仙女道：“既如此，寻他去来，不可迟误。”土地即与同进，寻至花亭不见，只有衣冠在亭，不知何往，四下里都没寻处。原来大圣耍了一会，吃了几个桃子，变做二寸长的个人儿，在那大树梢头浓叶之下睡着了。七衣仙女道：“我等奉旨前来，寻不见大圣，怎敢空回？”旁有仙使道：“仙娥既奉旨来，不必迟疑。我大圣闲游惯了，想是出园会友去了。汝等且去摘桃，我们替你回话便是。”那仙女依言，入树林之下摘桃。先在前树摘了二篮，又在中树摘了三篮，到后树上摘取，只见那树上花果稀疏，止有几个毛蒂青皮的。原来熟的都是猴王吃了。七仙女张望东西，只见向南枝上止有一个半红半白的桃子。青衣女用手扯下枝来，红衣女摘了，却将枝子望上一放。原来那大圣变化了，正睡在此枝，被他惊醒。大圣即现本相，耳朵里掣出金箍棒，幌一幌，碗来粗细，咄的一声道：“你是那方怪物，敢大胆偷摘我桃！”慌得那七仙女一齐跪下道：“大圣息怒。我等不是妖怪，乃王母娘娘差来的七衣仙女，摘取仙桃，大开宝阁，做蟠桃胜会。适至此间，先见了本园土地等神，寻大圣不见。我等恐迟了王母懿旨，是以等不得大圣，故先在此摘桃。万望恕罪。”大圣闻言，回嗔作喜道：“仙娥请起。王母开阁设宴，请的是谁？”仙女道：“上会自有旧规，请的是西天佛老、菩萨、圣僧、罗汉，南方南极观音，东方崇恩圣帝、十洲三岛仙翁，北方北极玄灵，中央黄极黄角大仙，这个是五方五老。还有五斗星君，上八洞三清、四帝，太乙天仙等众，中八洞玉皇、九垒，海岳神仙；下八洞幽冥教主、注世地仙。各宫各殿大小尊神，俱一齐赴蟠桃嘉会。”大圣笑道：“可请我么？”仙女道：“不曾听得说。”大圣道：“我乃齐天大圣，就请我老孙做个尊席，有何不可？”仙女道：“此是上会旧规，今会不知如何。”大圣道：“此言也是，难怪汝等。你且立下，待老孙先去打听个消息，看可请老孙不请。”

好大圣，捻着诀，念声咒语，对众仙女道：“住!住!住!”这原来是个定身法，把那七衣仙女，一个个睖睖睁睁，白着眼，都站在桃树之下。大圣纵朵祥云，跳出园内，竟奔瑶池路上而去。正行时，只见那壁厢：

一天瑞霭光摇曳，五色祥云飞不绝。白鹤声鸣振九皋，紫芝色秀分千叶。

中间现出一尊仙，相貌昂然丰采别。神舞虹霓幌汉霄，腰悬宝箓无生灭。

名称赤脚大罗仙，特赴蟠桃添寿节。那赤脚大仙觌面撞见大圣，大圣低头定计，赚哄真仙，他要暗去赴会，却问：“老道何往?”大仙道：“蒙王母见招，去赴蟠桃嘉会。”大圣道：“老道不知。玉帝因老孙筋斗疾，着老孙五路邀请列位，先至通明殿下演礼，后方去赴宴。”大仙是个光明正大之人，就以他的诳语作真。道：“常年就在瑶池演礼谢恩，如何先去通明殿演礼，方去瑶池赴会?”无奈，只得拨转祥云，径往通明殿去了。

大圣驾着云，念声咒语，摇身一变，就变做赤脚大仙模样，前奔瑶池。不多时，直至宝阁，按住云头，轻轻移步，走入里面。只见那里：

琼香缭绕，瑞霭缤纷，瑶台铺彩结，宝阁散氤氲。凤翥鸾腾形缥缈，金花玉萼影浮沉。上排着九凤丹霞，八宝紫霓墩。五彩描金桌，千花碧玉盆。桌上有龙肝和凤髓，熊掌与猩唇。珍馐百味般般美，异果嘉肴色色新。

那里铺设得齐齐整整，却还未有仙来。这大圣点看不尽，忽闻得一阵酒香扑鼻，忽转头，见右壁厢长廊之下，有几个造酒的仙官，盘槽的力士，领几个运水的道人，烧火的童子，在那里洗缸刷瓮，已造成了玉液琼浆，香醪佳酿。大圣止不住口角流涎，就要去吃，奈何那些人都在这里。他就弄个神通，把毫毛拔下几根，丢入口中嚼碎，喷将出去，念声咒语，叫"变!"即变做几个瞌睡虫，奔在众人脸上。你看那伙人，手软头低，闭眉合眼，丢了执事，都去盹睡。大圣却拿了些百味珍馐，佳肴异品，走入长廊里面，就着缸，挨着瓮，放开量，痛饮一番。吃勾了多时，酕醄醉了。自揣自摸道："不好!不好!再过会，请的客来，却不怪我?一时拿住，怎生是好?不如早回府中睡去也。"

好大圣，摇摇摆摆，仗着酒，任情乱撞，一会把路差了；不是齐天府，却是兜率天宫。一见了，顿然醒悟道："兜率宫是三十三天之上，乃离恨天太上老君之处，如何错到此间？——也罢！也罢！一向要来望此老，不曾得来，今趁此残步，就望他一望也好。"即整衣撞进去，那里不见老君，四无人迹。原来那老君与燃灯古佛在三层高阁朱陵丹台上讲道，众仙童、仙将、仙官、仙吏，都侍立左右听讲。这大圣直至丹房里面，寻访不遇，但见丹灶之旁，炉中有火。炉左右安放着五个葫芦，葫芦里都是炼就的金丹。大圣喜道："此物乃仙家之至宝，老孙自了道以来，识破了内外相同之理，也要些金丹济人，不期到家无暇；今日有缘，却又撞着此物，趁老子不在，等我吃他几丸尝新。"他就把那葫芦都倾出来，就都吃了，如吃炒豆相似。

一时间丹满酒醒，又自己揣度道："不好!不好!这场祸，比天还大；若惊动玉帝，性命难存。走!走!走!不如下界为王去也!"他就跑出兜率宫，不行旧路，从西天门，使个隐身法逃去。即按云头，回至花果山界。但见那旌旗闪灼，戈戟光辉，原来是四健将与七十二洞妖王，在那里演习武艺。大圣高叫道："小的们！我来也！"众怪丢了器械，跪倒道："大圣好宽心！丢下我等许久，不来相顾!"大圣道："没多时！没多时！"且说且行，径入洞天深处。四健将打扫安歇叩头礼拜毕。俱道："大圣在天这百十年，实受何职？"大圣笑道："我记得才半年光景，怎么就说百十年话？"健将道："在天一日，即在下方一年也。"大圣道："且喜这番玉帝相爱，果封做'齐天大圣'，起一座齐天府，又设安静、宁神二司，司设仙吏侍卫。向后见我无事，着我看管蟠桃园。近因王母娘娘设'蟠桃大会'，未曾请我，是我不待他请，先赴瑶池，把他那仙品、仙酒，都是我偷吃了。走出瑶池，踉踉跄跄误入老君宫阙，又把他五个葫芦金丹也偷吃了。但恐玉帝见罪，方才走出天门来也。"

众怪闻言大喜。即安排酒果接风，将椰酒满斟一石碗奉上，大圣喝了一口，即咨牙俫嘴道："不好吃！不好吃！"崩、巴二将道："大圣在天宫，吃了仙酒、仙肴，是以椰酒不甚美口。常言道：'美不美，乡中水。'"大圣道："你们就是'亲不亲，故乡人。'我今早在瑶池中受用时，见那长廊之下，有许多瓶罐，都是那玉液琼浆。你们都不曾尝着。待我再去偷他几瓶回来，你们各饮半杯，一个个也长生不老。"众猴欢喜不胜。大圣即出洞门，又翻一筋斗，使个隐身法，径至蟠桃会上。进瑶池宫阙，只见那几个造酒、盘槽、运水、烧火的，还鼾睡未醒。他将大的从左右胁下挟了两个，两手提了两个，即拨转云头回来，会众猴在于洞中，就做个“仙酒会”，各饮了几杯，快乐不题……

贾夫人仙逝扬州城 冷子兴演说荣国府（选自《红楼梦》第2回）

诗云：

一局输赢料不真，香销茶尽尚逡巡。

欲知目下兴衰兆，须问傍观冷眼人。

却说封肃因听见公差传唤，忙出来陪笑启问。那些人只嚷：“快请出甄爷来。”封肃忙陪笑道：“小人姓封，并不姓甄。只有当日小婿姓甄，今已出家一二年了，不知可是问他。”那些公人道：“我们也不知什么‘真’‘假’，因奉太爷之命来问。他既是你女婿，便带了你去亲见太爷面禀，省得乱跑。”说着，不容封肃多言，大家推拥他去了。封家人个个都惊慌，不知何兆。

那天约二更时，只见封肃方回来，欢天喜地。众人忙问端的，他乃说道：“原来本府新升的太爷，姓贾名化，本贯湖州人氏，曾与女婿旧日相交。方才在咱们前过去，因见娇杏那丫头买线，所以他只当女婿移住于此。我一一将缘故回明，那太爷倒伤感叹息了一回。又问外孙女儿，我说看灯丢了。太爷说：‘不妨，我自使番役务必探访回来。’说了一回话，临走倒送了我二两银子。”甄家娘子听了，不免心中伤感。一宿无话。

至次日，早有雨村遣人送了两封银子、四匹锦缎，答谢甄家娘子。又寄一封密书与封肃，转托问甄家娘子要那娇杏作二房。封肃喜的屁滚尿流，巴不得去奉承，便在女儿前一力撺掇成了，乘夜只用一乘小轿，便把娇杏送进去了。雨村欢喜自不必说，乃封百金赠封肃，外谢甄家娘子许多物事，令其好生养赡，以待寻访女儿下落。封肃回家无话。

却说娇杏这丫鬟，便是那年回顾雨村者，因偶然一顾，便弄出这段事来，亦是自己意料不到之奇缘。谁想他命运两济，不承望自到雨村身边，只一年便生了一子。又半载，雨村嫡妻忽染疾下世，雨村便将他扶侧作正室夫人了。正是：偶因一着错，便为人上人。

原来雨村因那年士隐赠银之后，他于十六日便起身入都。至大比之期，不料他十分得意，已中了进士，选入外班，今已升了本府知府。虽才干优长，未免有些贪酷之弊，且又恃才侮上，那些官员皆侧目而视。不上两年，便被上司寻了一个空隙，作成一本，参他“生性狡猾，擅纂礼仪，且沽清正之名，而暗结虎狼之属，致使地方多事，民命不堪”等语。龙颜大怒，即批革职。该部文书一到，本府官员无不喜悦。那雨村心中虽十分惭恨，却面上全无一点怨色，仍是嘻笑自若。交代过公事，将历年做官积的些赀本并家小人属送至原籍，安排妥协，却是自己担风袖月，游览天下胜迹。那日偶又至维扬地面，因闻得今岁鹾政点的是林如海。

这林如海姓林名海，表字如海，乃是前科的探花，今已升至兰台寺大夫。本贯姑苏人氏，今钦点出为巡鹾御史，到任方一月有余。原来这林如海之祖，曾袭过列侯，今到如海，业经五世。起初时，只封袭三世，因当今隆恩盛德，远迈前代，额外加恩，至如海之父又袭了一代，至如海便从科第出身。虽系钟鼎之家，却亦是书香之族。只可惜这林家支庶不盛，子孙有限，虽有几门，却与如海俱是堂族而已，没甚亲支嫡派的。今如海年已四十，只有一个三岁之子，偏又于去岁死了。虽有几房姬妾，奈他命中无子，亦无可如何之事。今只有嫡妻贾氏生得一女，乳名黛玉，年方五岁。夫妻无子，故爱女如珍宝；且又见他聪明清秀，便也欲使他读书识得几个字，不过假充养子之意，聊解膝下荒凉之叹。

且说雨村正值偶感风寒，病在旅店，将一月光景方渐愈。一因身体劳倦，二因盘费不继，也正欲寻个合式之处，暂且歇下。幸有两个旧友亦在此境住居，因闻得鹾政欲聘一西宾，雨村便相托友力，谋了进去，且作安身之计。妙在只一个女学生，并两个伴读丫鬟。这女学生年又小，身体又极怯弱，功课不限多寡，故十分省力。

堪堪又是一载的光景，谁知女学生之母贾氏夫人一疾而终，女学生侍汤奉药，守丧尽哀，遂又将要辞馆别图。林如海意欲令女守制读书，故又将他留下。近因女学生哀痛过伤，本自怯弱多病的，触犯旧症，遂连日不曾上学。雨村闲居无聊，每当风日晴和，饭后便出来闲步。

这日，偶至郭外，意欲赏鉴那村野风光。忽信步至一山环水旋、茂林深竹之处，隐隐的有座庙宇，门巷倾颓，墙垣朽败，门前有额，题着“智通寺”三字。门傍又有一副旧破的对联曰：“身后有馀忘缩手，眼前无路想回头。”

雨村看了，因想道：“这两句话，文虽浅近，其意则深。也曾游过些名山大刹，倒不曾见过这话头。其中想必有个翻过筋斗来的也未可知，何不进去试试？”想着，走入看时，只有一个龙钟老僧在那里煮粥。雨村见了，便不在意，及至问他两句话，那老僧既聋且昏，齿落舌钝，所答非所问。

雨村不耐烦，便仍出来，意欲到那村肆中沽饮三杯，以助野趣。于是款步行来，将入肆门，只见座上吃酒之客有一人起身大笑，接了出来，口内说：“奇遇，奇遇。”雨村忙看时，此人是都中在古董行中贸易的号冷子兴者，旧日在都相识。雨村最赞这冷子兴是个有作为大本领的人，这子兴又借雨村斯文之名，故二人说话投机，最相契合。雨村忙亦笑问：“老兄何日到此，弟竟不知。今日偶遇，真奇缘也。”子兴道：“去年岁底到家。今因还要入都，从此顺路找个敝友说一句话，承他之情，留我多住两日，我也无甚紧事，且盘桓两日，待月半时也就起身了。今日敝友有事，我因闲步至此，且歇歇脚，不期这样巧遇。”一面说，一面让雨村同席坐了，另整上酒肴来。二人闲谈慢饮，叙些别后之事。

雨村因问：“近日都中可有新闻没有？”子兴道：“倒没有什么新闻，倒是老先生你贵同宗家出了一件小小的异事。”雨村笑道：“弟族中无人在都，何谈及此？”子兴笑道：“你们同姓，实非同宗一族？”雨村问是谁家。子兴道：“荣国府贾府中，可也玷辱了先生的门楣么？”雨村笑道：“原来是他家。若论起来，寒族人丁却不少。自东汉贾复以来，支派繁盛，各省皆有，谁能逐细考查得来？若论荣国一支，却是同谱。但他那等荣耀，我们不便去攀扯，至今故越发生疏难认了。”子兴叹道：“老先生休如此说。如今的这宁、荣两门也都萧疏了，不比先时的光景。”雨村道：“当日宁、荣两宅的人口也极多，如何就萧疏了？”冷子兴道：“正是，说来也话长。”雨村道：“去岁我到金陵地界，因欲游览六朝遗迹，那日进了石头城，从他老宅门前经过。街东是宁国府，街西是荣国府，二宅相连，竟将大半条街占了。大门前虽冷落无人，隔着围墙一望，里面厅殿楼阁，也还都峥嵘轩峻；就是后一带花园子里，树木山石，也还都有蓊蔚洇润之气，那里像个衰败之家！”子兴笑道：“亏你是进士出身，原来不通。古人有云：‘百足之虫，死而不僵。’如今虽说不似先年那样兴盛，较之平常仕宦之家，到底气象不同。如今生齿日繁，事务日盛，主仆上下，安富尊荣者尽多，运筹谋画者无一；其日用排场费用，又不能将就省俭。如今外面的架子虽未甚倒，内囊却也尽上来了。这还是小事，更有一件大事。谁知这钟鸣鼎食之家，翰墨诗书之族，如今的儿孙竟一代不如一代了！”雨村听说，也纳罕道：“这样诗礼之家，岂有不善教育之理？别门不知，只说这宁、荣二宅，是最教子有方的。”

子兴叹道：“正说的是这两门呢。待我告诉你：当日宁国公与荣国公是一母同胞弟兄两个。宁公居长，生了四个儿子。宁公死后，长子贾代化袭了官，也养了两个儿子。长名贾敷，至八九岁上便死了。只剩了次子贾敬袭了官，如今一味好道，只爱烧丹炼汞，馀者一概不在心上。幸而早年留下一子，名唤贾珍，因他父亲一心想做神仙，把官倒让他袭了。他父亲又不肯回原籍来，只在都中城外和道士们胡羼。这位珍爷倒生了一个儿子，今年才十六岁，名叫贾蓉。如今敬老爷一概不管，这珍爷那里肯读书，只一味高乐不了，把宁国府竟翻了过来，也没有人敢来管他。再说荣府你听，方才所说异事就出在这里。自荣公死后，长子贾代善袭了官，娶的也是金陵世勋史侯家的小姐为妻，生了两个儿子，长名贾赦，次名贾政。如今代善早已去世，太夫人尚在。长子贾赦袭着官。次子贾政自幼酷喜读书，祖父最疼，原欲以科甲出身的；不料代善临终时，遗本一上，皇上因恤先臣，即时令长子袭官外，问还有几子，立刻引见，遂额外赐了这政老爷一个主事之衔，令其入部习学。如今现已升了员外郎了。这政老爷的夫人王氏，头胎生得公子名唤贾珠，十四岁进学，不到二十岁就娶了妻，生了一子，一病死了。第二胎生了一位小姐，生在大年初一，这就奇了。不想次年又生了一位公子，说来更奇，一落胎胞，嘴里便衔下一块五彩晶莹的玉来，上面还有许多字迹，就取名叫做宝玉。你道是新奇异事不是？”

雨村笑道：“果然奇异。只怕这人来历不小。”子兴冷笑道：“万人皆如此说，因而乃祖母便先爱如珍宝。那年周岁时，政老爷便要试他将来的志向，便将那世上所有之物摆了无数，与他抓取，谁知他一概不取，伸手只把些脂粉钗环抓来。政老爷便大怒了，说将来酒色之徒耳，因此便大不喜悦。独那史老太君还是命根一样。说来又奇，如今长了七八岁，虽然淘气异常，但其聪明乖觉处，百个不及他一个。说起孩子话来也奇怪，他说：‘女儿是水做的骨肉，男人是泥做的骨肉。我见了女儿，我便清爽；见了男子，便觉浊臭逼人。’你道好笑不好笑？将来色鬼无疑了。”雨村罕然厉色，忙止道：“非也。可惜你们不知道这人来历。大约政老前辈也错以淫魔色鬼看待了。若非多读书识事，加以致知格物之功、悟道参玄之力者，不能知也。”

子兴见他说得这样重大，忙请教其端。雨村道：“天地生人，除大仁大恶两种，余者皆无大异。若大仁者，则应运而生；大恶者，则应劫而生。运生世治，劫生世危。尧、舜、禹、汤、文、武、周、召、孔、孟、董、韩、周、程、张、朱，皆应运而生者。蚩尤、共工、桀、纣、始皇、王莽、曹操、桓温、安禄山、秦桧等，皆应劫而生者。大仁者，修治天下；大恶者，扰乱天下。清明灵秀，天地之正气，仁者之所秉也；残忍乖僻，天地之邪气，恶者之所秉也。今当运隆祚永之朝，太平无为之世，清明灵秀之气所秉者，上至朝廷，下至草野，比比皆是。所余之秀气漫无所归，遂为甘露，为和风，洽然溉及四海。彼残忍乖僻之邪气，不能荡溢于光天化日之中，遂凝结充塞于深沟大壑之内，偶因风荡，或被云推，略有摇动感发之意，一丝半缕误而泄出者，偶值灵秀之气适过，正不容邪，邪复妒正，两不相下，亦如风水雷电地中既遇，既不能消，又不能让，必致搏击掀发后始尽。故其气亦必赋人，发泄一尽始散。使男女偶秉此气而生者，上则不能成仁人君子，下亦不能为大凶大恶。置之于万万人之中，其聪俊灵秀之气则在万万人之上；其乖僻邪谬不近人情之态，又在万万人之下。若生于富贵公侯之家，则为情痴情种；若生于诗书清贫之族，则为逸士高人；纵然偶生于薄祚寒门，断不能为走卒健仆，甘遭庸人驱制驾驭，必为奇优名娼。如前代之许由、陶潜、阮籍、嵇康、刘伶、王谢二族、顾虎头、陈后主、唐明皇、宋徽宗、刘庭芝、温飞卿、米南宫、石曼卿、柳耆卿、秦少游，近日之倪云林、唐伯虎、祝枝山，再如李龟年、黄幡绰、敬新磨、卓文君、红拂、薛涛、崔莺、朝云之流：此皆易地则同之人也。”

子兴道：“依你说，‘成则公侯，败则贼了？’”雨村道：“正是这意。你还不知，我自革职以来，这两年遍游各省，也曾遇见两个异样孩子，所以方才你一说这宝玉，我就猜着了八九亦是这一派人物。不用远说，只金陵城内钦差金陵省体仁院总裁甄家，你可知道么？”子兴道：“谁人不知?这甄府和贾府就是老亲，又系世交，两家来往极其亲热的。便在下也和他家来往非止一日了。”雨村笑道：“去岁我在金陵，曾有人荐我到甄府处馆。我进去看其光景，谁知他家那等显贵，却是个富而好礼之家，倒是个难得之馆。但这一个学生虽是启蒙，却比一个举业的还劳神。说起来更可笑，他说：‘必得两个女儿伴着我读书，我方能认得字，心里也明白；不然，我自己心里糊涂。’又常对跟他的小厮们道：‘这女儿两个字，极尊贵、极清净的，比那阿弥陀佛、元始天尊的这两个宝号，还更尊荣无对的呢。你们这浊口臭舌，万不可唐突了这两个字，要紧。但凡要说时，必须先用清水香茶漱了口才可。设若失错，便要凿牙穿腮等事。’其暴虐浮躁，顽劣憨痴，种种异常；只一放了学，进去见了那些女儿们，其温柔和平，聪敏文雅，竟又变了一个人了。因此他令尊也曾下死笞楚过几次，无奈竟不能改。每打的吃疼不过时，他便姐姐妹妹乱叫起来。后来听得里面女儿们拿他取笑：‘因何打急了只管叫姐妹作甚，莫不是求姐妹去说情讨饶，你岂不愧羞！’他回答的最妙，他说：‘急疼之时只叫姐姐妹妹字样，或可解疼也未可知，因叫了一声，便果觉不疼了，遂得了秘法：每疼痛之极，便连叫姐妹起来。’你说好笑不好笑？也因祖母溺爱不明，每因孙辱师责子，因此我就辞了馆出来。如今在这巡鹾御史林家坐馆了。你看这等子弟，必不能守祖父之根基，从师友之规谏的。只可惜他家几个好姊妹都是少有的。”

二、生活与修身

1. 观看中央电视一台录播的《中国诗词大会》(第一季至第五季)，“赏中华诗词、寻文化基因、品生活之美”，重温曾经学过的古诗词，分享诗词之美，感受诗词之趣，从古人的智慧和情怀中汲取营养、涵养心灵，从中华诗词中获得慰藉和勇气。

2. 观看京剧《窦娥冤》，取材于元代大戏曲家关汉卿的《感天动地窦娥冤》，京剧一般只演《探监》《法场》两折，故又名《六月雪》。程砚秋先生编演。

3. 观看电视剧《三国演义》，视频与文字结合，学习历史知识。

4. 观看电视剧《水浒传》，以视听结合的方式感受《水浒传》的艺术魅力。

5. 观看 25 集电视剧《西游记》(86 版)，该剧改编自明代小说家吴承恩同名文学古典名著，是由中央电视台、中国电视剧制作中心出品的一部古装神话剧。由杨洁执导，1986 年春节一经播出，轰动全国，获得了极高评价，成为一部公认的经典。

6. 观看电视剧《红楼梦》(87 版)。1987 年首播的央视版《红楼梦》是中央电视台和中国电视剧制作中心根据中国古典文学名著《红楼梦》摄制的一部古装连续剧。由王扶林先生导演，周汝昌、王蒙、周岭、曹禺、沈从文等多位红学家参与制作。该剧前 29 集基本忠实于曹雪芹原著前 80 回，该剧播出后，得到了大众的一致好评，重播千余次，被誉为“中国电视史上的绝妙篇章”和“不可逾越的经典”。

7. 外出旅游可以选点参观《三国演义》《西游记》《水浒传》《红楼梦》等影视城，感受别样的艺术景观。

项目七

生活与艺术融合之瑰宝——琴棋书画

在古代，弹琴（多指弹奏古琴）、弈棋（大多指中国象棋和围棋）、书法、绘画是文人骚客（包括一些名门闺秀）修身所必须掌握的技能，故合称琴棋书画，即“文人四友”。经常表示个人的文化素养。

在中华民族的艺术长廊里，琴棋书画与人的关系最为密切。这四种看似平常的艺术虽各有千秋，但它们都能映射出中华文化深远奥妙的光彩。琴棋书画，是中国古代士人追求完美人格、诗性人人生和雅致生活的一种方式。

琴棋书画所表现的隽永悠长的意境、简淡从容的色调，无不体现着最纯粹的东方特质，传递着士人们最幽微的心绪和精神境界。达则兼济天下，穷则独善其身；入世则治国平天下，出世则散淡于林下。琴棋书画，就成为伴随着他们仕途跌宕起伏的最好的心灵抚慰剂。

一、要义与选文

（一）古琴：高山流水觅知音

1. 简 介

古琴，亦称瑶琴、玉琴、七弦琴，中国最古老的弹拨乐器之一。古琴是在孔子时期就已盛行的乐器，至少也有 3 000 年的历史了，但 21 世纪初才被称作“古琴”。关于琴的创制者，文献有“昔伏羲作琴”“神农作琴”“舜作五弦之琴以歌南风”等说法，可以看出琴在中国有着悠久的历史。《诗经·关雎》有“窈窕淑女，琴瑟友之”，《诗经·小雅》亦有“琴瑟击鼓，以御田祖”等记载。

琴瑟均由梧桐木制成，带有空腔，丝绳为弦。琴初为五弦，后改为七弦；瑟二十五弦。由弦数可知瑟的体积比琴大。琴瑟的主要区别在于演奏的场合不同。琴用于在贵宾面前弹拨，客人不说话，全神贯注地看弹琴和听琴声。这是正式的音乐会场合。

瑟用于背景音乐的弹奏。瑟被置于屏风后面，客人围着桌案坐，在音乐声中边闲谈、边吃喝。这是社交性场合。当然，琴与瑟可以联合起来演奏，琴在台前，面对宾客。瑟在台后。琴离客人近，瑟离客人远。

琴师或是主人，或是美女；瑟师则可以是老年男子。琴瑟开弹前，先有鼓点声，以示引导。

2. 特 质

古人发明和使用琴瑟的目的是顺畅阴阳之气和纯洁人心。

琴指我国古代广为流传的瑶琴。具有宫、商、角、徵、羽五音，曲调大致可分为乐律十二律。相传当年黄帝命令伶伦为律，闻凤凰之鸣而制十二律。琴之一道，讲究诚、静、平和、中正、不温不火。抚琴时，人们往往焚香坛，以示心态平静。这琴中滋味，正与孔夫子儒家思想中的“中庸之道”不谋而合，又和诸子道家思想中的修身养性观点殊途同归。

“丝桐合为琴，中有太古声。”古琴，在琴棋书画中，被列为首位，在中国古代士人生活中，有着举足轻重的地位，操通乐，是君子修养的高级境界，琴音所传达的淡泊之音与太古之声，与士人物我两忘、天人合一的精神境界高度契合。

琴人即便落魄穷困，也不肯将琴浪掷虚抛，委于市井，必得寻一位雅洁之士相赠。孔尚任记述了他在扬州当河官时，老友宗定九因年迈穷衰，生怕陪伴自己半生的古琴论为柴薪，在一个大雪严寒天来到孔尚任的寓所，将怀中的太古之器郑重相托的故事，引发了孔尚任“只愁雪冷天涯阔，高山流水对何人”的人生慨叹。

3．代表作品

（1）《梅花三弄》。

又名《梅花引》《梅花曲》《玉妃引》，根据《太音补遗》和《蕉庵琴谱》所载，相传原本是晋朝桓伊所作的一首笛曲，后来改编为古琴曲。琴曲的乐谱最早见于公元1425年的《神奇秘谱》。《梅花三弄》全曲共分十段，两大部分，第一部分，前六段，采用循环再现手法，后四段为第二部分，描写梅花静与动两种形象。乐曲通过梅花的洁白芬芳和耐寒等特征，借物抒怀，来歌颂具有高尚情操的人。

（2）《阳春白雪》。

古朴典雅的《阳春白雪》表现的是冬去春来，大地复苏，万物欣欣向荣的初春美景。旋律清新流畅，节奏轻松明快。《神奇秘谱》在解题中说：“《阳春》取万物知春、和风淡荡之意；《白雪》取凛然清洁、雪竹琳琅之音。”

“阳春白雪”的典故来自《楚辞》中的《宋玉答楚王问》一文。楚襄王问宋玉，先生有什么隐藏的德行么？为何士民众庶不怎么称誉你啊？宋玉说，有歌者客于楚国，起初吟唱“下里巴人”，国中和者有数千人。当歌者唱“阳阿”时候，国中和者只有数百人。当歌者唱“阳春白雪”的时候，国中和者不过几十人。这道理就是：歌曲越高雅，能跟着唱的人就越少啊！“阳春白雪”高雅、复杂，能唱和的人自然少，即曲高和寡。

（3）《碣石调·幽兰》。

《碣石调·幽兰》据传是梁代琴家丘明所传的一首古琴曲。该曲短小精悍，曲调清丽委婉。全曲共分四段：第一段是引子，曲调深沉，给人一种压抑的感觉，节拍较自由；其余三段是乐曲的主题：第二段与第三段采用了泛音与按音交替出现的音乐旋律，在音色上有较大的变化和对比，体现了作者内心的感慨；第四段的音乐大部分都用清澈的泛音演奏，情调明朗，象征着光明即将来临，表达作者通过兰花的性格看到了一个充满希望的未来。整首乐曲节奏缓慢，力度也并不强烈，表现了空谷幽兰那清雅素洁及静谧悠远的意境，表达了作者抑郁伤感的情绪。《幽兰》是至今仅存的一首用原始文字谱保留下来的琴曲，是我国现存最古老的古琴曲谱。19世纪末，杨守敬先生在日本访求古书的时候，发现了这首琴曲。

4．相关作品选诵读及理解

月夜听卢子顺弹琴

李　白

闲坐夜明月，幽人弹素琴。忽闻悲风调，宛若寒松吟。

白雪乱纤手，绿水清虚心。钟期久已没，世上无知音。

听颖师琴歌

李　贺

别浦云归桂花渚，蜀国弦中双凤语。芙蓉叶落秋鸾离，越王夜起游天姥。

暗佩清臣敲水玉，渡海蛾眉牵白鹿。谁看挟剑赴长桥，谁看浸发题春竹。

竺僧前立当吾门，梵宫真相眉棱尊。古琴大轸长八尺，峄阳老树非桐孙。

凉馆闻弦惊病客，药囊暂别龙须席。请歌直请卿相歌，奉礼官卑复何益。

锦　瑟

李商隐

锦瑟无端五十弦，一弦一柱思华年。庄生晓梦迷蝴蝶，望帝春心托杜鹃。

沧海月明珠有泪，蓝田日暖玉生烟。此情可待成追忆，只是当时已惘然。

（二）围棋：智慧与灵性博弈的战场

1. 简　介

围棋起源于中国，传为帝尧所作，相传已有 4 000 多年的历史，春秋战国时期即有记载。晋代张华在《博物志》中亦说：“舜以子商均愚，故作围棋以教之。”老子的嫡传弟子尹喜所著《关尹子》日：“习射、习御、习琴、习弈，终无一事可以息得者。”可见那时围棋已成风尚。班固所作的《弈旨》是现存最早的关于围棋理论的专著之一。

围棋可谓中国的国棋，被认为是世界上最复杂的棋盘游戏。自古以来就有“纵横十九道，迷煞多少人”之说。一张方圆不及二尺的棋盘上一十九纹棋路纵横交织，泾渭分明。三百六十一枚黑白棋子错落有致，实期虚之，虚则实之，变幻无常，包罗万象。对弈表面上只有黑白棋子的排布，实则是个人心智、胆识、耐力的比拼。隋唐时经朝鲜传入日本，流传到欧美各国，中华文化中蕴藏着的智慧与灵性促进了世界文化的发展。

2. 特　质

（1）围棋的哲理与雅韵。

“方寸棋盘黑白子，纵横阴阳五行戏。变幻玄妙在道中，直叫神仙乐不疲。”

围棋形式简单，只有黑白两种棋子，规则也很简单，但是它的玄妙却是任何其他棋类所不能比拟的。围棋的圆形棋子和方形棋盘，象征着“天圆地方”。围棋盘象征着宇宙，由三百六十个天体组成，而围棋盘纵十九乘横十九，共三百六十一个棋点，多余的中心一点——天元即为太极，代表宇宙的中心。

三百六十的目数在旧历中为一年的日数，将此一分为四，四隅就是春夏秋冬，白子和黑子为昼和夜，如此最能体现围棋的文化精神的，当是“手谈”“坐隐”“忘忧”“烂柯”“橘中之乐”之类雅称。“手谈”强调围棋乃是一种特殊的表情达意方式，以棋发言，在无声中交流思想。“坐隐”“忘忧”“烂柯”之类，则表现了方寸棋枰对尘俗世间、庸碌人生的超越。

归根结底，围棋代表了人的生命存在、精神追求的一种方式。这恐怕也是围棋被当作“雅事”，被众多“雅人”喜爱的原因。

围棋的胜负体现了中国传统文化的特色，围棋之道，既要谋势，又要做活，法无定法，全在乎观局而谋势，知变而随动，动静之机，俱显高下境界。故围棋最讲究不战而屈人之兵，不提倡斩尽杀绝，擒贼擒王。所谓杀大龙，不过是在形势不利下所做的孤注一掷，在围棋对弈中属于下策。

我国隋唐时期也曾依棋力将棋手分为九品，从高往低分别是一品“入神”，喻棋力之高已到出神入化的境界，可以入神仙之列了；二品“坐照”，就是下棋不用劳心费力，运用之妙存乎一心；三品“具体”，就是攻守兼备，十八般武艺样样精通；四品“通幽”，暗喻找到通往最高境界的小路；五品“用智”，比喻殚精竭虑地追求；六品“小巧”，要小聪明；七品“斗力”，蛮干；八品“若愚”和九品“守拙”，则都表示棋力的低下。虽然仅仅是一个称谓，但却流溢着中国传统文化的韵味。

（2）围棋的棋局与世事。

“黑白神韵清淡远，融贯千秋透云天。遥看当年风流君，不羡江山只羡仙。”

围棋融合艺术、易理、谋略、智慧于一体，是中国古代充满佛、道、神色彩的半神文化之典范。自尧起源，历朝历代，围棋一直深受帝王将相、文人雅士、市井百姓的垂爱。

围棋深受英雄人物青睐。据《三国志》等文献记载，曹操、诸葛亮、陆逊等英雄豪杰均是围棋高手。《三国演义》中提到诸葛亮隐居隆中时，赋有《围棋歌》：“苍天如圆盖，陆地棋局。世人黑白分，往来争荣辱。荣者自安安，辱者自碌碌，南阳有隐居，高眠卧不足。”道出了诸葛亮超然脱世的智者风范。

围棋也在文人墨客中广为流传。著名的文人之中，杜甫、白居易、杜牧、欧阳修、苏轼、陆游、辛弃疾、文天祥等不仅会下围棋，而且多是好手，且著有许多关于围棋的诗文词赋。千古以来，多少帝王将相、文人雅士，市井百姓乐此不疲，也演绎出多少传奇佳话、美文诗赋乃至兵书算法、治国方略，围棋成为中华文明史上一朵绚丽的奇葩。

3. 围棋著作

唐代以前:《新论》《弈旨》《围棋赋》《弈势》

宋元时期:《棋经十三篇》《忘忧清乐集》《玄玄棋经》

明代:《弈旨》《弈问》《弈旦评》《弈难》《弈史》

清代:《兼山堂弈谱》《弈理指归》《弈理指归续编》《桃花泉棋谱》《餐菊斋棋评》

4. 相关作品选诵读及理解

五言咏棋

李世民

手谈标昔美，坐隐逸前良。参差分两势，玄素引双行。

舍生非假命，带死不关伤。方知仙岭侧，烂斧几寒芳。

重送绝句

杜 牧

绝艺如君天下少，闲人似我世间无。别后竹窗风雪夜，一灯明暗覆吴图。

棋·莫将戏事扰

王安石

莫将戏事扰真情，且可随缘道我赢。战罢两奁收白黑，一枰何处有亏成。

(三)书法:挥洒的墨彩世界

1. 简 介

“书”指书法。书法是中国特有的一种传统艺术。中国汉字是劳动人民创造的，开始是以图画记事，经过几千年的发展，演变成了当今的文字。中华文明早期有甲骨文、金文(青铜器上的铭文)，先秦时期主要是用刀刻在竹简上，有篆书、小楷等字体，汉以后主要用毛笔书写，有隶书、楷书、行书、草书等书法形式。

2. 特 质

书法从工具到笔法都有一定的讲究。笔、墨、纸、砚的品种，下笔、提笔、顿笔的方法以及个人的性格脾气都与书法的好坏有着十分密切的关系。蚕头燕尾的隶书、中规中矩的楷书、龙飞凤舞的草书、潇洒飘逸的行书，千姿百态，异彩纷呈，翩若惊鸿，婉若游龙，给人以无限的想象与无尽的心旷神怡之感。

书法是中国传统士人心灵和情感的外化。古人说：书，如也，如其学，如其才，如其志，总之曰如其人而已。书法的格调和人格联系在一起。猥琐卑下者，难得磅礴之气；旷达豪迈者，笔端才能豪放俊逸；秉性高洁者，字方超然物外，不染俗尘；屈节卑躬者，字亦奴颜媚骨，难有清隽骨骼。书法是最具有东方气质的艺术形态，作家林语堂说：“在书法上，也许只有在书法上，我们才能够看到中国人艺术心灵的极致。”

3．名家名作欣赏

（1）“书法鼻祖”李斯。

秦著名政治家、书法家李斯主持整理出了小篆。《绎山石刻》《泰山石刻》《琅琊石刻》《会稽石刻》即为李斯所书，历代对其都有极高的评价。

《峄山碑》（局部）　李斯

李斯文学和文字的造诣令后人追捧。他的文章论证严密、气势贯通，洋洋洒洒，如江河奔流。他的书法“小篆入神，大篆入妙”。唐张怀瓘在《书断》中将李斯的小篆定为“神品”，赞曰“画如铁石，字若飞动”，称赞其用笔“骨气丰匀，方圆绝妙”，由此可知李斯的书法结体稳健均称，法度谨严，故书界有“学篆必先宗‘二李’”（秦，李斯；唐，李阳冰）之说。

（2）“楷书鼻祖”钟繇。

钟繇（151—230），字元常。颍川长社（今河南许昌长葛东）人。三国时期曹魏著名书法家、政治家，是楷书（小楷）的创始人，被后世尊为“楷书鼻祖”。钟繇对后世书法影响深远，王羲之等后世书法家都曾经潜心钻研学习钟繇书法。与东晋书法家王羲之并称为“钟王”。南朝庾肩吾将钟繇的书法列为“上品之上”，唐张怀瓘在《书断》中则评其书法为“神品”。

《宣示表》（局部）　钟繇

钟繇的楷书古雅浑朴，圆润遒劲，古风醇厚，笔法精简，自然天成。钟繇的书体主要是楷书、隶书和行书，南朝刘宋时人羊欣《采古来能书人名》说：“钟有三体，一曰铭石之书，最妙者也；二曰章程书，传秘书教小学者也；三曰行押书，相闻者也。”所谓“铭石书”，即指正楷，“章程书”即隶书（八分书），“行押书”指行书。钟繇的书法古朴、典雅，字体大小相间，整体布局严谨、缜密，历代对其评价极高。梁武帝撰写了《观钟繇书法十二意》，称赞钟繇书法“巧趣精细，殆同机神”。庾肩吾将钟繇的书法列为“上品之上”，说“钟天然第一，工夫次之，妙尽许昌之碑，穷极邺下之牍”。张怀瓘更将钟书列为“神品”。此外，明岑宗旦、清刘熙载等都给以极高评价。张彦远《法书要录》收有梁武帝萧衍《观钟繇书法十二意》，所谓十二意指平、直、均、密、锋、力、轻、决、补、损、巧、称。主要也是指用笔方法、间架结构等。总而论之，钟繇在中国书法史上占有相当重要的地位，他和东汉的张芝被人合称为“钟张”，又与东晋书圣王羲之被人并称为“钟王”。对于汉字书法的创立、发展、流变都有重要作用。

（3）“草圣”张芝。

张芝（?—192），字伯英，东汉大书法家，人称之为“草圣”。敦煌郡渊泉县（今甘肃瓜州县东）人。张芝的草书源自杜度、崔瑗，尔后自立门户。庾肩吾《书品》评为“功夫第一，天然次之”。与钟繇、王羲之并列为“上之上”品。

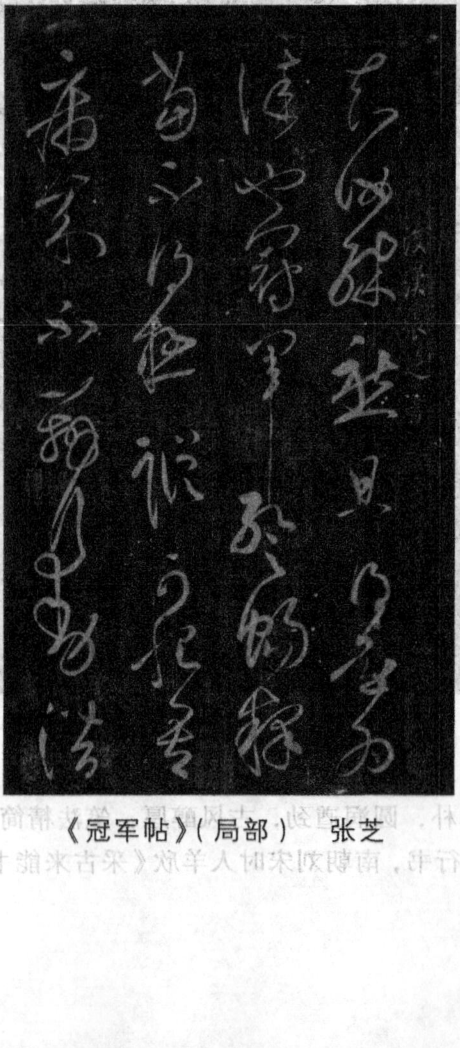

《冠军帖》（局部）　张芝

草之书，字字区别，张芝变为今草，如流水速，拔茅连茹，上下牵连，或借上字之下而为下字之上，奇形离合，数意兼包，若悬猿饮涧之象，钩锁连环之状，神态自若，变化不穷。

（4）“书圣”王羲之。

王羲之（303—361）世称“书圣”。东晋书法家，字逸少，号斋，原籍琅琊（今山东临沂费县），后迁居山阴（今浙江绍兴），著名书法著作有《兰亭序》等。晚年隐居剡县金庭，历任秘书郎、宁远将军、江州刺史。后为会稽内史，领右将军，人称“王右军”“王会稽”。其子王献之书法亦佳，世人合称为“二王”。因此，《书谱》概总为：“汉魏有钟、张之绝，晋末有二王之妙。”四人被称为古代书家“四贤”。

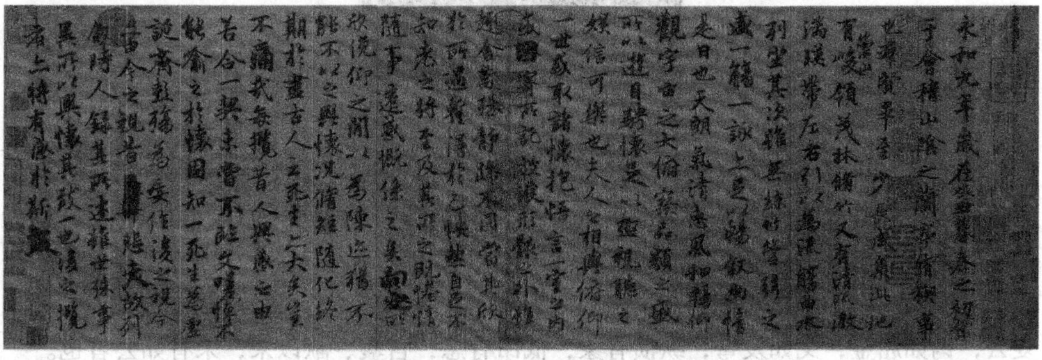

唐代冯承素摹王羲之兰亭序卷神龙本（局部）

《兰亭序》被誉为“天下第一行书”，全篇写得从容娴和，气盛神凝，“遒媚劲健，绝代亘古”。

《兰亭序》结体欹侧多姿，错落有致，千变万化，曲尽其态，帖中二十个“之”字皆别具姿态，无一雷同。用笔以中锋立骨，侧笔取妍，有时藏蕴含蓄，有时锋芒毕露。尤其是章法，从头至尾，笔意顾盼，朝向偃仰，疏朗通透，形断意连，气韵生动，风神潇洒，所以明末董其昌在《画禅室随笔》中说：“右军《兰亭序》章法古今第一，其字皆映带而生，或大或小，随手所出，皆入法则，所以为神品也。”最难能可贵的是，从《兰亭序》那“不激不厉”的风格中，蕴藏着作者圆熟的笔墨技巧、深厚的传统功力、广博的文化素养和高尚的艺术情操。

（5）“颜体”颜真卿。

颜真卿（709—784），字清臣，唐代中期杰出书法家。生于京兆万年（今陕西西安），祖籍琅琊（今山东临沂费县）。他创立了“颜体”楷书，与赵孟頫、柳公权、欧阳询并称“楷书四大家”。

《多宝塔碑》(局部)　颜真卿

颜真卿楷书端庄雄伟，气势开张。行书遒劲郁勃，神采飞动。颜真卿的书法，既有以往书风中的气韵法度，又不为古法所束缚，突破了唐初的墨守成规，自成一格，称为“颜体”。宋欧阳修评论说：“斯人忠义出于天性，故其字画刚劲独立，不袭前迹，挺然奇伟，有似其为人。宋朱长文《续书断》中列其书法为神品。”并评说：“点如坠石，画如夏云，钩如屈金，戈如发弩，纵横有象，低昂有态，自羲、献以来，未有如公者也。”

(6)“柳体”柳公权。

柳公权(778—865)，字诚悬，京兆华原(今陕西耀州区)人，官至太子太师，世称“柳少师”，是唐朝最后一位著名书法家。擅长楷书，代表作有《神策军碑》《玄秘塔碑》等。

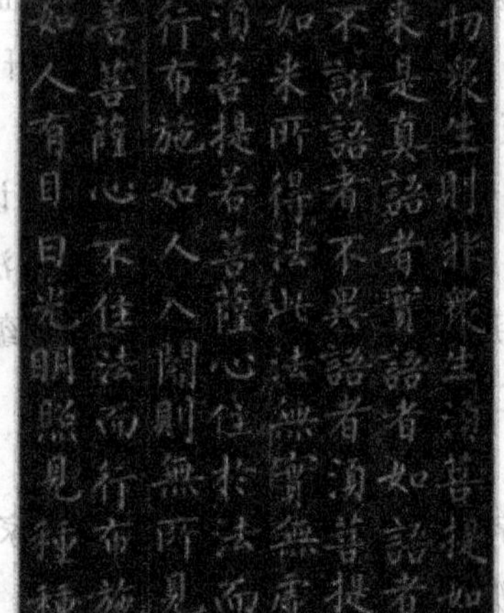

《玄秘塔碑》(局部)　柳公权

柳公权书法结体遒劲，而且字字严谨，一丝不苟。在字的特色上，以瘦劲著称，所写楷书，体势劲媚，骨力劲健，以行书和楷书最为精妙。字体匀衡瘦硬，追魏碑斩钉截铁势，点画爽利挺秀，骨力遒劲，结构严谨，有着“颜筋柳骨”的说法。他的书法在唐朝当时即负盛名，民间更有“柳字一字值千金”的说法。柳楷书的笔法劲练，稳而不俗，险而不怪，老而不枯，润而不肥，仪态冲和，遒媚绝伦。笔画均匀硬瘦，棱角外露，富于变化。横画大都方起圆收，骨力劲健，起止清楚，短横粗壮，长横格外瘦长，神采清秀，竖画顿挫有力，挺劲瘦长，凝练结实，撇画锐利，捺画粗重稍短而踢起，用笔干净利落。总体上内敛外拓，中宫收紧，四肢开展，于严谨中见疏朗开阔的风姿。

（7）“瘦金体”赵佶。

瘦金书亦称瘦金体，楷书的一种，由宋徽宗赵佶所创。宋徽宗赵佶（1082—1135），宋朝第八位皇帝。后世评其“宋徽宗诸事皆能，独不能为君耳!”

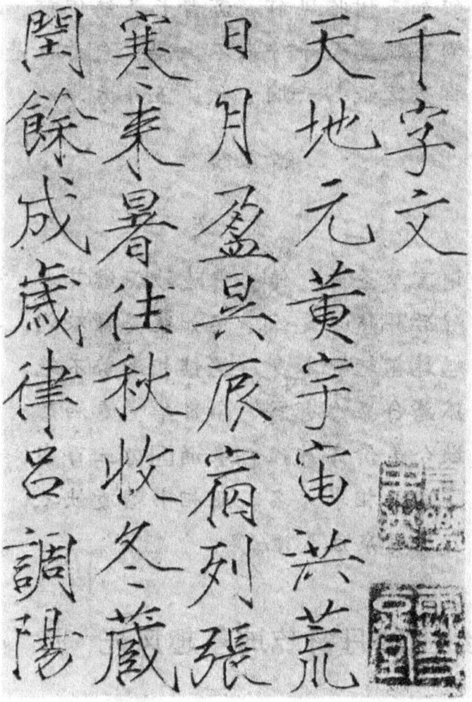

《楷书千字文》（局部）　赵佶

瘦金书的意思是美其书为金，取富贵义，字体吸收了褚遂良、薛曜、薛稷、黄庭坚等人的风格，并创出新意，运笔挺劲犀利，笔道瘦细峭硬而有腴润洒脱的风神，自成一家。瘦金体的运笔窾忽快捷，笔迹瘦劲，至瘦而不失其肉，转折处可明显见到藏锋、露锋等运转提顿的痕迹，是一风格相当独特、洒脱明快、气韵脱俗的字体，即所谓“天骨遒美，逸趣霭然”。但瘦金体又具有强烈的个性色彩，所谓“如屈铁断金”。这种瘦挺爽利、侧锋如兰竹的书体，需要极高的书法功力和涵养以及神闲气定的心境。其中笔法犀利、铁画银钩、飘逸劲特的《秾芳依翠萼诗帖》为大字楷书，是宋徽宗瘦金书的杰作。

但是宋徽宗的书法存在着柔媚轻浮的缺点，这也许是时代和他本人的艺术修养所致，但他首创的瘦金体的独特的艺术个性，为后人竞相仿效，开创了一大流派。

4. 相关作品选诵读及理解

饮中八仙歌

杜　甫

知章骑马似乘船，眼花落井水底眠。汝阳三斗始朝天，道逢曲车口流涎，恨不移封向酒泉。左相日兴费万钱，饮如长鲸吸百川，衔杯乐圣称世贤。宗之潇洒美少年，举觞白眼望青天，皎如玉树临风前。苏晋长斋绣佛前，醉中往往爱逃禅。李白一斗诗百篇，长安市上酒家眠。天子呼来不上船，自称臣是酒中仙。张旭三杯草圣传，脱帽露顶王公前，挥毫落纸如云烟。焦遂五斗方卓然，高谈雄辩惊四筵。

赠零陵僧

苏　焕

张颠没在二十年，谓言草圣无人传。零陵沙门继其后，新书大字大如斗。
兴来走笔如旋风，醉后耳热心更凶。忽如裴旻舞双剑，七星错落缠蛟龙。
又如吴生画鬼神，魑魅魍魉惊本身。钩锁相连势不绝，倔强毒蛇争屈铁。
西河舞剑气凌云，孤蓬自振唯有君。今日华堂看洒落，四座喧呼叹佳作。
回首邀余赋一章，欲令羡价齐钟张。琅诵□句三百字，何似醉僧颠复狂。
忽然告我游南溟，言祈亚相求大名。亚相书翰凌献之，见君绝意必深知。
南中纸价当日贵，只恐贪泉成墨池。

（四）国画：宣纸上的丹青乾坤意趣风光

1. 简　介

中国画，主要是用毛笔、软笔，用国画颜料和墨在帛或宣纸上作画的一种中国传统的绘画形式。以描绘山水、器物、花鸟、人物为主，色调单纯明快、画风写意抽象，凝聚着中华民族的智慧、性格、心理、气质，以其鲜明的特色和风格在世界画苑中占据一席之地。工笔细描，产生无尽的意趣；浓墨重彩，展现无穷的诗意；诗画的完美结合更赋予画中的内容以精神和情韵。从简朴中可以窥见繁复，从简淡处可以看到多彩，这才算有了美的灵性。中国绘画具有举世无双的理论、技巧与风格。它力求生动、传神，给人一种“中国式”的美。

2．发展历史

中国画历史悠久，远在2 000多年前的战国时期就出现了画在丝织品上的绘画——帛画，这之前又有原始岩画和彩陶画。这些早期绘画奠定了后世中国画以线为主要造型手段的基础。

两汉和魏晋南北朝时期，社会经历了由稳定统一到分裂的急剧变化，域外文化的输入与本土文化所产生的撞击及融合，使这时的绘画形成以宗教绘画为主的局面，描绘本土历史人物、取材文学作品亦占一定比例，山水画、花鸟画亦在此时萌芽，同时对绘画自觉地进行理论上的把握，并提出品评标准。

隋唐时期社会经济、文化高度繁荣，绘画也随之呈现出全面繁荣的局面。山水画、花鸟画已发展成熟，宗教画达到了顶峰，并出现了世俗化倾向；人物画以表现贵族生活为主，并出现了具有时代特征的人物造型。

五代两宋又进一步成熟和更加繁荣，人物画已转入描绘世俗生活，宗教画渐趋衰退，山水画、花鸟画跃居画坛主流。而文人画的出现及其在后世的发展，极大地丰富了中国画的创作观念和表现方法。

元、明、清三代水墨山水和写意花鸟得到突出发展，文人画成为中国画的主流，但其末流则走向因袭模仿，距离时代和生活愈去愈远。

随着时代的变迁，中国画由过去士大夫和贵族娱乐自赏的贵族艺术转向为“民众的艺术”，由过去的象牙之塔，走向十字街头。中国画在题材内容上产生了深刻的变化。画家们将视角投向社会现实，创作了一大批具有时代特征的优秀作品。

3．中国画的形式

中国画的形式多样，有横、直、方、圆和扁形，也有大小长短等分别，除壁画外，以下是常见的几种：

中堂：中国旧式房屋，天花板高大，所以客厅中间墙壁适宜挂上一幅巨大字画，称为“中堂”。

条幅：成一长条形的字画称为条幅，对联亦由两张条幅配成。条幅可横可直，横者与匾额相类。无论书法或国画，可以设计为一个条幅或四个甚至多个条幅。常见的有春夏秋冬条幅。各绘四季花鸟或山水，四幅为一组。至于较长诗文，如不用中堂写成，亦可分裱为条幅，颇为美观。

小品：就是指体积较细的字画。可横可直，装裱之后，适宜悬挂在较小的墙壁或房间，十分精致。

镜框：将字画用木框或金属装框，上压玻璃或胶片，称为压镜。现代胶片有不反光及体轻的优点。至于不反光的玻璃，不会影响人对画面的欣赏，所以很受欢迎。

卷轴：卷轴是中国画的特色，将字画装裱成条幅，下加圆木作轴，把字画卷在轴外，以便收藏。

扇面：将折扇或圆扇的扇面上题字写画取来装裱，由于圆形或扇形的形式美丽，所以有人将画面剪成扇形才作画，然后装裱，别具风格。

册页：将字画装订成册，称为册页。册页可以折叠画面使之各成方形。

长卷：将画裱成长轴一卷，成为长卷，多是横看。而画面连续不断，较册页逐张出现不同。

斗方：将小品装裱成一方尺左右的字画，成为斗方。可压镜，可平裱。

屏风：单一幅可摆于桌上者为镜屏，用框镶座，立于八仙桌上，是传统装饰之一。至于屏风，有单幅或折幅，可配字画，坐立地屏风之用。

4．中国画的载体

中国字画可作在纸、绢、帛、扇、陶瓷、碗碟、镜屏等物之上，常见的有下列几种，壁画不入其列。

绢本：将字画绘制在绢、绫或者丝织物上，称为绢本。古画绢本虽多，但易被虫蛀，亦被折损，反而纸本更易保存。绢本看起来较名贵，但底色不及纸本洁白。由于绢本绘画前准备工夫较多，故不及纸本通行。

纸本：中国字画用纸大致可以分为两种，一种容易受水的是生宣，生宣加了矾水就不易受水，是熟宣。

折扇：古人扇画多较细小，以便携带。但现代人多用巨型扇画做室内装饰物，所以较古人更为实用。

圆扇：圆扇多呈圆形或椭圆形，面积不大。但也有绢本、纸本之分。古代宫廷用的大扇或者掌扇，大至高与人齐，现在很少见。

陶瓷：花瓶、杯、碟、镜屏等器皿，亦有字画制作，所用颜料及制法不同，但字画原理不变。

器皿：除瓷器外，如日历、灯罩、鼻烟壶甚至现代领带及衣物等，亦有以字画作装饰，而且十分流行，别具一格。

5．中国画的欣赏

初看中国画，要欣赏的不仅是画面，还要看以下几项是否精美。

画工：画家的作品，可表现出作者的成就。我们在主观评判该画的好与坏时，往往受画工的影响最大。

书法：中国画与西方绘画的不同之处，其中一项就是书法。画中的书法对画面的影响至大。书法不精的画家，大多不敢题字，虽然仅具签署，亦可窥其功底一二。

印章：画面上常见的印章有画家的印玺、题字者私章、闲章、收藏印章、欣赏印章、鉴证印章等。而各种印章的雕工、印文内容、印章位置，都在评价之列。尤其古画，往往有皇帝、名家、藏家及鉴赏家的印鉴，可佐真伪之辨。

装框：中国画的装裱独具一格，常见的有纸裱、绫裱两大类。纸裱较粗，绫裱较精。裱边的颜色、宽窄、衬边、接驳、裱工等都十分讲究。

内涵：中国人欣赏字画不独欣赏表面功夫，更着重关注作品的深意。

功力：从事书画修养越久的人，他表现出的功力越深厚，这是初学者无法企及的。尤其是书法，老手多苍劲有力，雄浑生姿。在国画方面，其线条、设计、意境亦表现出作者的功力。所以人生经验丰富的艺术家，其作品往往较年轻画家有不同的表现，这就是功力。

布局：布局看来似是画面的设计，其实是作者胸怀中的天地，从画面布局中表现出来。中国画与西方绘画不同的地方甚多，最明显之处就是“留白”，国画传统上不加底色，于是留白甚多，而疏、密、聚、散称为留白的布局。在留白之处，有人以书法、诗词、印章等来补白。亦有让其空白，故从布局可见作者独到之处。

学识：功力及布局可以从画面窥其一二，至于作者的学识，对其作品影响很大。故中国有“文人画”之称。著名文人，其作品与众不同，就是一种“书卷气”。画家于画匠之别，学识是条件之一。

人品：西方画家，往往浪漫不羁，以游戏人间为乐，而欣赏者只观其画而不理画家的私德。中国人不同，画家或书家如行为不检、道德败坏、声名狼藉、大奸大恶者，即使其书法美术如何精美，亦无人问津。试问谁家高悬秦桧等奸臣作品，而岳飞的“还我河山”，孙中山的“天下为公”成为人尽皆知的好匾额，就是这个道理。

诗句：字画中的诗词，往往代表主人的心声。一句好诗能表现作者的内涵和学养，一句好诗，亦能起到画龙点睛的作用。

印文：无论字或画，常有“压角”的闲章出现。所谓闲章就是画面或书法留白的角落。而印上的文字，有时对字画影响甚大。从印文中也可看到作者的心态或当时的思想。

6．名家名作欣赏

（1）“画绝”东晋顾恺之。

顾恺之是对中国画发展影响甚大，被人称作“画绝，痴绝，才绝”。他不仅创造了人物画的基本模式，留下了最早的山水手稿《画云台山记》，而且提出如“传神论”这样可以坚守千年的绘画原则。不苛刻地说，在现代美术教育进入中国以前，顾恺之的绘画理念仍然是大部分中国画家所共同遵守的准则。

《洛神赋图》（局部）　顾恺之

顾恺之的人物画及山水、飞禽走兽等画颇具盛名。在画人像时特别注重点睛，提出“传神写照，尽在阿堵之中”的理论。他画风独特，“秀骨清像，春蚕吐丝”是他的一大绘画特色。他所绘人像清秀俊朗，且线条顺畅无阻。《洛神赋图》是他人物画中最具影响力的作品，是中国画十大名画之一，具有非凡的历史研究意义和文学传承价值。

顾恺之所作的《女史箴图》以平常的生活例子为题材，笔法细腻，人的神态和形态都有准确的体现。画面中的线条优美婉转，人物形态各异，衣带飞舞，显示出翩翩欲仙的感觉。

在画论中，他提出了“传神论”“以形传神”等相关的论点，主张在绘画上要极力表现出人物的精神世界和人物性格特征等，主张通过对绘画对象的观察、体验，通过联想的方式来把握人物内在的本质，从而使得人物在形态和神态上处于同一种状态。

（2）“画圣”唐代吴道子。

吴道子（约 680—759），唐代著名画家，画史尊称“画圣”，又名道玄。吴道子在绘画艺术上之所以取得如此卓然超群的成就，是由于他敢于求新，勇于创作。《历代名画记》记载了他这样两句话："众皆密于盼际，我则离披其点画，众皆谨于象似，我则脱落其凡俗。"由此可见他在绘画艺术上不落俗套、大胆创新的精神。诸如高度的写实技巧、笔法的解放、山水画的正式确立等，皆是肇始于吴道子，具有划时代的意义。

《送子天王图》(局部)　吴道子

吴道子善于从复杂的物体形态中吸收精髓，把凹凸面、阴阳面，归纳成为不可再减的"线"，结合物体内在的运动，构成线条的组织规律，如衣纹的高、侧、深、斜、卷、折、飘、举的姿势，完全基于线条的组织而描摹出物体的性格。他画的人物，使人感到"虬须云鬓，数尺飞动，毛根出肉，力健有余"，笔势圆转，衣服飘带如迎风飘扬，后人称这种风格"吴带当风"。可见，他画的人物形象鲜明，真切感人。

(3)"全景山水"五代后梁荆浩。

荆浩(约850—？)，五代后梁画家，字浩然，号洪谷子，山西沁水人。因避战乱，常年隐居太行山。擅画山水，师从张璪，吸取北方山水雄峻气格，作画"有笔有墨，水晕墨章"，勾皴之笔坚凝挺峭，表现出一种高深回环、大山堂堂的气势，为北方山水画派之祖。所著《笔法记》为古代山水画理论的经典之作，提出气、韵、景、思、笔、墨的绘景"六要"。现存作品有《匡庐图》《雪景山水图》等。

《匡庐图》 荆浩

按荆浩自己的解释："笔者，虽依法则，运转变通，不质不形，如飞如动。墨者，高低晕淡，品物浅深，文彩自然，似非因笔。"他主要强调的是用笔的变化运动感，用墨的韵味天趣。荆浩之前的山水画，很少见到表现雄伟壮阔的大山大水及全景式布局的绘画作品。受太行山气势磅礴的震撼，他的审美眼光发生了重要变化，认识到"山水之象，气势相生"。由于他放眼于广阔空间的雄伟气势，终于开创了"开图千里"的新格局。

荆浩放眼于广阔空间的雄伟气象，这一变化反映了当时人们对大自然审美认识的深化。他把在现实中观察到的不同部位、形貌的山峦水流，分别定名为峰、顶、峦、岭、岫、崖、岩、谷、峪、溪、涧等，并指出从总体上把握自然山水的规律："其上峰峦虽异，其下冈岭相连，掩映林泉，依稀远近。"正是在从上下、远近、虚实、宾主以及各种物象的全方位审视中，形成了"山水之象，气势相生"的整体观念，在创作中往往是危峰突兀，重岩叠嶂，林泉掩映，气势浩大。

（4）明末清初八大山人。

朱耷（1626—约 1705），明末清初画家，中国画一代宗师。字刃庵，号八大山人、个山、人屋、道朗等，江西南昌人。

他是明太祖朱元璋第十七子朱权的九世孙，本是皇家世孙。明亡后削发为僧，后改信道教，住南昌青云谱道院。擅书画，花鸟以水墨写意为主，形象夸张奇特，笔墨凝练沉毅，风格雄奇隽永；山水师法董其昌，笔致简洁，有静穆之趣，得疏旷之韵。擅书法，能诗文，用墨极少。朱耷一生坎坷，曾一度精神失常，痛定思痛后，他选择背过身去，与世隔绝，在创作中安放自己孤独的灵魂。用他自己的话说："墨点无多泪点多，山河仍是旧山河。横流乱世杈椰树，留得文林细揣摩。"八大山人的绘画给人的感觉是如释重负后的意犹未尽，是给人思考的而不仅仅是限于让人观看的，他的作品代表着中国画的真谛。

《鱼》 朱耷

八大山人书画特点就是一个"少"字，一个"怪"字。笔墨少，但少而不薄，少而不贫，少而不单调，少而有味，少而有趣，透过少而给读者一个无限的思想空间，这是难能可贵的。

由于八大山人的特殊身世和所处的时代背景，他的画作不能像其他画家那样直抒胸臆，而是通过他那晦涩难解的题画诗和那种怪怪奇奇的变形画来表现。例如他所画的鱼和鸟，寥寥数笔，或拉长身子，或紧缩一团，似是而非。特别是那对眼睛，有时是个椭圆形，都不是我们生活中所看的鱼、鸟的眼睛，生活中鱼、鸟的眼睛都是圆圆的，眼珠子在中央也不会转动。八大山人画的鱼、鸟的眼珠子都能转动，有时还会翻白眼瞪人哩。他画的山石也不像平常画家画那个样子，浑浑圆圆、上大下小、头重脚轻，他想搁在哪里就在哪里，也不管它是不是稳当，立不立得住。他画的树，老干枯枝，仅仅几个杈椰，几片树叶，在森林中几万棵树也挑不出这样一棵树来。他画的光秃秃的树，东倒西歪，荒荒凉凉，别具风格，以"怪"闻名。

（5）理论家兼画家清初石涛。

石涛（1642—1708），清初画家，原姓朱，名若极，广西桂林人，祖籍安徽凤阳，小字阿长，别号很多，如大涤子、清湘老人、苦瓜和尚、瞎尊者，法号有元济、原济等。南明元宗朱亨嘉之子，与弘仁、髡残、朱耷合称“清初四僧”。石涛是中国绘画史上一位十分重要的人物，他既是绘画实践的探索者、革新者，又是艺术理论家。著有《苦瓜和尚画语录》，阐述了他对山水画的认识，提出一画说，主张“借古以开今”“我用我法”“搜尽奇峰打草稿”等，在中国画史上具有十分重要的意义。

《淮扬洁秋图》 石涛

石涛工诗文，善书画。其画擅山水，兼工兰竹。其山水不局限于师承某家某派，而广泛师法历代画家之长，将传统的笔墨技法加以变化，又注重师法造化，从大自然汲取创作源泉，并完善表现技法。作品笔法流畅凝重，松柔秀拙，尤长于点苔，密密麻麻，劈头盖面，丰富多彩；用墨浓淡干湿，或笔简墨淡，或浓重滋润，酣畅淋漓，极尽变化；构图新奇，或全景式场面宏阔，或局部特写，景物突出，变幻无穷。画风新颖奇异，苍劲恣肆，纵横排奡，生意盎然。其花鸟、兰竹，亦不拘成法，自抒胸臆，笔墨爽利峻迈，淋漓清润，极富个性。石涛的绘画，在当时即名重于世，由于他饱览名山大川，“搜尽奇峰打草稿”，形成自己苍郁恣肆的独特风格。石涛善用墨法，枯湿浓淡兼施并用，尤其喜欢用湿笔，通过水墨的渗化和笔墨的融合，表现出山川的氤氲气象和深厚之态。有时用墨很浓重，墨气淋漓，空间感强。在技巧上他运笔灵活。或细笔勾勒，很少皴擦；或粗线勾斫，皴点并用。有时运笔酣畅流利，有时又多方拙之笔，方圆结合，秀拙相生。

石涛作画构图新奇，无论是黄山云烟、江南水墨，还是悬崖峭壁、枯树寒鸦，或平远、深远、高远之景，都力求布局新奇，意境翻新。他尤其善用“截取法”以特写之景传达深邃之境。石涛还讲求气势。他笔情恣肆，淋漓洒脱，不拘小处瑕疵，作品具有一种豪放郁勃的气势，以奔放之势见胜。对清代以至现当代的中国绘画发展产生了极为深远的影响。有《搜尽奇峰打草稿图》《淮扬洁秋图》《惠泉夜泛图》《山水清音图》《细雨虬松图》《梅竹图》《墨荷图》《竹菊石图》等传世。

7. 相关作品选诵读及理解

画

王　维

远看山有色，近听水无声。春去花还在，人来鸟不惊。

姜楚公画角鹰歌

杜　甫

楚公画鹰鹰戴角，杀气森森到幽朔。观者贪愁掣臂飞，画师不是无心学。
此鹰写真在左绵，却嗟真骨遂虚传。梁间燕雀休惊怕，亦未抟空上九天。

当涂赵炎少府粉图山水歌

李　白

峨眉高出西极天，罗浮直与南溟连。名公绎思挥彩笔，驱山走海置眼前。
满堂空翠如可扫，赤城霞气苍梧烟。洞庭潇湘意渺绵，三江七泽情洄沿。
惊涛汹涌向何处，孤舟一去迷归年。征帆不动亦不旋，飘如随风落天边。
心摇目断兴难尽，几时可到三山巅？西峰峥嵘喷流泉，横石蹙水波潺湲。
东崖合沓蔽轻雾，深林杂树空芊绵。此中冥昧失昼夜，隐几寂听无鸣蝉。
长松之下列羽客，对坐不语南昌仙。南昌仙人赵夫子，妙年历落青云士。
讼庭无事罗众宾，杳然如在丹青里。五色粉图安足珍？真仙可以全吾身。
若待功成拂衣去，武陵桃花笑杀人。

二、生活与修身

1. 聆听古琴乐曲，感受古典音乐的魅力。

2. 学黑白围棋技术，丰富休闲生活节目，提高游戏品位。

3. 闲暇时间，以书会友，临摹书帖，欣赏书法名作，提高书法艺术修养，陶冶情操。

4. 到展览馆观赏画作，或者到书画店挑选自己喜欢的画作装点屋室，美化环境。

项目八

家国情怀血脉传承之世俗人文——传统节日

“观乎人文，以化成天下”，出自中国古代典籍《易经》贲卦的彖辞。在古人心目中，“天文”指天道及自然规律，“人文”则是指社会人伦及文化。认识自然和建构文化，是人类文明的重要体现，而文化更是文明的特质和精髓所在。

不同的历史阶段有不同的文化精神与追求，但一个民族总有着最核心、最内在的文化特质。这些特质就是世世代代代中国人血脉里的家国情怀，就是时时处处流转的“天下兴亡，匹夫有责”“覆巢之下安有完卵”的生存法则，就是中华儿女“多难兴邦”的底气和豪气，就是年年岁岁、岁岁年年在中国传统节日里焕发生机的中华优秀传统文化的基因。

一、要义与选文

（一）春节：普天同庆的迎春盛会

1. 简　介

春节是农历正月初一，又叫阴历年，俗称“过年”。这是我国民间最隆重、最热闹的节日，俗称“年节”，传统名称为新年、大年、新岁，但口头上又称度岁、庆新岁、过年。中国人过春节已有 4 000 多年的历史。在现代，政府把春节定于农历正月初一，但一般至少要到正月十五（上元节）新年才算结束。在民间，传统意义上的春节是指从上一年的腊月（十二月）的腊祭或腊月二十三或二十四的祭灶，一直到新一年的正月十五。

2. 春节的起源

关于春节的起源有诸多说法，其中有几种较具代表性的说法。春节源于腊祭、源于巫术仪式说、源于鬼节说等。其中最被普遍接受的说法是春节由虞舜时期兴起。公元前 2 000 多年的一天，舜继天子位，带领着部下人员，祭拜天地。从此，人们就把这一天当作岁首。《礼记》记载：“殷人尊神，率民以事神，先鬼而后礼。”说的是在商代社会中，鬼神崇拜具有至高无上的地位，商代先民认为祖先的灵魂能够保佑子孙，具有与神一样的法力。祭祀在收获后的腊月进行，所以称为“腊祭”，而这种周而复始的活动，使得过年不仅具有庆丰收、祈求收获的意义，还具有了信仰神灵和崇敬祖先的内涵。尤为重要的是这种活动是自天子到庶民都积极参与的统一行为，最终逐渐凝聚成中国人代代相传的家国一体的民族精神。

春节的名称和时间在悠久的历史中有演变。古代的春节叫“元日”“新年”“正旦”“岁首”“三元”等。而中国历代的正月的设定日期却并不一致：夏朝用孟春（即正月）为正月；商朝用腊月（十二月）为正月；秦始皇统一六国后规定以十月为正月，汉朝初期沿用秦历；汉武帝太初元年，即公元前 104 年，天文学家落下闳、邓平等人制订了《太初历》，将原来以十月为岁首改为以孟春为岁首，后人在此基本上逐渐完善为我们当今使用的阴历（即农历），落下闳也被称为“春节老人”。此后中国一直沿用夏历（阴历，又称农历）纪年，直到清朝末年，长达 2 080 年。

中华人民共和国正式成立后，我国把公历的元月一日定为元旦，俗称阳历年；农历正月初一通常都在立春前后，因而把农历正月初一定为“春节”，俗称阴历年。

3．民间习俗

（1）扫尘。

“月二十四，掸尘扫房子”，据《吕氏春秋》记载，我国在尧舜时代就有春节扫尘的风俗。按民间的说法：因“尘”与“陈”谐音，新春扫尘有“除陈布新”的涵义，其用意是要把一切穷运、晦气统统扫出门。这一习俗寄托着人们破日立新的愿望和辞日迎新的祈求。每逢春节来临，家家户户都要打扫环境，清洗各种器具，拆洗被褥窗帘，洒扫六间庭院，掸拂尘垢蛛网，疏浚明渠暗沟，从朝廷到民间，家家户户到处洋溢着欢欢喜喜搞卫生、干干净净迎新春的欢乐气氛。

（2）贴春联。

春联也叫门对、春贴、对联、对子、桃符等，它以工整、对偶、简洁、精巧的文字描绘时代背景，抒发美好愿望，是我国特有的文学形式。每逢春节，无论城市还是农村，家家户户都要精选大红春联贴于门上，为节日增加喜庆气氛。这一习俗在明代开始盛行，到了清代，春联的思想性和艺术性都有了很大的提高；梁章钜编写的春联专著《楹联丛话》对楹联的起源及各类作品的特色都做了论述。

春联的种类比较多，依其使用场所，可分为门心、框对、横披、春条、斗方等。“门心”贴于门板上端中心部位；“框对”贴于左右两个门框上；“横披”贴于门楣的横木上；“春条”根据不同的内容贴于相应的地方；“斗斤”也叫“门叶”，为正方菱形，多贴在家具、影壁上。

（3）贴窗花。

在民间人们喜欢在窗户上贴上各种剪纸——窗花，窗花不仅烘托了喜庆的节日气氛，也集装饰性、欣赏性和实用性于一体。

剪纸在我国是一种很普及的民间艺术，千百年来深受人们的喜爱，因它大多是贴在窗户上的所以也称其为“窗花”。窗花以其特有的概括和夸张手法将吉事祥物、美好愿望表现得淋漓尽致，将节日装点得红火富丽。

（4）贴“福”字。

在贴春联的同时，一些人家要在屋门上、墙壁上、门楣上贴上大大小小的“福”字。春节贴“福”字，是我国民间由来已久的风俗。“福”字指福气、福运，寄托了人们对幸福生活的向往，对美好未来的祝愿。为了更充分地体现这种向往和祝愿，有的人干脆将“福”字倒过来贴，表示“幸福已到”“福气已到”。民间还有将“福”字精描细做成各种图案的，图案有寿星、寿桃、鱼跳龙门、五谷丰登、龙凤呈祥等。

（5）放爆竹。

中国民间有“开门爆竹”一说。即在新的一年到来之际，家家户户开门的第一件事就是燃放爆竹，在爆竹声除旧迎新。爆竹是中国特产，亦称“爆仗”“炮仗”“鞭炮”。其起源很早，至今已有两千多年的历史。放爆竹可以创造出喜庆热闹的气氛，是节日的一种娱乐活动，可以给人们带来欢愉和吉利。随着时间的推移，爆竹的应用越来越广泛，品种花色也日见繁多，每逢重大节日及喜事庆典，如婚嫁、建房、开业等，都要燃放爆竹以示庆贺，图个吉利。

（6）拜年。

新年的初一，人们都早早起来，穿上最漂亮的衣服，打扮得整整齐齐，出门去走亲访友，相互拜年，恭祝来年大吉大利。拜年的方式多种多样，有的是同族长带领若干人挨家挨户地拜年；有的是同时相邀几个人去拜年；也有大家聚在一起相互祝贺，称为“团拜”。由于登门拜年费时费力，后来一些士大夫便使用名贴相互投贺，由此发展出来后来的“受年片”。春节拜年时，晚辈要先给长辈拜年，祝长辈人长寿安康。长辈可将事先准备好的压岁钱分给晚辈。据说压岁钱可以压住邪祟，因为“岁”与“祟”谐音，晚辈得到压岁钱就可以平平安安度过一岁。压岁钱有两种，一种是以彩绳穿线编作龙形，置于床，此记载见于《燕京岁时记》；另一种是最常见的，即由家长用红纸包裹分给孩子的钱。压岁钱可在晚辈拜年后当众赏给，亦可在除夕夜孩子睡着时，由家长偷偷地放在孩子的枕头底下。

（7）年画。

春节挂贴年画在城乡也很普遍，浓墨重彩的年画给千家万户增添了许多兴旺欢乐的喜庆气。年画是我国的一种古老的民间艺术，反映了人民朴素的风俗和信仰，寄托着他们对未来的希望。年画，也和春联一样，起源于“门神”。随着木板印刷术的兴起，年画的内容已不仅限于门神之类单调的主题，变得丰富多彩，在一些年画作坊中产生了《福禄寿三星图》《天官赐福》《五谷丰登》《六畜兴旺》《迎春接福》等经典的彩色年画以满足人们喜庆祈年的美好愿望。我国年画有 3 个重要产地：苏州桃花坞、天津杨柳青和山东潍坊，形成了中国年画的三大流派，各具特色。我国现存最早的年画是南宋《随朝窈窕呈倾国之芳容》的木刻年画，画的是王昭君、赵飞燕、班姬和绿珠四位古代美人。民间流传最广的是一幅《老鼠娶亲》的年画，描绘了老鼠依照人间的风俗迎娶新娘的有趣场面。

（8）年饭。

年三十的晚饭有讲究。在南方，晚饭吃完后，不用收拾碗筷，一直放到新年的第一天，谓“年年有余粮”。在北方，有的人家还要供一盆饭，年前烧好，要供过年，叫作“隔年饭”，是年年有剩饭，一年到头吃不完，今年还吃昔年粮的意思。这盆隔年饭一般用大米和小米混合起来煮，北京俗话叫“二米子饭”，是为了有黄有白，这叫作“有金有银，金银满盆”的“金银饭”。表达了人们祈求五谷丰登、丰衣足食的美好愿望。

（9）守岁。

除夕守岁是最重要的年俗活动之一。守岁之俗由来已久。最早记载见于西晋周处的《风土志》：除夕之夜，各相与赠送，称为“馈岁”，酒食相邀为“别岁”：长幼聚饮，祝颂完备，称为“分岁”；大家终夜不眠，以待天明，称为“守岁”。“一夜连双岁，五更分二天”，除夕之夜，全家团聚在一起，吃过年夜饭，点起蜡烛或油灯，坐炉旁闲聊，等着辞旧迎新的时刻，通宵守夜，象征着把一切邪瘟病疫驱走，期待着新的一年吉祥如意。这种习俗后来逐新盛行，到唐朝初期，唐太宗李世民写有“守岁”诗：“寒辞去冬雪，暖带入春风。”直到今天人们还习惯在除夕之夜守岁迎新。古时守岁有两种含义：年长者守岁为“辞旧岁”，有珍爱光阴的意思；年轻人守岁，是为延长父母寿命，自汉代以来，新旧年交替的时刻一般为夜半时分。中国人虔诚的“守岁”也是一种家庭和谐、兄弟互助、邻里和睦的表现。

（10）娱乐。

大年初一开始，人们尽情享受欢乐。节日的热烈气氛不仅洋溢在各家各户，也充满大街小巷。各地也有演戏、舞狮子、要龙灯、演社火、游花市、逛庙会等习俗。这期间花灯满城，游人满街，热闹非凡，盛况空前，一直要闹到正月十五元宵节过后，春节才算真正结束了。

4. 美　食

在古代的农业社会里，大约自腊月初八以后，家庭主妇们就要忙着张罗过年的食品了。因为腌制腊味所需的时间较长，所以必须尽早准备，我国许多省份都有腌腊味的习俗。蒸年糕也是过年要做的。年糕因为谐音“年高”，再加上有着变化多端的口味，几乎成了家家必备的应景食品。年糕的式样有方块状的黄白年糕，象征着黄金、白银，寄寓新年发财的意思。年糕的口味因地而异。北京人喜食江米或黄米制成的红枣年糕、白果年糕和白年糕。河北人则喜欢在年糕中加入大、小红豆及绿豆等一起蒸食。山西北部在内蒙古等地，过年时习惯吃黄米粉油炸年糕，有的还包上豆沙、枣泥等馅，山东人则用黄米、红枣蒸年糕。北方的年糕以甜为主，或蒸或炸，也有人干脆蘸糖吃。南方的年糕则甜咸兼具，例如苏州及宁波的年糕，以米制作，味道淡，除了蒸、炸以外，还可以切片炒食或是煮汤。甜味的年糕以糯米粉加白糖、猪油、玫瑰、桂花、薄荷、素蓉等配料，做工精细，可以直接蒸食或是蘸上蛋清油炸。两广地区还有粽子、糍粑等特色食品。各地食品美味可口，令人垂涎。人们在吃的过程中享受着和谐安宁的生活。

5. 相关作品选诵读及理解

元　日

王安石

爆竹声中一岁除，春风送暖入屠苏。千门万户曈曈日，总把新桃换旧符。

除　夜

戴复古

扫除茅舍涤尘嚣，一炷清香拜九霄。万物迎春送残腊，一年结局在今宵。
生盆火烈轰鸣竹，守岁筵开听颂椒。野客预知农事好，三冬瑞雪未全消。

守岁

苏轼

欲知垂尽岁，有似赴壑蛇。修鳞半已没，去意谁能遮。
况欲系其尾，虽勤知奈何。儿童强不睡，相守夜欢哗。
晨鸡且勿唱，更鼓畏添挝。坐久灯烬落，起看北斗斜。
明年岂无年，心事恐蹉跎。努力尽今夕，少年犹可夸。

（二）元宵节：火树银花的浪漫之夜

1. 简　介

元宵节，又称上元节、小正月、元夕或灯节，为每年农历正月十五，是中国春节年俗中最后一个重要节令。元宵节是中国与汉字文化圈地区以及海外华人的传统节日之一。正月是农历的元月，古人称“夜”为“宵”，所以把一年中第一个月圆之夜正月十五称为元宵节。

元宵节习俗自古以来就以热烈喜庆的观灯习俗为主。传统习俗有出门赏月、燃灯放焰、喜猜灯谜、共吃元宵、拉兔子灯等。此外，不少地方元宵节还增加了耍龙灯、耍狮子、踩高跷、划旱船、扭秧歌、打太平鼓等传统民俗表演。

2. 节日起源

元宵节的起源，有多种说法。

（1）祭祀“太一”。

据说，正月十五在西汉已经受到重视，汉武帝正月上辛夜在甘泉宫祭祀“太一”的活动，被后人视作正月十五祭祀天神的先声。东汉佛教文化的传入，对于元宵节的形成有着重要的推动意义。

（2）火把节。

元宵赏灯一说始于上古民众在乡间田野持火把驱赶虫兽，希望减轻虫害，祈祷获得好收成。隋、唐、宋以来，民众持火把于乡间田野跳舞更是盛极一时。参加歌舞者足达数万，从昏达旦，至晦而罢。直到今天，中国西南一些地区的人们还在正月十五用芦柴或树枝做成火把，成群结队高举火把在田头或晒谷场跳舞。

（3）三元说。

元宵燃灯的习俗一说起源于道教的“三元说”。上元，含有新的一年第一个月圆之夜的意思。上元节的由来，《岁时杂记》记载说，这是因循道教的陈规。道教曾把一年中的正月十五称为上元节，七月十五为中元节，十月十五为下元节，合称“三元”。汉末道教的重要派别五斗米道崇奉的神为天官、地官、水官，说天官赐福，地官赦罪，水官解厄，并以三元配三官，说上元天官正月十五日生，中元地官七月十五日生，下元水官十月十五日生。这样，正月十五日就被称为上元节。南宋吴自牧在《梦粱录》中说：“正月十五日元夕节，乃上元天官赐福之辰。”故上元节要燃灯。

（4）明帝敬佛。

元宵节一说源于佛教。这种说法主要是胡申生先生主编的《社会风俗三百题》中：“佛教教义中把火光比作佛之威神。”《无量寿经》有“无量火焰，照耀无极”说法。在佛教教义中，灯一直是佛前的供具之一。而且佛教经典中反复宣传：“百千灯明忏悔罪”（《菩萨藏经》）、“为世灯明最福田”（《无量寿经》）。逢遇佛教盛会都要大明灯火。在佛教传说中，与正月十五张灯有关系的是有关佛祖神变的事迹。据《僧史略》载，佛祖释迦牟尼示现神变、降伏神魔是在西方十二月三十日，即东土正月十五日，为纪念佛祖神变，此日需举行燃灯法会。东汉明帝时，摩腾竺法兰东来传教，汉明帝就敕令正月十五佛祖神变之日燃灯，并亲自到寺院张灯，以示礼佛。自此以后，元宵灯便蔚然成风。但是也有学者认为，此种观点站不住脚，认为佛教只是在这一天利用人们的节庆气氛来扩大自己的影响。

3. 民间习俗

中国幅员辽阔，历史悠久，所以在全国各地元宵节的习俗也不尽相同，其中吃元宵、赏花灯、舞龙、舞狮子等是元宵节几项重要民间习俗。

1）汉族民俗。

（1）闹花灯。

闹花灯是元宵节传统节日习俗，始于西汉，兴盛于隋唐。隋唐以后，历代灯火之风盛行，并沿袭传于后世。而正月十五，又是一年一度的闹花灯放烟火的高潮，所以也把元宵节称为“灯节”，在山西县城甚至乡、镇中，这些居民集中地、繁华热闹区，在正月十五到来之前，满街挂满灯笼，到处花团锦簇，灯光摇曳，到正月十五晚上达到高潮。正月十五的“观灯”已经成为山西民间群众自发的活动，在正月十五晚上，街头巷尾，红灯高挂，有宫灯、兽头灯、走马灯、花卉灯、鸟禽灯等，吸引着观灯的群众。

（2）猜灯谜。

猜灯谜又称打灯谜，是中国独有的富有民族风格的一种传统民俗文娱活动形式，是元宵节的特色活动。每逢农历正月十五，传统民间都要挂起彩灯，燃放焰火，后来有好事者把谜语写在纸条上，贴在五光十色的彩灯上供人猜。因为谜语能启迪智慧又迎合节日气氛，所以响应的人众多，而后猜谜逐渐成为元宵节不可缺少的节目。灯谜增添节日气氛，展现了古代劳动人民的聪明才智和对美好生活的向往。

（3）耍龙灯。

耍龙灯，也称舞龙灯或龙舞。传说，早在黄帝时期，在一种名叫《清角》的大型歌舞中，就出现过由人扮演的龙头鸟身的形象，其后又编排了六条蛟龙互相穿插的舞蹈场面。见于文字记载的龙舞，是汉代张衡的《西京赋》，作者在百戏的铺叙中对龙舞做了生动的描绘。而据《隋书·音乐志》记载，隋炀帝时类似百戏中龙舞表演的《黄龙变》也非常精彩，龙舞流行于中国很多地方。中华民族崇尚龙，把龙作为吉祥的象征。

（4）踩高跷。

踩高跷，是民间盛行的一种群众性技艺表演。高跷本属中国古代百戏之一种，早在春秋时已经出现。中国最早介绍高跷的是《列子·说符》篇："宋有兰子者，以技干宋元。宋元召而使见其技。"

（5）舞狮子。

舞狮子是中国优秀的民间艺术，每逢元宵佳节或集会庆典，民间都以狮舞前来助兴。这一习俗起源于三国时期，南北朝时开始流行，至今已有一千多年的历史。"舞狮子"始于魏晋，盛于唐，又称"狮子舞""太平乐"，一般由三人完成，二人装扮成狮子，一人充当狮头，一人充当狮身和后脚，另一人当引狮人，舞法上又有文武之分，文舞表现狮子的温驯，有抖毛、打滚等动作，武狮表现狮子的凶猛，有腾跃、蹬高、滚彩球等动作。

（6）划旱船。

划旱船，一说是为了纪念治水有功的大禹的。划旱船也称跑旱船，就是在陆地上模仿船行动作，表演跑旱船的大多是姑娘。旱船不是真船，多用两片薄板，锯成船形，以竹木扎成，再蒙以彩布，套系在姑娘的腰间，如同坐于船中一样，手里拿着桨，做划行的姿势，一面跑，一面唱些地方小调，边歌边舞，这就是划旱船了。有时还另有一男子扮成坐船的船客，合作表演，多半扮成丑角，以各种滑稽的动作来逗观众欢乐。划旱船流行于中国很多地区。

（7）逐鼠。

逐鼠始于魏晋时期，主要是对养蚕人家所说的。因为老鼠常在夜里把蚕大片大片地吃掉，人们传说正月十五用米粥喂老鼠，它就可以不吃蚕了。《荆楚岁时记》中说，正月十五的时候，有一个神仙下凡到一个姓陈的人家，对他们说：如果你们能祭祀我，就让你们的桑蚕丰收。后来就形成了风俗。

（8）送孩儿灯。

简称"送灯"，也称"送花灯"等，即在元宵节前，娘家送花灯给新嫁女儿家，或一般亲友送给新婚不育之家，以求添丁吉兆，因为"灯"与"丁"谐音。这一习俗许多地方都有，陕西西安一带是正月初八到十五期间送灯，头年送大宫灯一对、有彩画的玻璃灯一对，希望女儿婚后吉星高照、早生麟子；如女儿怀孕，则除大宫灯外，还要送一两对小灯笼，祝愿女儿孕期平安。

（9）迎紫姑。

紫姑也叫戚姑，北方多称厕姑、坑三姑。习俗正月十五要迎厕神紫姑而祭，占卜蚕桑，并占众事。传说紫姑本为人家小妾，为大妇所妒，正月十五被害死厕间，成为厕神。每到迎紫姑这一天夜晚，人们用稻草、布头等扎成真人大小的紫姑肖像，夜间在厕所间猪栏迎而祀之。此俗流行于南北各地，早在南北朝时期就见于记载。

（10）走百病。

"走百病"，也叫游百病、散百病、烤百病、走桥等，是一种消灾祈健康的活动。元宵节夜妇女相约出游，结伴而行，见桥必过，认为这样能祛病延年。

走百病是明清以来北方的风俗，有的在十五日，但多在十六日进行。这天妇女们穿着节日盛装，成群结队走出家门，走桥渡危、登城、摸钉求子，直到夜半始归。

2）少数民族民俗。

和汉族一样，部分少数民族也过元宵节，它们分别是满族、朝鲜族、赫哲族、蒙古族、达斡尔族、鄂温克族、鄂伦春族、白族、锡伯族、藏族、纳西族、瑶族、畲族、布依族、壮族、黎族和仡佬族等。

（1）满族：同汉族一样，满族也有元宵挂彩灯和吃元宵的习俗。

（2）白族：大理白族对元宵节格外重视，正月十五当天往往要耍龙、舞狮，还组织"金花歌舞队"大闹元宵；而大理弥渡县的花灯唱元宵更是热闹非凡。如今，大理的元宵节通常是白族、彝族、汉族一起欢度，不分彼此。

（3）苗族：流行于贵州省黄平一带苗族的偷菜节也是在每年农历正月十五日举行。节日这天，姑娘们便成群结队去偷别人家的菜，严禁偷本家族的，也不能偷同姓朋友家的，因为偷菜与她们的婚姻大事有关。所偷的菜仅限白菜，数量够大家吃一顿即可。偷菜不怕被发现，被偷的人家并不责怪。大家把偷来的菜集中在一起，做白菜宴。据说谁吃得最多，谁能早得意中人，同时所养的蚕最壮，吐出的丝也最好最多。

（4）彝族：彝族的传统节日巴乌节在农历正月十五，主要是欢庆加祈望狩猎丰收。"巴乌"意为打猎归来。流行于云南鹤庆彝族支系黑活人居住区。

4. 美　食

正月十五吃元宵，"元宵"作为食品，在我国也由来已久。这种食品，最早叫"浮元子"，后称"元宵"，生意人还美其名曰"元宝"。元宵即"汤圆"，以白糖、玫瑰、芝麻、豆沙、黄桂、核桃仁、果仁、枣泥等为馅，用糯米粉包成圆形，可荤可素，风味各异。可汤煮、油炸、蒸食，有团圆美满之意。

宋朝郑望之《膳夫录》记载："汴中节食，上元油锤。"油锤的制法，据《太平广记》引《卢氏杂说》中一则"尚食令"的记载，类似后代的炸元宵。也有人美其名为"油画明珠"。南宋时，就有所谓"乳糖圆子"的出现，这应该就是汤圆的前身了。

清朝康熙年间，御膳房特制的“八宝元宵”，是名闻朝野的美味。马思远则是当时北京城内制元宵的高手。他制作的滴粉元宵远近驰名。符曾的《上元竹枝词》云：“桂花香馅裹胡桃，江米如珠井水淘。见说马家滴粉好，试灯风里卖元宵。”诗中所咏的，就是鼎鼎大名的马家元宵。

如今，元宵的制作日见精致。光就面皮而言，就有江米面、粘高粱面、黄米面和苞谷面。馅料的内容更是甜咸荤素、应有尽有。甜的有桂花白糖、山楂白糖、什锦、豆沙、芝麻、花生等。咸的有猪油肉馅，可以作油炸炒元宵。素的有芥、蒜、韭、姜组成的五辛元宵，有表示勤劳、长久、向上的意思。

元宵制作的方法也南北各异。北方的元宵多用箩滚手摇的方法，南方的汤圆则多用手心揉团。元宵可以大似核桃，也可小似黄豆，煮食的方法有汤煮、炒吃、油氽、蒸食等。不论有无馅料，都同样美味可口。

5. 相关作品选诵读及理解

青玉案·元夕

辛弃疾

东风夜放花千树。更吹落、星如雨。宝马雕车香满路。凤箫声动，玉壶光转，一夜鱼龙舞。

蛾儿雪柳黄金缕，笑语盈盈暗香去。众里寻他千百度。蓦然回首，那人却在，灯火阑珊处。

解语花·上元

周邦彦

风销焰蜡，露浥烘炉，花市光相射。桂华流瓦。纤云散，耿耿素娥欲下。衣裳淡雅。看楚女、纤腰一把。箫鼓喧，人影参差，满路飘香麝。

因念都城放夜。望千门如昼，嬉笑游冶。钿车罗帕。相逢处，自有暗尘随马。年光是也。惟只见、旧情衰谢。清漏移，飞盖归来，从舞休歌罢。

元夕（二首）

王守仁

故园今夕是元宵，独向蛮村坐寂寥。赖有遗经堪作伴，喜无车马过相邀。

春还草阁梅先动，月满虚庭雪未消。堂上花灯诸第集，重闱应念一身遥。

去年今日卧燕台，铜鼓中宵隐地雷。月傍苑楼灯影暗，风传阁道马蹄回。

炎荒万里频回首，羌笛三更谩自哀。尚忆先朝多乐事，孝皇曾为两宫开。

（三）清明节：祭祖扫墓，慎终追远

1. 简　介

清明节又叫踏青节，在仲春与暮春之交，也就是冬至后的第 104 天，是中国传统节日之一，也是最重要的祭祀节日之一，是祭祖和扫墓的日子。

中国汉族传统的清明节大约始于周代，距今已有 2 500 多年的历史。受汉族文化的影响，中国的满族、赫哲族、壮族、鄂伦春族、侗族、土家族、苗族、瑶族、黎族、水族、京族、羌族等 24 个少数民族，也都有过清明节的习俗。虽然各地习俗不尽相同，但扫墓祭祖、踏青郊游是基本主题。2006 年 5 月 20 日，经国务院批准，清明节被列入第一批国家级非物质文化遗产名录。

清明节，是中华民族最隆重盛大的祭祖大节，属于礼敬祖先、慎终追远的一种文化传统节日。清明节凝聚着民族精神，传承了中华文明的祭祀文化，抒发人们尊祖敬宗、继志述事的道德情怀。清明节历史悠久，源自上古时代的春祭活动，春秋二祭，古已有之。上古干支历法的制定为节日形成提供了前决条件，祖先信仰与祭祀文化是清明祭祖礼俗形成的重要因素。清明节有着久远的历史源头，是传统春季节俗的综合与升华。

清明节气是干支历法中表示季节变迁的二十四个特定节令之一，这一时节，吐故纳新、生气旺盛、气温升高，大地呈现春和景明之象，正是郊外踏青（春游）与行清（墓祭）的好时段。清明节俗丰富，归纳起来是两大节令传统：一是礼敬祖先，慎终追远；二是踏青郊游、亲近自然。清明节兼具自然与人文两大内涵，既是节气又是节日，清明节不仅有祭扫、缅怀、追思的主题，也有踏青郊游、愉悦身心的主题，“天人合一”传统理念在清明节中得到了生动体现。随着历史发展，清明节融汇了寒食节与上巳节的习俗，杂糅了多地多种民俗，具有极为丰富的文化内涵。

2. 节日起源

（1）融合寒食节习俗。

清明最早只是一种节气的名称，其变成纪念祖先的节日与寒食节有关。从历史的实际来看，禁火冷食主要反映了中国古人改火习俗的遗迹。

原始社会，先民们钻木取火，火种来之不易，取火的树种往往因季节变化而不断变换，因此，改火与换取新火是古人生活中的一件大事。春三月正值改火的时节，人们在新火未到之时，要禁止生火。汉代称寒食节为禁烟节，因为这天百姓人家不得举火，到了晚上才由宫中点燃烛火，并将火种传至贵戚重臣家中。

寒食节期间的习俗，主要有禁火冷食和祭扫坟墓。中国古人对祭祀祖先十分重视。据《汉书》记载，大臣严延年即使离京千里，也要定期还乡祭扫墓地。在唐代，不论士人还是平民，都将寒食节扫墓视为返本追宗的仪节，由于清明距寒食节很近，人们还常常将扫墓延至清明。诗人们的作品，也往往是寒食、清明并提，如韦应物有诗句说："清明寒食好，春园百卉开。"白居易也有诗句说："乌啼鹊噪昏乔木，清明寒食谁家哭。"

宋元时期，清明节逐渐由附属于寒食节的地位，上升到取代寒食节的地位。这不仅表上坟扫墓等仪式多在清明举行，就连寒食节原有的风俗活动如冷食、蹴鞠、荡秋千等，也都被清明节收归所有了。

（2）融合上巳节习俗。

约从唐代开始，清明节吸收了另外一个较早出现的节日——上巳节的内容。上巳节在农历三月初三日举行，主要风俗是踏青、祓禊（临河洗浴，以祈福消灾），反映了人们经过一个沉闷的冬天后急需精神调整的心理需要。晋代陆机有诗写道："迟迟暮春日，天气柔且嘉。元吉隆初巳，濯秽游黄河。"即当时人们在上巳节祓禊、踏青的生动写照。

由于清明上坟都要到郊外去，在哀悼祖先之余，顺便在明媚的春光里骋足青青原野，也算是节哀自重转换心情的一种调剂方式。因此，清明节也被人们称作踏青节。

（3）后续发展。

融汇了两个古老节日精华的清明节，终于在宋元时期形成一个以祭祖扫墓为中心，将寒食风俗与上巳踏青等活动相融合的传统节日。明清大体承接前代旧制，清明节仍然坚持并发展着其在春季生活中一个必不可少的大节的地位。民国时期，清明节这天，除了原有的扫墓、踏青等习俗，植树也被确定为常规项目，这实际上不过是对民间长期延续的植树风俗的一个官方认定。

3．民间习俗

清明节是中国重要的"时年八节"之一。清明作为节日，与纯粹的节气又有所不同，节气是物候变化、时令顺序的标志，而节日则蕴含着精神信仰和节俗礼仪等内容。祖先信仰与祭祀文化是清明节形成的重要因素，清明节是传承信仰、家庭人伦的重要载体，清明祭祀是文化表达，是感恩先人的重要方式。清明扫墓祭祖习俗经历代沿袭已成为固定的礼俗主题。

清明节在历史发展中承载了丰富的文化内涵，全国各地因地域不同而又存在着习俗内容上或细节上的差异，各地节日活动虽不尽相同，但扫墓祭祖、踏青郊游是共同基本礼俗主题。每逢清明时节，人们无论身处何方，都会回乡参加祭祖活动，缅怀祖先。清明礼俗文化充分体现了中华民族礼敬祖先、慎终追远的人文精神。在祖先祭祀仪式中慎终追远，在踏青郊游中享受春天乐趣，文化传承与身心调适是清明礼俗文化的重要功能。

（1）扫墓祭祀。

清明扫墓，即为“墓祭”，谓之对祖先的“思时之敬”，祭扫祖先是对先人的缅怀方式，其习俗由来已久。中华民族自古就有礼敬祖先、慎终追远的礼俗观念。清明节是中华民族的春祭大节，与清明春祭相对应的是重阳的秋祭。春秋二祭，古已有之。清明节有着久远的历史源头，是传统春季节俗的综合与升华。古时我国南北风俗各异，唐代以前我国北方上墓祭扫主要是在寒食节与寒衣节。从《礼经》等文献的记载来看，古时我国北方并没有清明节上墓祭扫的例规，到了唐朝时清明节上墓祭扫已成风气。唐代是我国南北各地墓祭风俗融合时期，沿袭清明墓祭风俗，并扩大到全国各地。唐朝之后，寒食节逐渐式微，因与清明节日期相近。宋元时期，清明节上升到取代寒食节的地位，并融汇了寒食节的禁火、冷食等习俗内容，相传迄今。

清明之祭主要祭祀祖先，表达祭祀者的孝道和对先人的思念之情，是礼敬祖先、慎终追远的一种文化传统。清明祭祀按祭祀场所的不同可分为墓祭、祠堂祭。以墓祭最为普遍，清明祭祀的特色就是墓祭，清明祭祀被称为扫墓，主要是由于采取墓祭方式。另一种形式是祠堂祭，又称庙祭，是一个宗族的人聚集在祠堂共祭祖先，祭完后要开会聚餐等，这种祭祀是团聚族人的一种方式。还有一种情况是家在外地工作的人不能赶回家乡扫墓，就在山上或高处面对家乡的方向遥祭。

清明祭祀在清明前后，各地有所差异。清明祭祀的方式或项目各地有所不同，常见的做法由两部分内容组成：一是整修坟墓，二是挂烧纸钱、供奉祭品。扫墓时首先整修坟墓，其做法主要是清除杂草，培添新土。这种行为一方面可以表达祭祀者对先人的孝敬和关怀，另一方面，在古人的信仰里，祖先的坟墓和子孙后代的兴衰福祸有莫大的关系，所以培墓是不可轻忽的一项祭奠内容。所供奉祭品主要是食品，品种各地不同，都是当地人认为的并且按祭祀者的经济能力能拿得出来的美味佳肴，或合于时令的特色食品。

（2）踏青。

中华民族自古就有清明踏青的习俗。踏青古时叫探春、寻春等，即为春日郊游，也称“踏春”。一般指初春时到郊外散步游玩。踏青这种节令性的民俗活动，在我国有着悠久的历史，其源泉是远古农耕祭祀的迎春习俗，这种农耕祭祀的迎春习俗对后世影响深远。清明节兼具节气与节日两大内涵，清明节气在时间和气象物候特点上为清明踏青习俗的形成提供了重要条件。清明时节，春回大地，自然界到处呈现一派生机勃勃的景象，正是郊游的大好时光。人们乃因利趁便，扫墓之余亦一家老少在山乡野间游乐一番。据《晋书》记载：每年春天，人们都要结伴到郊外游春赏景。踏青风俗至唐宋尤盛。据《旧唐书》记载：“大历二年二月壬午，幸昆明池踏青。”可见，踏青春游的习俗早已流行。

（3）植树。

清明前后，春阳照临，春雨飞洒，种植树苗成活率高，成长快。因此，就有清明植树的习惯。清明节植树的习俗，据说发端于清明戴柳插柳的风俗。关于清明戴柳插柳，有三种传说。第一种传说，据说是为了纪念教民稼穑耕作的祖师——神农氏，后来由此发展出祈求长寿的意蕴。第二种传说与介子推有关，据说晋文公率众臣登山祭奠介子推时，发现介子推死前曾经依靠过的老柳树死而复活，便赐老柳树为“清明柳”。第三种传说是唐太宗给大臣柳圈，以示赐福驱疫。

（4）放风筝。

风筝又称“纸鸢”“鸢儿”，放风筝是清明时节人们所喜爱的活动。风筝即是于竹篾等骨架上糊上纸或绢，拉着系在上面的长线，趁着风势可以放上天空，属于一种单纯利用空气动力的飞行器。每逢清明时节，人们不仅白天放，夜间也放。夜里在风筝下或风稳拉线上挂上一串串彩色的小灯笼，像闪烁的明星，被称为“神灯”。过去，有的人把风筝放上蓝天后，便剪断牵线，任凭清风把它们送往天涯海角，据说这样能除病消灾，给自己带来好运。

（5）插柳。

清明节，中国民间有插柳习俗。专家介绍说，清明插柳习俗，其来源普遍存在三种说法。有专家认为，插柳的风俗，是为了纪念“教民稼穑”的农事祖师神农氏的。有的地方，人们把柳枝插在屋檐下，以预报天气，古谚有“柳条青，雨蒙蒙；柳条干，晴了天”的说法。杨柳有强大的生命力，俗话说：“有心栽花花不发，无心插柳柳成荫。”柳条插土就活，插到哪里，活到哪里，年年插柳，处处成荫。

（6）拔河。

拔河早期叫“牵钩”“钩强”，唐朝始叫“拔河”。它发明于春秋后期，开始盛行于军中，后来流传于民间。唐玄宗时曾在清明时举行大规模的拔河比赛，从那时起，拔河成为清明习俗的一部分。

（7）荡秋千。

荡秋千是中国古代清明节习俗之一。五代王仁裕《开元天宝遗事》载“天宝宫中至寒食节竟竖秋千，令宫嫔辈戏笑以为宴乐。帝呼为半仙之戏，都中士民因而呼之。”宋代宰相文彦博诗《寒食日过龙门》，诗中描写“桥边杨柳垂青线，林立秋千挂彩绳”。秋千，意即揪着皮绳而迁移。荡秋千的历史很古老，最早叫千秋，后为了避忌讳，改之为秋千。古时的秋千多用树桠枝为架，再拴上彩带做成。后来逐步发展为用两根绳索加上踏板的秋千。荡秋千不仅可以增进健康，而且可以培养勇敢精神，至今为人们特别是儿童所喜爱。

（8）斗鸡。

古代清明盛行斗鸡游戏，斗鸡由清明开始，斗到夏至为止。中国最早的斗鸡记录，见于《左传》。到了唐代，斗鸡成风，不仅是民间斗鸡，连皇上也参加斗鸡。如唐玄宗最喜斗鸡。

（9）射柳。

射柳是一种练习射箭技巧的游戏。据明朝人的记载，就是将鸽子放在葫芦里，然后将葫芦高挂于柳树上，弯弓射中葫芦，鸽子飞出，以飞鸽飞的高度来判定胜负。

（10）蹴鞠。

鞠是一种皮球，球皮用皮革做成，球内用毛塞紧。蹴鞠，就是用足去踢球。这是古代清明节时北方喜爱的一种游戏。相传又是黄帝发明的，最初目的是用来训练武士。马球，是骑在马上，持棍打球，古称击鞠。三国曹植《名都篇》中有“连翩击鞠壤”之句。《析津志》记辽国把打马球作为节日的传统风俗，于端午、重九击球。《金史·礼志》也记金人于端午击球。宋代有“打球乐”舞队。至明代，马球仍流行。《续文献通考·乐考》记载明成祖曾数次往东苑击球、射柳。明《宣宗行乐图》长卷中绘有宣宗赏马球之场面。当时的官员王直写的端午日观打球的诗：“玉勒千金马，雕文七宝球。鞚飞惊电掣，伏奋觉星流。欻过成三捷，欢传第一筹。庆云随逸足，缭绕殿东头。”北京白云观前也有群众骑马击球之典。清代天坛一带也还有马球运动，直至清中叶之后，马球才消失了。

4．美　食

由于寒食节与清明节合二为一，我国北方一些地方还保留着清明节吃冷食的习惯。在山东，即吃鸡蛋和冷饽饽，莱阳、招远、长岛吃鸡蛋和冷高粱米饭。泰安吃冷煎饼卷生苦菜，据说吃了眼睛明亮。晋中一带还保留着清明前一日禁火的习惯。很多地方在完成祭祀仪式后，将祭祀食品分吃。晋南人过清明时，习惯用白面蒸大馍，中间夹有核桃、枣儿、豆子，外面盘成龙形，龙身中间扎一个鸡蛋，名为“子福”。要蒸一个很大的总“子福”，象征全家团圆幸福。上坟时，将总“子福”献给祖灵，扫墓完毕后全家分食之。上海旧俗，用柳条将祭祀用过的蒸糕饼团贯穿起来，晾干后存放着，到立夏那天，将之油煎，给小孩吃，据说吃了以后不得病。

我国南方部分地区清明节时有吃青团的风俗，青团又称清明饼、棉菜馍糍、茨壳粿、清明粑、艾叶粑粑、艾糍、清明果、菠菠粿、清明粿、艾叶糍粑、艾粄、艾草糕、清明团子、暖菇包、艾草青团、清明团子等。将雀麦草汁和糯米一起舂合，使青汁和米粉相互融合，然后包上豆沙、枣泥等馅料，用芦叶垫底，放到蒸笼内。蒸熟出笼的青团色泽鲜绿，香气扑鼻，是本地清明节最有特色的节令食品。上海也有的人家清明节爱吃桃花粥，在扫墓和家宴上爱用刀鱼。而两广地区汉族盛行用枫叶煮黑糯米饭祭拜祖先，壮族、侗族盛行用枫叶、芝麻等植物颜色侵染糯米制作具有黑、红、黄、紫、白五种颜色的五色饭，用来招待客人和祭祀祖先。

在浙江湖州，清明节家家裹粽子，可作上坟的祭品，也可作踏青带的干粮。俗话说：“清明粽子稳牢牢。”清明前后，螺蛳肥壮。俗话说：“清明螺，赛只鹅。”农家有清明吃螺蛳的习惯，这天用针挑出螺蛳肉烹食，叫“挑青”。吃藕是祝愿蚕宝宝吐的丝又长又好。吃发芽豆是博得“发家”的口彩。吃马兰头等时鲜蔬菜，是取其“青”字，以合“清明”之“青”等，各地食品各具特色。

5. 相关作品选诵读及理解

清　明

杜　牧

清明时节雨纷纷，路上行人欲断魂。借问酒家何处有？牧童遥指杏花村。

采桑子·清明上巳西湖好

欧阳修

清明上巳西湖好，满目繁华。争道谁家，绿柳朱轮走钿车。

游人日暮相将去，醒醉喧哗。路转堤斜，直到城头总是花。

朝中措·清明时节

张　炎

清明时节雨声哗。潮拥渡头沙。翻被梨花冷看，人生苦恋天涯。燕帘莺户，云窗雾阁，酒醒啼鸦。折得一枝杨柳，归来插向谁家。

（四）端午节：驱疫辟邪，纪念屈原

1. 简　介

端午节，为每年农历五月初五。据《荆楚岁时记》记载，因仲夏登高，顺阳在上，五月是仲夏，它的第一个午日正是登高顺阳好天气之日，故五月初五亦称为“端阳节”。此外端午节还称午日节、五月节、龙舟节、浴兰节等。端午节是流行于中国以及汉字文化圈诸国的传统文化节日，自古以来端午节有挂菖蒲、艾叶，薰苍术、白芷，喝雄黄酒压邪的说法，也有吃粽子、赛龙舟的传统活动。

2. 节日起源

“端”字有“初始”的意思，因此“端五”就是“初五”。而按照历法，五月正是“午”月，因此“端五”也就渐渐变成了“端午”。《燕京岁时记》记载：“初五为五月单五，盖端字之转音也。”起源传说关于端午节的来历归纳起来，大致有以下诸说。

（1）浴兰节说。

古人五月采摘兰草盛行以兰草汤沐浴、除毒之俗。《大戴礼记·夏小正》：“五月……煮梅为豆实也，蓄兰为沐浴也。”屈原《九歌·云中君》：“浴兰汤兮沐芳，华采衣兮若英。”南朝梁人宗懔《荆楚岁时记》云：“五月五日谓之浴兰节。”此俗流传至唐宋时代又称端午为浴兰之月。

（2）“恶日”说。

相似，这天邪佞当道，五毒并出。据《礼记》载，端午源于周代蓄兰沐浴。《吕氏春秋》中《仲夏记》一章规定人们在五月要禁欲、斋戒。《夏小正》中记：“此日蓄药，以蠲除青气。”《大戴礼》中有“蓄兰为沐浴”，以浴驱邪。因此，端午是消毒避渡的日子，“喝雄黄酒、祭五瘟使者”。

（3）纪念屈原说。

据《史记·屈原贾生列传》记载，屈原倡导举贤授能，富国强兵，力主联齐抗秦，却遭到贵族子兰等人的强烈反对，屈原遭谗去职，被赶出都城，流放到沅、湘流域。他在流放中，写下了忧国忧民的《离骚》《天问》《九歌》等不朽诗篇，独具风貌，影响深远（因而，端午节也称诗人节）。公元前278年，秦军攻破楚国京都。屈原眼看自己的国家被侵略，心如刀割，但是始终不忍舍弃自己的国家，于五月五日，在写下了绝笔作《怀沙》之后，抱石投汨罗江身死，以自己的生命谱写了一曲壮丽的爱国主义乐章。传说屈原死后，楚国百姓哀痛异常，纷纷涌到汨罗江边去凭吊屈原。渔夫们划起船只，在江上来回打捞他的真身。有位渔夫拿出为屈原准备的饭团、鸡蛋等食物，“扑通、扑通”地丢进江里，说是让鱼龙虾蟹吃饱了，就不会去咬屈大夫的身体了。人们见后纷纷仿效。一位老医师则拿来一坛雄黄酒倒进江里，说是要药晕蛟龙水兽，以免伤害屈大夫。以后，在每年的五月初五，就有了龙舟竞渡、吃粽子、喝雄黄酒的风俗，以此来纪念爱国诗人屈原。

（4）迎接伍子胥说。

端午节一说是纪念春秋时期的伍子胥。伍子胥，名员，楚国人，父兄均为楚王所杀，后来子胥奔向吴国，助吴伐楚，五战而入楚都郢城。当时楚平王已死，子胥掘墓鞭尸三百，以报杀父兄之仇。吴王阖庐死后，其子夫差继位，吴军士气高昂，百战百胜，越国大败，越王勾践请和，夫差许之。子胥建议，应彻底消灭越国，夫差不听，吴国大宰，受越国贿赂，谗言陷害子胥，夫差信之，赐子胥宝剑，子胥以此死。子胥本为忠良，视死如归，在死前对邻舍人说：“我死后，将我眼睛挖出悬挂在吴国都城东门上，以看越国军队入城灭吴。”便自刎而死，夫差闻言大怒，令取子胥之尸体装在皮革里于五月五日投入大江，因此相传端午节亦为纪念伍子胥之日。

（5）纪念孝女曹娥说。

此说出自东汉《曹娥碑》。曹娥是东汉上虞人，父亲溺于江中，数日不见尸体，当时孝女曹娥年仅十四岁，昼夜沿江号哭。过了十七天在五月五日投江五日后抱出父尸。

（6）祭祀龙图腾说。

这种说法来自闻一多的《端午考》和《端午的历史教育》。他认为五月初五是古代吴越地区“龙”的部落举行图腾祭祀的日子。其主要理由是：一是端午节两个最主要的活动吃粽子和龙舟竞渡都与龙相关。粽子投入水里常被蛟龙所窃而竞渡则用的是龙舟。二是竞渡与古代吴越地方的关系尤深，况且吴越百姓还有断发文身“以像龙子”的习俗。三是古代五月初五日有用“五彩丝系臂”的民间风俗，这应当是“像龙子”的文身习俗的遗迹。

（7）夏至说。

首倡夏至说者为黄石先生，1963 年他在《端午礼俗史》一书中提出，端午节如涓涓之水发源于远古时代，三代汇为川流，秦汉扩为河，唐宋纳百川而成湖海。端午节源于夏至说问世后，学者吞吐百家，从更广泛的视野去研究。1983 年，刘德谦先生在《端午始源又一说》(《文史知识》1983 年 5 期）中，认为端午来自夏、商、周时期的夏至，且提出端午节中“斗百草”“采杂药”等与屈原无关。刘德谦在《“端午”始源又一说》和《中国传统节日趣谈》中，提出三个主要理由：一是权威性的岁时著作《荆楚岁时记》并未提到五月初五日要吃粽子的节日风俗，却把吃粽子写在夏至节中。至于竞渡，隋代杜台卿所作的《玉烛宝典》把它划入夏至日的娱乐活动，可见不一定就是为了打捞投江的伟大诗人屈原。二是端午节风俗中的一些内容，如“踏百草”“斗百草”“采杂药”等，实际上与屈原无关。三是《岁时风物华纪丽》对端午节的第一个解释是：“日叶正阳，时当中即端午节正是夏季之中，故端午节又可称为天中节。”由此端午节的最早起源当是夏至。

3．民间习俗

（1）龙舟竞渡。

龙船竞渡前，先要请龙、祭神。如广东龙舟，在端午前要从水下起出，祭过在南海神庙中的南海神后，安上龙头、龙尾，再准备竞渡。并且买一对纸制小公鸡置龙船上，认为可保佑船平安（隐隐可与古代鸟舟相对应）。闽、台则往妈祖庙祭拜。有的直接在河边祭龙头，杀鸡滴血于龙头之上，如四川、贵州等个别地区。而湖南汨罗市，竞渡前必先往屈子祠朝庙，将龙头供在祠中神翁祭拜，披红布于龙头上，再安龙头于船上竞渡，既拜龙神，又纪念屈原。各种祭祀、纪念之仪式，无非是点香烛，烧纸钱，供以鸡、米、肉、供果、粽子等。如今这些含有迷信色彩的仪式已很少见，但在过去，人们祭祀龙神庙时气氛很严肃，多祈求农业丰收、风调雨顺、去邪祟、攘灾异、事事如意，也保佑划船平安。用人们的话说，“图个吉利”，表达人们内心良好的愿望。

（2）艾叶、菖蒲、蒜头。

艾、菖蒲和蒜被称为“端午三友”。南北朝时，端午又称为“沐兰节”，荆楚一带有采艾的习俗。采艾要在鸡未鸣以前就出发，挑选最具人形的艾草带回去挂在门上，有的还将艾草扎成虎形，再粘贴艾叶于其上。艾与菖蒲中含有芳香油，它们和蒜一样都有杀菌作用。端午期间，时近夏至，正是寒气暑气交互转换之时，从饮食到穿衣、行动都得注意。宝山县有谚语道："未吃端午粽，寒衣不可送；吃了端午粽，还要冻三冻。"古时，人们缺乏科学观念，误以为疾病皆由鬼邪作祟所至，于是，端午节这天，人们以菖蒲作宝剑，以艾作鞭子，以蒜头作锤子，又称为"三种武器"，认为可以退蛇、虫，斩除妖魔。江南地区，有的习俗是在端午节饮菖蒲酒，则其药用效能就更为直接。通常是在节前，便把菖蒲切碎，伴上雄黄，浸入酒中，节日便可饮用。

（3）挂符念咒。

除了用艾、菖蒲和蒜这"端午三友"驱鬼外，还有一种重要的驱鬼方法，是在室内挂避邪驱鬼的符咒。挂驱鬼符还有一些严格的仪式。如有的要求必须在端午日出或正午时书写，书写材料用生朱，砚内、书写人口中必须放上硝石等。较为通行的符咒有"五月五日天中节，赤口白舌尽消灭"之类。上海人过去在端午节悬挂钟馗像于门口，正是这种辟邪风俗的继续与演变。另外，类似于此的祛鬼禳魔的习俗，还有在儿童额上点雄黄酒。节日一早，妇女们便将儿童耳上夹艾蒿，头上戴菖蒲，然后用雄黄酒在额上写一个"王"字。据说，这样可使百鬼畏惧，保命长生。

（4）倒灾葫芦。

端午也以桃印为门饰。桃是民俗中驱鬼之物，源于神荼、郁垒之神话，以桃刻印，亦为祛攘之意。《续汉书·礼仪志》："朱索、五色桃印为门户饰，以止恶气。"《梦粱录》卷三："士官等家以生朱于午时书'五月五日天中节，赤口白舌尽消灭'之句。"这是宋代之俗。《燕京岁时记》又记："端阳日用彩纸剪成各样葫芦，倒粘于门阑上，以泄毒气。"这是清代之俗。有的还在纸葫芦上垂丝穗、飘带等，更为好看，或在葫芦中剪出五毒形状，挂贴于门，亦表示将五毒之气泄尽之意，称为"倒灾葫芦"。至今民间仍有悬镜于门以避邪之俗。在唐代，专于五月五日午时于扬州扬子江心铸铜镜，以进贡皇帝，称为"天子镜"，这也是辟邪之意（见《唐国史补》）。所以后世多于门前挂镜驱邪。

（5）沐兰汤。

端午日洗浴兰汤是《大戴礼》记载的古俗。当时的兰不是现在的兰花，而是菊科的佩兰，有香气，可煎水沐浴。《九歌·云中君》亦有"浴兰汤会沐芳"之句。《荆楚岁时记》："五月五日，谓之浴兰节。"《五杂俎》记明代人因为"兰汤不可得，则以午时取五色草拂而浴之"。后来一般是煎蒲、艾等香草洗澡。在广东，则用艾、蒲、凤仙、白玉兰等花草；在湖南、广西等地，则用柏叶、大风根、艾、蒲、桃叶等煮成药水洗浴。不论男女老幼，全家都洗，此俗至今尚存。

（6）"驱除"五毒。

民间认为五月是五毒（蝎、蛇、蜈蚣、壁虎、蟾蜍）出没之时，民间要用各种方法以预防五毒之害。一般在屋中贴五毒图，以红纸印画五种毒物，再用五根针刺于五毒之上，即认为毒物被刺死，再不能横行了。这是一种辟邪巫术遗俗。民间又在衣饰上绣制五毒，在饼上缀五毒图案，均含驱除之意。《夏小正》载：“此日蓄药，以蠲除毒气。”《岁时广记》卷二十二“采杂药”引《荆楚岁时记》佚文：“五月五日，竞采杂药，可治百病。”后魏《齐民要术》中，有五月捉蛤蟆的记载，亦是制药用。后来有不少地区均有端午捉蛤蟆之俗，如江苏于端午日收蛤蟆，刺取其沫，制作中药蟾酥；杭州人还给小孩子吃蛤蟆，说是可以消火清凉、夏无疮疖。还有在五日于蛤蟆口中塞墨锭，悬挂起来晾干，即成蛤蟆锭，涂于脓疮上可使消散。这种捉蛤蟆制药之俗，源于汉代“蟾蜍辟兵”之传说。又如湖北监利于端午“采百草”，亦采药草之俗。采药是因端午前后草药茎叶成熟，药性好，才于此日形成此俗。

4．美　食

（1）粽子。

最早出现的端午时食，应属西汉的“枭羹”。《史记·武帝本纪》注引如淳言：“汉使东郡送枭，五月五日为枭羹以赐百官。以恶鸟，故食之。”大约因为枭不易捕捉，所以吃枭羹的习俗并没有持续下来。但端午的主角——粽子，在稍晚的东汉就已出现。一直要到晋朝，粽子才成为端午的应节食品。《风土记》：“五月五日，与夏至同……先此二节一日，又以菰叶裹黏米，杂以粟，以淳浓灰汁煮之令熟。”同时又有另一种端午节食，称为“龟”，也只在晋朝昙花一现，随即销声匿迹。只有《风土记》中称为“角黍”的粽子，因为附会在屈原的传说上，千百年来，成为最受人欢迎的端午节食。“粽子香，香厨房。艾叶香，香满堂。桃枝插在大门上，出门一望麦儿黄。这儿端阳，那儿端阳，处处都端阳。”这是旧时流行甚广的一首描写过端午节的民谣。总体上说，各地人民过端午节的习俗大同小异，而端午节吃粽子，古往今来，中国各地都一样。如今的粽子更是多种多样。现今各地的粽子，一般都用箬壳包糯米，但内含的馅则根据各地特产和风俗而定，著名的有桂圆粽、肉粽、水晶粽、莲蓉粽、蜜饯粽、板栗粽、辣粽、酸菜粽、火腿粽、咸蛋粽等等。

（2）雄黄酒。

端午饮雄黄酒的习俗，从前在长江流域地区极为盛行。古语曾说：“饮了雄黄酒，病魔都远走。”雄黄是一种矿物质，俗称“鸡冠石”，其主要成分是硫化砷，并含有汞，有毒。一般饮用的雄黄酒，只是在白酒或自酿的黄酒里加入微量雄黄而成。雄黄酒有杀菌驱虫解五毒的功效，中医还用来治皮肤病。在没有碘酒之类消毒剂的古代，用雄黄泡酒，可以祛毒解痒。未到喝酒年龄的小孩子，大人则给他们的额头、耳鼻、手足心等处涂抹上雄黄酒，意在消毒防病，虫豸不叮。

5．相关诗作选诵读及理解

端 午

文 秀

节分端午自谁言，万古传闻为屈原，堪笑楚江空渺渺，不能洗得直臣冤。

乙卯重五诗

陆 游

重五山村好，榴花忽已繁。粽包分两髻，艾束著危冠。

旧俗方储药，羸躯亦点丹。日斜吾事毕，一笑向杯盘。

六幺令·天中节

苏 轼

虎符缠臂，佳节又端午。门前艾蒲青翠，天淡纸鸢舞。粽叶香飘十里，对酒携樽俎。龙舟争渡，助威呐喊，凭吊祭江诵君赋。

感叹怀王昏聩，悲戚秦吞楚。异客垂涕淫淫，鬓白知几许？朝夕新亭对泣，泪竭陵阳处。汨罗江渚，湘累已逝，惟有万千断肠句。

（五）中秋节：合家团圆，明月寄相思

1．简 介

中秋节，又称月夕、秋节、仲秋节、八月节、八月会、追月节、玩月节、拜月节、团圆节，是流行于中国众多民族与汉字文化圈诸国的传统文化节日，时在农历八月十五；因其恰值三秋之半，故名，有些地方也将中秋节定在八月十六。中秋节始于唐朝初年，盛行于宋朝，至明清时，已成为与春节齐名的中国主要节日之一。受中华文化的影响，中秋节也是东亚和东南亚一些国家，尤其是当地的华人华侨的传统节日。

中秋节自古便有祭月、赏月、拜月、吃月饼、赏桂花、饮桂花酒等习俗，流传至今，经久不息。中秋节以月之圆预示人之团圆，为寄托思念故乡、亲人之情，祈盼丰收、幸福。中秋节与端午节、春节、清明节并称为中国四大传统节日。

2．节日起源

中秋节，是中国传统节日之一，为每年的农历八月十五，传说是为了纪念嫦娥。根据史籍的记载，“中秋”一词最早出现在《周礼》一书中。唐朝初年，中秋节成为

固定的节日。《新唐书·礼乐五》载“其中春、中秋释奠于文宣王、武成王”，及“开元十九年，始置太公尚父庙，以留侯张良配。中春、中秋上戊祭之，牲、乐之制如文宣”。据史籍记载，古代帝王祭月的节期为农历八月十五，时日恰逢三秋之半，故名“中秋节”；又因为这个节日在秋季八月，故又称“秋节”“八月节”“八月会”；又有祈求团圆的信仰和相关习俗活动，故亦称“团圆节”“女儿节”。因中秋节的主要活动都是围绕“月”进行的，所以又俗称“月节”“月夕”“追月节”“玩月节”“拜月节”；在唐朝，中秋节还被称为“端正月”。中秋节的盛行始于宋朝，至明清时，已与元旦齐名，成为我国的主要节日之一。关于中秋节的起源，大致有三种：起源于古代对月的崇拜、月下歌舞觅偶的习俗、古代秋报拜土地神的习俗。

八月十五的月亮比其他几个月的满月更圆，更明亮，所以又叫作“月夕”“八月节”。此夜，人们仰望天空如玉如盘的朗朗明月，自然会期盼家人团聚。特别是远在他乡的游子，也借此寄托自己对故乡和亲人的思念之情。所以，中秋又称“团圆节”。

3．民间习俗

（1）中秋祭月。

据史书记载，早在周朝，古代帝王就有春分祭日、夏至祭地、秋分祭月、冬至祭天的习俗。其祭祀的场所称为日坛、地坛、月坛、天坛。分设在东南西北四个方向。北京的月坛就是明清皇帝祭月的地方。这种风俗不仅为宫廷及上层贵族所奉行，随着社会的发展，也逐渐影响到民间。

（2）文人赏月。

赏月的风俗来源于祭月，严肃的祭祀变成了轻松的欢娱。民间中秋赏月活动开始于魏晋时期，但未成习俗。到了唐代，中秋赏月、玩月颇为盛行，许多诗人的名篇中都有咏月的诗句。待到宋时，形成了以赏月活动为中心的中秋民俗节日，正式定为中秋节。宋人赏月多是感物伤怀，常以阴晴圆缺，喻人情事态，即使中秋之夜，明月的清光也掩饰不住宋人的伤感。但对宋人来说，中秋还有另外一种形态，即中秋是世俗欢愉的节日，“中秋节前，诸店皆卖新酒，贵家结饰台榭，民家争占酒楼玩月，笙歌远闻千里，嬉戏连坐至晓”（《东京梦华录》）。宋代的中秋夜是不眠之夜，夜市通宵营业，玩月游人，达旦不绝。

（3）民间拜月。

相传古代齐国丑女无盐，幼年时曾虔诚拜月，长大后，以超群品德入宫，但未被宠幸。某年八月十五赏月，天子在月光下见到她，觉得她美丽出众，后立她为皇后。月中嫦娥，以美貌著称，故少女拜月，愿“貌似嫦娥，面如皓月”。明清之后，岁时节日中世俗的情趣愈益浓厚，以“赏月”为中心的抒情性与神话性的文人传统减弱，功利性的祭拜、祈求与世俗的情感、愿望构成普通民众中秋节俗的主要形态。在古代有“秋暮夕月”的习俗。夕月，即祭拜月神。设大香案，摆上月饼、西瓜、苹果、红枣、李子、葡萄等祭品，其中月饼和西瓜是绝对不能少的。西瓜还要切成莲花状。在月下，将月亮神像放在月亮的那个方向，红烛高燃，全家人依次拜祭月亮，然后由当家主妇切开团圆月饼。切的人预先算好全家共有多少人，在家的，在外地的，都要算在一起，不能切多也不能切少，大小要一样。

（4）月光马儿。

明清时期月神形象发生了重要变化，由早期纯道教色彩的以嫦娥为主的月宫图景演变为佛道交融的月光菩萨与捣药玉兔并在的世俗形象。这个时期，人们供奉绘有月光菩萨的月光纸，也叫“月光马儿”。富察敦崇的《燕京岁时记》记载：“月光马者，以纸为之，上绘太阴星君，如菩萨像，下绘月宫及捣药之兔。人立而执杵，藻彩精致，金碧辉煌，市肆间多卖之者。长者七八尺，短者二三尺，顶有二旗，作红绿，笆或黄色，向月而供之。焚香行礼，祭毕与千张、元宝等一并焚之。”

（5）兔儿爷。

兔儿爷的起源约在明末。明人纪坤《花王阁剩稿》载：“京中秋节多以泥抟兔形，衣冠踞坐如人状，儿女祀而拜之。”到了清代，兔儿爷的功能已由祭月转变为儿童的中秋节玩具。制作也日趋精致，有扮成武将头戴盔甲、身披戢袍的、也有背插纸旗或纸伞、或坐或立的。也有扮成兔首人身之商贩，或是剃头师父，或是缝鞋，卖馄饨、茶汤的，不一而足。“每届中秋，市人之巧者，用黄土抟成蟾兔之像以出售，谓之兔儿爷。”旧时北京东四牌楼一带，常有兔儿爷摊子，专售中秋祭月用的兔儿爷。此外，南纸店，香烛也有出售的。这兔儿爷，经过民间艺人的大胆创造，已经人格化了。它是兔首人身，手持玉杵。后来有人仿照戏曲人物，把兔儿爷雕造成金盔金甲的武士，有的骑着狮、象等猛兽，有的骑着孔雀、仙鹤等飞禽。特别是兔儿爷骑虎，虽属怪事，但却是民间艺人的大胆创造。还有一种肘关节和下颔能活动的兔儿爷，俗称“刮打刮打嘴”，更讨人喜欢。它虽为拜月的供品，但实在是孩子们的绝妙玩具。

（6）中秋宴俗。

古时汉族的中秋宴俗，以宫廷最为精雅。如明代宫廷时兴吃螃蟹。螃蟹用蒲包蒸熟后，众人围坐品尝，佐以酒醋。食毕饮苏叶汤，并用之洗手。宴桌四周，摆满鲜花、大石榴以及其他时鲜，演出中秋的神话戏曲。清宫多在某一院内向东放一架屏风，屏风两侧搁置鸡冠花、毛豆枝、芋头、花生、萝卜、鲜藕。屏风前设一张八仙桌，上置一个特大的月饼，四周缀满糕点和瓜果。祭月完毕，按皇家人口将月饼切作若干块，每人象征性地尝一口，名曰“吃团圆饼”。

（7）玩花灯。

中秋节，有许多的游戏活动，首先是玩花灯。中秋是我国三大灯节之一，过节要玩灯。当然，中秋没有像元宵节那样的大型灯会，玩灯主要只是在家庭、儿童之间进行的。早在北宋《武林旧事》中，记载中秋夜节俗，就有将“一点红”灯放入江中漂流玩耍的活动。中秋玩花灯，多集中在南方。如前述的佛山秋色会上，就有各式各样的彩灯：芝麻灯、蛋壳灯、刨花灯、稻草灯、鱼鳞灯、谷壳灯、瓜子灯及鸟兽花树灯等，令人赞叹。在广州、香港等地，中秋夜要进行树中秋活动，树亦作竖，即将灯彩高竖起来之意。小孩子们在家长协助下用竹纸扎成兔仔灯、阳桃灯或正方形的灯，横挂在短竿中，再竖起于高竿上，高挂起来，彩光闪耀，为中秋再添一景。孩子们多互相比赛，看谁竖得高，竖得多，灯彩最精巧。另外还有放天灯的，即孔明灯，用纸扎成大号的灯，灯下燃烛，热气上腾，使灯飞扬在空中，引人欢笑追逐。另外还有儿童手提的各式花灯在月下游嬉玩赏。在广西南宁一带，除了以纸竹扎各式花灯让儿童玩耍外，还有很朴素的柚子灯、南瓜灯、橘子灯。所谓柚子灯，是将柚子掏空，刻出简单图案，穿上绳子，内点蜡烛即成，光芒淡雅。南瓜灯、橘子灯也是将瓤掏去而成。虽然朴素，但制作简易，很受欢迎，有些孩子还把柚子灯漂入池河水中做游戏。广西有简单的户秋灯，是以六个竹篾圆圈扎成灯，外糊白纱纸，内插蜡烛即成。挂于祭月桌旁祭月用，也可给孩子们玩。

另外南方还广泛流传着烧瓦子灯（或称烧花塔、烧瓦塔、烧番塔）的游戏，在江西、广东、广西等地都有流传。如《中华全国风俗志》卷五记：江西“中秋夜，一般孩子于野外拾瓦片，堆成一圆塔形，有多孔。黄昏时于明月下置木柴塔中烧之。俟瓦片烧红，再泼以煤油，火上加油，霎时四野火红，照耀如昼。直至夜深，无人观看，始行泼息，是名烧瓦子灯”。广东潮州的烧瓦塔，也是以砖瓦砌成空心塔，填入树枝烧起火来。同时还燃烟堆，就是将草柴堆成堆，在拜月结束后烧燃。而在广西一带的烧番塔，亦类似活动，但民间传说是为了纪念清代抗法名将刘永福将逃入塔中的番鬼（法国侵略者）烧死的英勇战斗，颇有爱国的思想。福建晋江亦有“烧塔仔”的活动。传说这种习俗与反抗元兵的义举有关。元朝确立后，对汉人进行了血腥的统治，于是汉人便进行不屈的反抗，各地相约中秋节起事，在宝塔的顶层点火为号。类似于烽火台点火起事，这种反抗虽被镇压下去，却遗存了烧宝塔这一习俗。这个传说与中秋吃月饼的传说有异曲同工之妙。

4. 美　食

中秋节美食首推月饼。吃月饼以示“团圆”。月饼，又叫胡饼、宫饼、月团、丰收饼、团圆饼等，是古代中秋祭拜月神的供品。相传我国古代，帝王就有春天祭日、秋天祭月的礼制。在民间，每逢八月中秋，也有左右拜月或祭月的风俗。“八月十五月儿圆，中秋月饼香又甜”，这句名谚道出中秋之夜人民吃月饼的习俗。月饼最初是用来祭奉月神的祭品，后来人们逐渐把中秋赏月与品尝月饼，作为家人团圆的一大象征，慢慢的，月饼也就成了节日的必备礼品。南宋吴自牧的《梦粱录》一书，已有“月饼”一词，但对中秋赏月，吃月饼的描述，是明代的《西湖游览志会》才有记载：“八月十五日谓之中秋，民间以月饼相遗，取团圆之义。”到了清代，关于月饼的记载就多起来了，而且制作也越来越精细。

月饼内馅多采用植物性原料种子，如核桃仁、杏仁、芝麻仁、瓜子、山楂、莲蓉、红小豆、枣泥等。

月饼主要有以下几种类别：

广式月饼：皮薄、松软、香甜、馅足。

苏式月饼：松脆、香酥、层酥相叠，重油而不腻，甜咸适口。

京式月饼：外形精美，皮薄酥软，层次分明，风味诱人。

潮式月饼：重油重糖，口感柔软。

滇式月饼：皮酥馅美，甜咸适中，色泽澄黄，油而不腻。

徽式月饼：小巧玲珑，洁白如玉，皮酥馅饱。

衢式月饼：酥香可口，芝麻当家。

秦式月饼：冰糖、板油出头，皮酥馅甘，甜而不腻。

晋式月饼：甜香，醇和。形式古朴，口味醇厚，酥绵爽口，甜而不腻。

5. 相关作品选诵读及理解

八月十五夜玩月

刘禹锡

天将今夜月，一遍洗寰瀛。暑退九霄净，秋澄万景清。
星辰让光彩，风露发晶英。能变人间世，翛然是玉京。

水调歌头

苏　轼

丙辰中秋，欢饮达旦。大醉，作此篇，兼怀子由。

明月几时有？把酒问青天。不知天上宫阙，今夕是何年？我欲乘风归去，又恐琼楼玉宇，高处不胜寒！起舞弄清影，何似在人间。

转朱阁，低绮户，照无眠。不应有恨，何事长向别时圆？人有悲欢离合，月有阴晴圆缺，此事古难全。但愿人长久，千里共婵娟。

童　谣

月亮光光 骑马燃香/东也拜 西也拜
月婆婆 月奶奶/保佑我爹做买卖
不赚多 不赚少/一天赚仨大元宝
椅仔姑/请你八月十五来坐土
土脚起 铰莲花 绣莲子/莲子烩 姑仔今年你几岁
三岁三 穿白衫 滚乌边/穿绣裙 绣荷包

荷包腰肚围 穿色裤滚青边/也有花 也有粉
也有胭脂给你姑仔点口唇/也有铰刀尺/也有花粉镜
姑仔神那到/梏三下水桶来显圣

二、生活与修身

1. 春节前与家人扫尘、祭灶神、腌制腊肉、包粽子等，和和睦睦，快快乐乐过新年。

2. 逛春节市场，看春联，选春联，买春联，或自己剪窗花，扎灯笼等装饰房子，焕然一新过新年。

3. 参加元宵节彩灯展会，与同学或家人结伴猜谜语。

4. 清明节祭拜祖宗，缅怀先人，立志创造美好生活，建设小康社会。

5. 参加端午节龙舟赛或观看龙舟赛，纪念屈原，热爱祖国，做一个有气节的中国人。

6. 参加中秋节赏月活动，或参观以中秋节为主题的书法大赛等活动，创建团结和谐的社区。

参考文献

[1] 金元浦. 中国文化概论[M]. 北京：中国人民大学出版社，2014.

[2] 梁国英，等. 国学精粹[M]. 天津：天津教育出版社，2014.

[3] 马臻荣. 大学人文基础[M]. 北京：高等教育出版社，2014.

[4] 廖俐，等. 大学语文：阅读与写作[M]. 北京：北京交通大学出版社，2018.

[5] 冯四东，李忠新. 文学欣赏[M]. 南昌：江西高校出版社，2007.

[6] 教育部关于印发《完善中华优秀传统文化教育指导纲要》的通知（教社科〔2014〕3号）

[7] 项隆元.《营造法式》与江南建筑[M]. 杭州：浙江大学出版社，2009.

[8]〔清〕曹雪芹，高鹗. 红楼梦[M]. 呼和浩特：内蒙古人民出版社，2008.

[9]〔明〕罗贯中. 三国演义[M]. 呼和浩特：内蒙古人民出版社，2008.

[10]〔明〕施耐庵. 水浒传[M]. 长春：吉林出版集团有限责任公司，2010.

[11] 齐豫生，夏于全. 中国古典文学宝库（全一百三十二辑）[M]. 延边人民出版社.

[12] 朱以撒. 中国书法名作100讲[M]. 天津：百花文艺出版社，2008.

[13] 刘会彬. 中国国画名作100讲[M]. 天津：百花文艺出版社，2007.

[14] 燕泥. 图说中国绘画[M]. 长春：吉林人民出版社，2009.

[15] 谢先莹. 中国书画鉴赏与收藏[M]. 开封：河南大学出版社，2011.